공공갈등관리의 이론과 기법
(上)

공공갈등관리의 이론과 기법(上)

지은이 대통령자문 지속가능발전위원회 편
초판 1쇄 인쇄 2005년 11월 10일
초판 1쇄 발행 2005년 11월 20일
펴낸곳 논형
펴낸이 소재두
편집 이순옥
표지디자인 황지은
등록번호 제2003-000019호
등록일자 2003년 3월 5일
주소 서울시 관악구 봉천2동 7-78 한립토이프라자 6층
전화 02-887-3561
팩스 02-886-4600
ISBN 89-90618-23-1 94330
ISBN 89-90618-25-8 94330 (세트)
값 20,000원

공공갈등관리의 이론과 기법
(上)

논형

▌발간사

이 책의 발간 과정과 배경을 독자들께 설명 드리는 것이 이 책을 이해하는 데 도움이 될 것으로 여겨져 간략하게 말씀 드리고자 한다.

이 책의 특징은 우선 원고 작성에 많은 분들이 적극적으로 참여하였다는 것이고, 둘째는 책의 내용이 나름대로 고유성을 지니고 있다는 것이다. 이미 2004년 초부터 대통령께서 고위직 공무원을 대상으로 하는 갈등관리 교육을 강조하셨지만 지속가능발전위원회에서는 그동안 중앙공무원교육원에서 실시하는 프로그램을 도와주는 정도의 업무만을 수행하였다. 그러나 좀 더 적극적인 방법을 도입해야 한다고 판단해 기획운영실 실무팀과 심도 있게 그 방법에 관해 토론하고 전문가 워크숍을 개최하자는 데 의견일치를 보아 전문가들과 처음으로 만난 것이 지난 6월이었다.

이때 모인 갈등관련 전문가들이 강사로 참여하여 고위직 공무원과 사회지도층을 대상으로 한 '교육' 또는 '워크숍'을 늦어도 9월에는 개최하자고 계획하였지만 이 워크숍에서 사용할 교재가 이렇게 책자로 나오게 된 것은 매우 특별한 결실이다. 이 책은 워크숍 강사들의 자발적이고 적극적인 참여 때문에 4개월이라는 빠른 시간 내에 고유의 내용을 담아 발간할 수 있게 되었다.

이 책에서 취급하는 '갈등의 예방과 해결'에 관한 다섯 가지 주제에 대한 이론적 설명은 선진국, 특히 미국에서 발달한 이론에 근거를 두고 있지만 이를 소화해서 수강생에게 전수할 내용을 만들기 위하여 강사진들은 많은 토론을 거쳤다. 워크숍 강사진들은 현재의 한국 사회에서 일어나는 갈등사례들을 그 시대적 배경과 함께 분석하면서, 수강생들이 이해하기 쉽도록 그 강의와 실습 내용을 40여 차례에 걸친 '강사워크숍'을 통해 만들어 내었다. 특히 수강생들이 부처 또는 지자체 업무에서 실제로 응용할 수 있도록 '토론과 실습'에 초점을 맞추어 교재 내용을 구성하고 워크숍을 진행하였으므로 외국 저명학자 중심의 워크숍과도 차이가 있다.

이 책을 발간하게 된 배경은 지속가능발전위원회에서 사회적 갈등과 관련한 업무를 담당하고 있기 때문이다. 우선 '갈등관리' 문제는 노무현 대통령께서 처음으로 제시한 '대통령 의제'이고, 지속가능발전위원회는 대통령 자문위원회로서 '갈등관리' 대통령 의제를 지난 2년 동안 꾸준히 수행해 왔다. 2004년 7월의 대통령 주재 '사회통합을 위한 갈등관리정책 워크숍'과 2004년 9월의 '공공기관의 갈등관리에 관한 법률'의 제안, 2005년 9월의 '갈등관리 전문가 워크숍', 그리고 2004년부터 2005년에 걸쳐 진행된 한탄강댐 갈등조정 사례 등이 모두 지속가능발전위원회의 '갈등' 관련 활동의 예다. 대통령께서 '갈등'을 사회적 의제로 설정한 이후 지난 2년 동안 이에 대한 인식은 많이 확산되었다. 특히 이번에 '공공기관의 갈등관리에 관한 이론과 기법' 책자를 발간하는 것은 다시 한번 인식확산의 계기를 마련하는 것으로 그 의미가 매우 크다.

지금부터 5년 전인 2000년 9월에 발족한 지속가능발전위원회는 참여정부가 출범할 때까지 1기와 2기의 위원을 13개 부처 장관과 환경관련 주요인사, 총 25명으로 구성하였다. 당시는 각 부처의 정책이나 장단기 계획을 지속가능발전 관점에서 검토하는 것을 주임무로 하였기 때문이다. 그래서 지속가능발전위원회가 '공공갈등의 관리'와 관계를 맺게 된 것은 2년 전부터라고 할 수 있다. 즉 갈등관리 업무가 추가된 것은 참여정부 들어서라고 하겠다.

노무현 대통령께서는 지속가능발전위원회를 16개 광역지자체에서 추천한 인사로 구성하고, 위원회에 배심원적 성격을 부여하는 방안에 대해 2003년 9월 초, 부산의 광역지자체장 회의에서 의견을 구한 바 있다. 그 이후 지속가능발전위원회는 광역지자체의 시장과 도지사, 의회 의장, 시민사회단체의 추천을 받은 인사 48명과 여성, 노동, 언론 등 사회 각 부문에서 추천을 받은 인사 29명, 총 77명으로 위원회를 구성하고 대통령령을 개정하여 배심원적 기능을 부여 받았다.

참여정부 지속가능발전위원회는 사회의 원로급, 양심적인 인사로 구성하고 그 위원들이 제시하는 갈등관련 사안에 대한 대안이 사회적으로 수용되도록 구성한 위원회다. 권위주의 시대에서 실질적 민주주의 시대로 이행하는 과정에서 표출되는 사회적 갈등을 '의제설정'의 하나로 보고 이때 설정된 의제를 어떻게 사회발전의 원동력으로 만들어 가는가는 '대안 결정과정의 객관성'에 있다고 보았으며 이를 담보하는 방안의 하나가 배심원 성격의 위원구성이라고 할 수 있다. 공공갈등이 특히 '개발과 보전의 충돌', 즉 '지속가능발전의 이행과정'에서 발생하므로 지속가능발전위원회가 '공공갈등관리' 업무를 부여받게 된 것이다. 흔히들 '지속가능발전 이행방법'으로 '협의(consultation)'를 강조하는 데 이러한 개념에도 부합하는 임무라고 하겠다.

이 책이 공공갈등 현장에 있는 일선 공무원과 시민운동가, 그리고 참여와 사회적 합의를 통해 법과 정책을 만들어 가고자 노력하는 행정가, 지방의회 의원, 국회의원, 정치인, 그리고 여기에 더해서 대안적 분쟁해결(ADR)에 관심을 갖고 있는 법조인에게도 일독서가 되었으면 하는 바람이다. 이 책이 비록 '공공갈등'의 예방과 해결에 주안점을 두고 있지만 그 밖의 집단 갈등, 사회갈등 영역에도 활용할 수 있으리라 여겨진다. 또한 이 책이 한국형 갈등이론 개발에 관심 있는 학자들 사이에서도 토론의 소재가 되었으면 한다.

이 책은 박재묵 충남대 교수, 신창현 환경분쟁연구 소장, 김유환 이화여대 교수, 김희은 여성사회교육원 원장, 박홍엽 한국행정연구원 책임연구원, 박수선 평화를 만드는 여성회 갈등해결센터 소장과 이 분들이 이끈 팀원들의 헌신적인 노력에 의해 출간되었음을 다시 한번 밝힌다. 특히 이 분들이 진행하는 과정을 옆에서 지켜보고 이끌어 주신 갈등분야의 원로, 조상행 순천평화교육훈련센터 소장님께 감사의 마음을 전한다.

2005년 11월
대통령자문 지속가능발전위원회
위원장 고철환

▌서문

최근 민주화, 정보화, 세계화가 진행되면서 우리 사회 각 부문에서 다양한 갈등이 분출하고 있다. 또한 일단 발생한 갈등은 잘 해결되지 않고 장기화되는 경향을 보이고 있다. 특히 정부가 추진하는 대형 국책사업과 정책들이 이해당사자 및 시민사회 단체의 반대로 장기간 표류하고 있다.

사회적 갈등은 어떤 점에서 민주화 과정에 있는 우리 사회가 겪어야 할 진통이다. 또한 갈등은 사회 발전을 촉진하는 동력으로 작용하기도 한다. 그러나 갈등이 순기능을 갖고 있다고 해서 방치되어서는 안 될 것이다. 갈등이 유발하는 사회적 비용 문제를 차치하더라도 갈등이 사회의 수용 능력의 범위 내에서 일어날 때 갈등이 갖는 순기능도 제대로 발휘될 수 있다고 보기 때문이다. 어떤 점에서 갈등이 보편적인 사회 현상이듯이, 갈등을 예방하고 해결하고자 하는 노력도 자연스러운 일일 것이다.

'갈등의 시대'를 맞이하여 정부는 그동안 국가의 갈등관리 능력을 배양하기 위해 대통령자문 지속가능발전위원회를 중심으로 갈등관리시스템을 구축하기 위해 노력해 왔다. '공공기관의 갈등관리에 관한 법률'의 제정 추진이 그 대표적인 것이라 할 수 있다. 정부뿐만 아니라 학회, 연구기관, 대학 등의 민간부문에서도 최근 갈등 문제에 대해 큰 관심을 기울이고 있다.

이 책은 이러한 사회적 배경 하에서 지속가능발전위원회의 갈등

관련 활동에 참여해온 갈등 전문가들이 갈등관리의 중요성에 대한 인식을 확산시키고 공무원, 직장인, 시민운동가 및 일반 시민들에게 갈등의 예방과 해결에 관한 이론과 기법을 안내해 주기 위한 목적에서 공동으로 저술하였다. 특히 현재 입법 추진 중인 '공공기관의 갈등관리에 관한 법률'이 시행될 때에 대비하여 갈등관리 종사자들의 전문성을 높이는 것이 시급하다는 생각에서 내용 구성을 '공공갈등'에 초점을 맞추었다.

이 책은 다른 일반적인 공동 저술과는 다른 절차를 거쳐 쓰여졌다. 아직 우리 사회에서 공공갈등에 대한 연구의 축적이 미흡한 상황에서 저술이 기획되었기 때문에 많은 사람들의 지식과 경험을 결합하는 것이 필요하다고 생각했고, 따라서 이론에 밝은 학자, 갈등교육 경험이 풍부한 교육전문가, 현장에서 갈등 사례를 많이 다뤄본 시민운동가, 변호사 등 우리사회 곳곳에서 갈등과 관련된 일을 해온 분들이 모여서 연구하고 토론하면서 원고를 작성했다. 쉽게 짐작할 수 있듯이, 관심 분야가 다르고 경험이 다른 사람들이 모여서 같은 목표를 향해 가는 것은 쉬운 일이 아니었다. 내용을 구성하고 집필에 들어가기까지 오랜 격론이 오갔다. 집필 과정 자체가 집필진 간의 관점과 내용에 따른 차이를 극복하고 합의를 형성하는 과정이었다고 할 수 있다.

이 책의 특징은 외국에서 수입한 갈등이론을 한국의 현실이라는 필터를 통해 재정립하고자 노력했다는 점에 있다. 성숙한 민주주의를 운영하고 있는 선진 외국에서는 오랫동안 갈등을 겪으며 파괴적이고 분열적인 갈등을 생산적이고 사회통합적인 갈등으로 전환하기 위한 시스템과 이론이 잘 발달되어 있다. 그러나 우리는 이제 시작 단계에 있다. 갈등관리시스템도 구축해야 하고 한국사회 현실에 맞는 갈등관리 이론도 개발해야 하는 시점에 있다. 따라서 많은 부분을 외국에서 이미 개발된 이론에 의존할 수밖에 없는 현실이었으나, 저자들은 외국이론을 무비판적으로 수용하기 보다는 가능한 한 우리 현실에 맞는 이론을 재구성하기 위해 노력했다.

이 책의 또 다른 특징은 이 책의 현장 적응력을 사전에 검토했다는 점이다. 저자들은 책 초안을 작성한 다음, 이 책의 내용과 구성이 한국사회 갈등현실에 잘 부합하는지를 사전점검하기 위해 이 책의 초안을 교재로 하여 갈등관리 업무를 맡고 있는 공무원, 시민운동가, 변호사 등 32명을 대상으로 4박5일간 '갈등관리전문가 워크숍'을 실시했다. 참가자들은 초안에 대해 비교적 높은 만족도를 보였으나, 몇 가지 보완할 점도 지적해주었다. 워크숍이 끝난 후 참가자들의 의견을 적극적으로 수렴하고, 초안을 수정·보완하여 최종 원고를 작성하게 되었다.

이 책은 상·하권으로 나뉘어져 있다. 상권에서는 갈등을 사전에 예방하기 위해 주로 많이 활용되는 갈등영향분석과 참여적 의사결정의 이론과 기법을 다루고 있으며, 하권의 첫머리에서는 갈등예방 및 해결 등 모든 과정에서 필요한 의사소통 이론과 기법을 소개하고, 뒤이어 이미 발생한 갈등을 해결해 가는 과정에서 주로 활용되는 협상과 조정에 관한 내용을 다루고 있다. 그러나 하권과 상권의 내용을 갈등예방과 갈등해결로 엄격히 나누는 것은 무의미 하다. 갈등예방과정에서도 협상과 조정은 필요한 경우가 많고, 갈등을 해결하기 위해서 갈등영향분석을 실시하기도 하기 때문이다.

다음으로 이 책의 내용을 간략하게 소개하고자 한다. 서장에서 저자는 공공갈등을 이해시키는 데 역점을 두고 있다. 우리 사회에서 공공갈등 관리의 문제가 등장하게 된 배경, 공공갈등의 개념, 공공갈등 관리시스템의 구축 과정과 그 내용, 그리고 공공갈등 관리시스템의 안착을 위해 필요한 조건과 정부 및 시민사회의 역할을 다루고 있다.

'1장 공공갈등과 갈등영향분석'은 크게 갈등분석이론과 갈등영향분석 방법론으로 구성되어 있다. 갈등분석이론에서는 갈등분석의 개념, 필요성, 분석을 하기 위한 요건 등을 제시하고 있으며, 갈등영향분석 방법론에서는 현재 정부에서 추진 중인 갈등영향분석 제도를 소개하고 분석을 위한 구체적인 기법을 소개하고 국내외에서 시행된 갈등영향분석 사례를 소개하고 있다.

'2장 공공갈등과 참여적 의사결정'에서는 참여적 의사결정의 개념, 공공정책과의 관계, 참여적 의사결정의 유형과 적용방법을 소개하고, 현장에서 참여적 의사결정을 적용하는 데 필요한 설계방법을 제시하고 있다. 또한 우리사회에서 참여적 의사결정방법에 의해 갈등을 해결한 대표적인 사례를 소개하고 있다.

'3장 공공갈등과 의사소통'은 의사소통의 원칙과 적용기법을 소개하고 있다. 의사소통의 원칙을 다룬 부분에서는 의사소통의 개념, 갈등관리에서 의사소통의 중요성, 갈등과정에서 의사소통으로 발생하는 문제와 그 해결방법을 제시하고 있다. 적용기법을 소개하는 부분에서는 경청하기, 질문하기, 올바른 대화훈련방법 등 실제 갈등과정에 필요한 다양한 기법과 적용 사례를 소개하고 있다.

'4장 공공갈등과 협상' 분야는 공공기관이 법안을 제정하거나 정책을 입안, 결정 집행하는 과정에서 이해당사자들과 협상을 통해 갈등을 해결해가는 과정을 소개하고 있다. 먼저 공공갈등에서 협상이 차지하는 위치와 그 특징을 살펴본 다음, 협상의 구조와 협상과정을 소개하고 있다. 마지막으로 성공적인 협상이 되기 위한 전략을 소개하고 우리사회에서 공공협상 기법을 사용하여 갈등을 해결한 대표적인 사례를 소개하고 있으며, 독자들을 위해서 실습용 모의실험을 제공하고 있다.

'5장 공공갈등과 조정'에서는 우리사회 갈등해결의 어려움으로 조정자 부재의 현실을 지적하고, 바람직한 조정자의 역할과 기술이 무엇인지를 제시하고, 조정 단계 별 주요내용과 유의점을 소개하고 있다.

6장 '공공기관의 갈등관리에 관한 법률'의 제정과정에서 주도적 역할을 수행했던 저자가 법안을 만들게 된 배경, 주요 구성과 내용을 상세히 소개하고 있다.

이 책은 공공갈등의 예방과 해결에 초점을 맞추고 있지만, 다른 집단 갈등, 즉 사회갈등(social conflicts) 영역에도 적절히 활용될 수 있을 것이다. 우리는 이 책을 만들면서 갈등현장에서 문제를 해결하기 위해 고민하고 있는 일선 공무원, 시민운동가, 전문가들의 헌신과 노고를 잊지 않으려 했고, 이 분들께 도움이 될 수 있는 책을 만들기 위해 노력해 왔다. 따라서 이 분들이 이 책의 첫 번째 독자가 되었으면 좋겠다는 바람도 있다. 참여와 사회적 합의를 통해 법과 정책을 만들고 갈등을 해결하고자 노력하는 행정가, 지방의회 의원, 국회의원, 정치인, 대안적 분쟁해결(ADR)에 관심을 갖고 있는 법조인께 일독을 권한다.

또한 이 책은 갈등관련 교육에 종사하는 교육자, 예비 교육자, 갈등분야를 전문적으로 연구하고자 하는 교수 및 연구자 등에게도 갈등에 대한 종합적인 안내서 역할을 할 수 있을 것이다.

이 책을 만드는 데 노력을 덜 기울인 것은 아니지만, 아직 갈등이론과 기법에 관한 결정판을 만들었다고는 생각하지 않는다. 오히려 갈등이론과 실제에 관한 연구가 이제 막 시작되었음을 알리는 신호

탄이라 할 수 있다. 이 책이 밑거름이 되어 더 많은 연구와 논의가 진행되고, 각 분야별 연구도 더 구체적으로 진행되길 바란다. 저자들 역시 이 책에 살과 뼈를 붙이는 일에 게을리 하지 않을 것이다.

이 책을 만들기까지 많은 분들의 도움이 있었다. 우선 우리 사회 갈등현장에서 갈등을 해결하기 위해 온힘을 다해 노력해온 일선 공무원, 시민사회단체 활동가들께 감사를 드린다. 이 글에 나오는 많은 사례들은 이 분들의 노고에 힘입은 바 크다. 또한 워크숍 및 교재 출판의 구상에서부터 세부 실행에 이르기까지 전폭적인 지원과 협조를 아끼지 않은 지속가능발전위원회 고철환 위원장님, 그리고 김승묵 변호사님을 비롯한 갈등관리정책전문위원회 위원 여러분께 감사드린다. 이 분들의 지원과 협조가 없었다면 책을 출판하기 어려 웠을 것이다. 그 가운데 칠순의 노구에 멀리 순천에서 매번 회의에 참석하셔서 내용자문과 원고 교정에 열정적으로 참여해주신 원로 갈등전문가 조상행 선생님께 우리는 마음의 빛을 지고 있다. 교재 출판까지 40여 차례의 각종 회의가 진행되는 동안, 여름휴가와 휴일 까지 반납하면서까지 번거로운 실무를 맡아주신 지속가능발전위원 회 갈등관리정책팀 김경원 과장님과 엄두용 박사님께 감사의 말씀을 드린다. 마지막으로 상업적인 이해득실을 떠나 처음부터 이 책의 사회 적인 의미에 깊이 공감하고 적극적인 격려를 아끼지 않으시고 출판에 동의해주신 논형출판사 소재두 대표께 진심으로 감사를 드린다.

2005년 10월 하순
갈등관리 교재개발 필진을 대표하여
박재묵, 박태순

▌차례

▌下권 차례

서장

공공갈등의 이해

1. 문제 제기

갈등이 없는 사회는 문자 그대로 유토피아다. 굳이 사회학자 다렌도르프(Ralf Dahrendorf)[1]의 갈등이론을 빌어오지 않더라도 사회적 갈등과 의견 불일치가 모든 사회에 편재(遍在)하는 보편적 사회 현상임은 쉽게 이해할 수 있는 일이다. 해방 이후 지금까지 약 60년에 걸친 역사를 되돌아보더라도 우리 사회가 첨예한 사회 갈등으로부터 자유로웠던 시기는 거의 없었다 해도 과언이 아니다.

사회 갈등은 보편적 사회 현상이기는 하지만, 지배적인 갈등의 유형과 양상은 시대에 따라 크게 달라져왔다. 해방 직후에는 남북 분단, 분단으로 인한 전쟁, 분단과 전쟁이 결과한 이념적 갈등과 대립이 우리 사회 갈등의 큰 축을 형성하고 있었다. 또한 1960년대 이후부터는 억압적 권위주의 정치체제를 극복하기 위한 민주화 변혁을 둘러싼 정치적 갈등이 첨예한 양상으로 전개되었고, 급속한 자본주의 발전에 따른 산업 갈등이 구조적 갈등으로 자리를 잡았다.

1987년 6월 민주화운동을 거친 후에는 시민사회가 활성화됨에 따라 우리 사회의 갈등 지형은 다시 크게 바뀌었다. 이전에 민중

---

1) 랄프 다렌도르프는 기능주의 모형과 대비된 갈등 모형을 최초로 제시하였다. 그는 갈등 모형에서 "모든 사회는 항상 사회적 갈등을 경험한다; 사회적 갈등은 편재한다(ubiquitous)"고 하였다(1958: 170~183).

- 민주 담론에 밀려 주변화되어 있었던 '새로운' 욕구, 가치, 이념이 확장된 정치적 기회를 기반으로 활발하게 표출됨에 따라 과거에 비해 갈등의 전선이 한층 다변화되기 시작한 것이다. 여성, 환경, 생명, 평화, 자치, 분권, 소수자, 집단 정체성, 문화 등의 새로운 쟁점을 중심으로 한 시민운동단체가 폭발적으로 증가했고, 이익집단의 활동도 강화되었다. 시민사회의 활성화와 갈등 전선의 다변화가 맞물리면서 오늘날 우리 사회에서는 다양한 유형의 갈등이 한꺼번에 분출하고 있다. 물론 1980년대 말 이후에는 지배적인 갈등의 유형뿐만 아니라 갈등의 전개 양상도 크게 바뀌었다. 과거 권위주의 시대의 갈등 양상을 억압형·잠재형이라고 한다면, 최근의 양상은 표출형·확산형이라고 할 수 있다.[2]

갈등은 역기능과 함께 순기능을 동시에 갖고 있다. 갈등이론의 한 유파인 갈등기능론[3]은 사회 갈등이 사회적 관계와 사회 구조의 유지 및 적응에 도움을 줄 수 있는 다양한 조건들을 제시함으로써 사회 갈등이 사회 해체적 역기능뿐만 아니라 순기능을 가질 수 있음을 체계적으로 제시하였다. 대표적인 명제는 "집단들 사이의 갈등이 발생하고 있는 사회구조가 덜 경직적이고 갈등이 더 자주 발생하며 그 강렬성이 약할수록 그 갈등은 적응성과 통합을 증대시키는 방향으로 체제를 변화시키기 쉽다"는 것이다.[4] 이러한 이론적 논의를 떠나서라도 갈등과 사회 변동 및 발전간의 밀접한 관계를 고려할 때, 갈등의 순기능은 부정하기 어렵다. 한 마디로 말해서 갈등은 사회 발전의 원동력이다. 사회발전을 인류가 추구하는 '보편적 가치

---

2) 지속가능발전위원회, 「갈등관리시스템 구축방안 연구보고서」, 2004, 1쪽.

3) 대표적인 학자는 루이스 코저(Lewis A. Coser)며, 그의 대표적인 저술은 *The Functions of Social Conflict*(London: Free Press of Glencoe, 1956)이다.

4) J. H. Turner(김진균 역), 《사회학이론의 구조》, 한길사, 1982. 211쪽.

의 증가'를 가져오는 사회구조의 변동이라고 정의할 때, 인류 역사상 그러한 보편적 가치가 사회적 갈등을 수반하지 않고 증진된 사례를 찾기가 쉽지 않기 때문이다. 따라서 모든 종류의 갈등을 부정적으로 보거나 억압의 대상으로 보는 것은 비과학적인 관점과 비현실적인 접근이다.

그러나 갈등은 다른 한편으로 심각한 역기능을 초래하기도 한다. 치열하고, 폭력적인 갈등은 때때로 갈등 당사자의 생명과 생활을 파괴하고, 공동체와 전체 사회에 단기간에 치유하기 어려운 상흔을 남긴다. 또한 치열성과 폭력성을 수반하지 않는 갈등일지라도 장기화되는 경우에는 갈등 당사자는 물론 사회 전체에 큰 비용을 부담시키게 된다. 우리가 갈등이 '자연적 과정'을 거쳐 스스로 소멸하도록 방치할 수 없는 이유가 바로 여기에 있다

우리 사회의 갈등 양상은 어떠한가? 최근 우리 사회의 갈등은 다음의 세 가지 특징을 보여주고 있다. 무엇보다도 갈등의 발생 빈도가 과거에 비해 매우 높아졌다는 점을 지적하지 않을 수 없다. 갈등이 '분출'하게 된 구조적 조건은 앞에서 보았듯이, 이미 1980년대 말에 형성되었지만, 최근 참여정부 출범 이후에는 갈등이 더욱 '양산'되는 경향을 보여주고 있다. 참여정부 출범 후 이루어진 탈권위주의화와 여러 부문에 걸친 개혁이 갈등 분출의 새로운 배경으로 작용하고 있다.

둘째로, 갈등의 장기화 경향을 지적할 수 있다. 장기화된 갈등의 대표적인 사례로는 방사성폐기물처분장 건설사업을 둘러싼 갈등을 들 수 있다. 방사성폐기물처분장 건설을 둘러싼 갈등은 1989년에 경북 영덕에서 시작된 후 지금까지 지속되고 있다. 특정 지역의 반대운동은 1~2년 정도 지속되었지만, 전국적인 수준에서 보면 같은

쟁점을 가진 갈등이 지역을 이동해 가면서 끊임없이 재발되는 양상을 보여 왔고, 이를 둘러싼 정부 대 시민단체 간의 갈등은 장기간 지속되고 있다. 새만금간척사업 관련 갈등도 1997년 이후 현재까지 지속되고 있어 장기화된 갈등의 또 다른 사례에 속한다.

셋째로, 이른바 공공갈등(public dispute)이 사회 갈등의 지배적 유형으로 등장하고 있음을 들 수 있다. 공공갈등은 많은 사람들의 이해관계가 걸려 있는 사안을 쟁점으로 하여 전개되기도 하지만, 앞에서 살펴본 두 개의 사례에서도 알 수 있듯이 많은 공공갈등이 장기화되는 경향을 보임에 따라서 다양한 갈등 중에서도 공공갈등이 가장 주목을 끌게 되었다.

이에 따라 최근에 와서 학계와 정부 관련 부처를 중심으로 갈등 관리의 필요성이 제기되기에 이르렀다. 일반적으로 갈등 관리(conflict management)는 일단 발생한 갈등의 강도(intensity)를 조절하고 갈등의 악화를 방지하기 위한 활동을 의미한다. 따라서 갈등 관리는 갈등의 예방은 물론 갈등의 해결(conflict resolution)과는 거리가 먼 개념이다. 그러나 우리나라에서는 갈등의 예방과 해결을 위한 활동을 모두 지칭하는 용어로 사용되고 있다(지속가능발전위원회, 2003). 갈등관리론은 '갈등관리의 규범적 준거와 주요 관리수단'을 어떻게 설정하느냐에 따라서 '법적 관리론', '공공관리론', '참여적 관리론' 등으로 구분한다.

또한 다양한 갈등 현안 중에서도 공공갈등이 중심적 위치를 차지하고 있는 특이한 상황에 주목하여, 지난 2년간 지속가능발전위원회(아래에서는 '지속위'라 함)와 국무조정실은 공공갈등에 초점을 맞추어 갈등관리시스템 구축을 추진해 왔다. 현재 정부가 추진하고 있는 갈등관리시스템의 골격은 국회의 심의를 기다리고 있는 「공공기관의 갈등관리에 관한 법률(안)」에 규정되어 있다. 이 법안에는 갈등 예방 절차로서 갈등영향분석 실시, 갈등관리심의위원회 설치·운영 및 참여적 의사결정의 실시, 그리고 갈등해결 절차로 갈등조정회의 운영이 각각 규정되어 있다.

이 글은 공공갈등의 예방과 해결을 위한 이론과 기법을 다룬 보다 큰 기획의 서론에 해당한다. 따라서 이 글은 우리나라 공공갈등에 대한 전반적 이해를 돕는 데 초점을 맞추고자 한다. 이를 위해 아래에서는 공공갈등의 개념과 일반적 특성, 우리나라 공공갈등의 특성, 공공갈등의 출현 및 장기화의 요인을 살펴보고 결론으로서 공공갈등 해소에 필요한 다양한 사회적 노력을 강조하고자 한다.

2. 공공갈등의 개념과 특성

1. 갈등유형론과 공공갈등의 개념

갈등의 유형

갈등 유형 구분에 있어서 어떤 정형화된 방식이 있는 것은 아니다. 거꾸로 말하자면 갈등을 구분하는 방식은 매우 다양하다다. 그러나 많은 사람들은 갈등의 당사자가 누구인가, 갈등 발생의 원인이 무엇인가, 그리고 갈등의 쟁점이 무엇인가를 기준으로 해서 갈등을 구분해 왔다.

갈등의 당사자를 기준으로 할 때도 갈등은 다양한 방식으로 구분되어 왔다. 개인 간 갈등, 집단 간 갈등 및 국가 간 갈등은 가장 일반적인 갈등 구분 방식의 하나다. 흔히 사용되고 있는 '사회적' 갈등이라는 말은 대체로 한 사회 내부의 집단 간 갈등을 의미한다. 자주 사용되는 구분 방식은 아니지만, 민(民)과 관(官)의 구분을 중시해서 갈등을 민관갈등, 민민갈등, 관관갈등으로 구분하기도 하는데, 이러한 구분 방식도 결국 갈등의 당사자를 중시한 것이다. 체계적인 분류 방식에 따른 것은 아니지만, 세대갈등, 지역갈등, 노사갈등 등도 갈등 당사자에 초점을 맞춘 용어다.

갈등 발생의 원인을 기준으로 할 때는 흔히 갈등을 이익갈등(interest conflict)과 가치갈등(value conflict)으로 이분법적으로 구분한다. 이익갈등은 이해관계나 욕구의 충돌로 인해서 발생하고, 가치갈등은 가치 신념체계 또는 이념의 충돌로 인해 발생한다. 그러나 갈등 원인의 다양성에 주목하는 사람들은 이들 갈등 외에 관계갈등(relationship conflict), 정보갈등(data conflict), 구조적 갈등(structural conflict)을 추가하기도 한다. 관계갈등은 강한 거부감, 잘못된 지각(스테레오타입), 소통 결여, 반복된 부정적 행동 등으로 인해 발생하고, 정보갈등은 잘못된 정보, 적합한 자료에 대한 의견 불일치, 정보 해석의 차이, 상반된 평가 절차 등으로 인해 발생한다. 구조적 갈등은 제한된 물질적 자원이나 권위와 같이 갈등상태에 있는 사람들 외부에 존재하는 힘으로 인해 각각 발생한다.5) 물론 실제의 갈등은 두 가지 이상의 원인 때문에 발생하기도 한다.

갈등의 쟁점을 기준으로 할 때는 쟁점의 영역에 따라 산업갈등, 의료갈등, 교육갈등, 정치갈등, 환경갈등, 이념갈등 등으로 구분한다. 엄밀한 의미에서 볼 때 갈등의 쟁점을 기준으로 해서 분류체계를 만들었다기보다는 갈등이 자주 일어나는 영역을 중심으로 해서 유형이 구분된 것이라 할 수 있다.

공공갈등의 정의

공공갈등은 일반적으로 공공정책과 같이 공중에게 광범위하게 영향을 미치는 쟁점을 둘러싼 갈등을 의미한다(강영진, 2000: 74). 따라서 공공갈등은 기본적으로 쟁점의 성격을 중시하는 용어며, 그런 점에서 위의 세 번째 유형 구분에서 예시된 갈등과 유사한

---

5) http://www.internetmediator.com/medres/pg18.cfm 참조.

용어다. 그러나 이와는 달리 갈등 당사자를 기준으로 해서 공공갈등을 정의하기도 한다. 즉, 공공갈등을 "국가와 지방자치단체, 정부투자기관 등이 당사자인 갈등으로서 국민의 권리와 의무에 영향을 미치는 정책, 법령, 사업의 추진과정에서 공공기관과 국민 또는 공공기관 상호 간의 이해관계의 충돌로 인해 발생하는 갈등과 분쟁"으로 정의하기도 한다.6) 이 정의는 현재 입법 추진 중인 「공공기관의 갈등관리 관한 법률(안)」에 제시된 '공공기관' 및 '갈등'의 정의를 결합한 것으로 일종의 법률적 정의라고 할 수 있다.

엄밀하게 따질 경우, 위의 두 정의에 포함될 수 있는 갈등의 내용은 다를 수 있다. 전자의 정의를 따를 경우에는 국가, 지방자치단체, 정부투자기관이 아닌 민간기관이 추진하는 사업으로 인한 갈등도 그것이 공중에게 광범위한 영향을 미치는 쟁점을 둘러싸고 일어나는 것이라면 공공갈등에 포함될 수 있는 반면에, 후자의 정의를 따를 경우에는 공중에게 미치는 영향의 크기와는 무관하게 공공기관이 당사자가 되는 갈등은 공공갈등이 될 수 있다. 그러나 공중에게 광범위한 영향을 미치는 쟁점은 대부분 공공기관의 정책 입안과 변경, 법령 제정과 개정 및 공공사업의 계획 및 시행을 둘러싼 갈등이기 때문에, 두 정의 중 어느 것을 따르더라도 공공갈등이 지칭하는 바는 거의 같다고 할 수 있다. 다만 일반적인 공공갈등의 정의와 「공공기관의 갈등관리에 관한 법률」에 규정된 공공갈등이 개념적으로 같지 않다는 점은 유의할 필요가 있다. 이 글에서는 후자의 정의, 즉 당사자에 초점을 맞춘 정의를 따르고자 한다.

---

6) 신창현, 2005: 15쪽 참조.

2. 공공갈등의 특성

공공갈등은 사적 개인 또는 집단 사이에서 발생하는 민민갈등과는 다른 몇 가지 두드러진 특징을 갖고 있다. 갈등 당사자와 갈등의 원인을 중심으로 해서 공공갈등의 특징을 보기로 하겠다.

먼저 갈등의 당사자와 관련해서 공공갈등이 갖고 있는 가장 두드러진 특징은 이해당사자(stakeholders) 자체가 특정화되기 어렵다는 점을 들 수 있다. 공공갈등의 경우, 직접적 이해관계를 갖는 집단이 크고 다양할 뿐만 아니라 여기에 간접적 이해관계를 갖는 사람들까지 합하면, 당사자의 범위는 전체 국민이 되는 경우도 적지 않다. 예를 들어, 의약분업을 둘러싼 갈등에서 가장 직접적인 이해당사자는 의사 집단과 약사 집단이라고 할 수 있겠지만, 분업이 어떻게 이루어지느냐에 따라서 일반 국민들의 부담이 달라질 수 있다는 점에서 사실상 국민 대다수가 당사자가 될 수 있다. 환경 문제를 주된 쟁점으로 하는 공공갈등의 경우는 이해당사자의 범위가 국경을 넘어 확대될 수도 있다. 따라서 공공갈등의 예방과 해결에 있어서는 당사자의 범위를 어디까지로 할 것인가, 그리고 다양한 당사자들에게 동일한 당사자 지위를 부여할 것인가가 까다로운 문제로 등장하기 쉽다.

다음으로 갈등 원인과 관련해서 공공갈등이 갖는 특징으로는 그 원인이 복합적이라는 점을 들 수 있다. 중앙정부나 지자체가 시행하는 공공사업을 둘러싼 갈등에서 전형적으로 나타나듯이, 상충된 이해관계와 가치가 모두 갈등의 원인이 된다. 따라서 한편에서는 이익갈등이면서 다른 한편에서는 가치갈등이 된다. 또한 새만금 간척사업이나 천성산 관통터널공사를 둘러싼 갈등에서 볼 수 있듯

이, 대립된 전문적 견해가 추가적인 원인이 되기도 한다. 새만금간척
사업 관련 갈등에서는 갯벌의 가치, 갯벌의 생성 가능성, 수질 유지의
가능성을 둘러싼 견해 차이가 갈등의 원인 중의 하나가 되었고,
천성산 관통터널공사 관련 갈등에서는 지하수와 지질에 대한 견해의
차이가 한 가지 원인으로 작용했다. 이점에서 이들 갈등은 정보갈등
의 성격을 갖기도 한다. 뿐만 아니라 많은 공공갈등의 경우, 정보의
불충분한 공개와 절차의 불완전한 이행도 갈등의 원인이 된다. 결국
공공갈등은 다양한 요인에 의해 발생되는 복합갈등의 성격을 띠게
된다.

3. 우리나라 공공갈등
발생의 구조적 맥락

　우리나라 공공갈등을 이해하기 위해서는 공공갈등이 발생하는 구조적 맥락을 살펴보는 것이 필요하다. 여기에서는 공공갈등 발생의 구조적 맥락으로서 국가, 시민사회 및 세계체제의 세 가지 측면을 보기로 하겠다.

1. 국가 : 발전주의 국가의 유산

　1960년대 이후부터 1980년대 후반까지 '압축적' 산업화를 추진하는 과정에서 우리 정부는 경제발전을 최우선 과제로 설정하고, 이를 위해 사회의 모든 역량을 결집시킴으로써 이른바 발전주의 국가 (developmentalist state)의 전형을 보여주었다. 정부는 한편으로 산업화를 위해 민간부문 기업들의 활동을 적극적으로 견인해 내면서 다른 한편으로 사회간접자본 부문에서는 국가 자본(state capital)으로 적극적으로 참여했다. 후자의 활동을 위해 정부는 많은 공기업을 설립·운영해 왔다. 정부는 사회간접자본 확충과 관련된 기획 업무를 수행하면서 그 집행을 담당하는 대규모의 공기업들을 정부 산하에 설치한 것이다. 이에 따라 발전주의 국가 체제 하에서 정부 기능과 기구의 비대화와 과잉 발달이 초래되었다.

이와 함께 급속한 경제발전을 위해 정부는 대중의 정치적 참여와 경제적 배분에 대한 요구를 억압하게 되었다. 이 때문에 억압기구는 강화되었고, 권위주의적 지배 체제가 공고화되었다. 이런 점에서 우리 정부는 비슷한 시기에 남미에서 전형적으로 나타났던 관료적-권위주의적 국가(bureaucratic-authoritarian state)의 특징을 보여주었다. 따라서 1987년 이전의 국가의 성격은 발전주의 국가이면서 동시에 억압적·권위주의적 국가였다고 규정할 수 있다.

1987년 이후 우리 사회가 민주화 이행(democratic transition)을 거치면서 이러한 국가의 성격은 크게 변화했다. 가장 눈에 띄는 변화는 국가기구가 지니고 있었던 억압적 성격이 크게 약화된 점이다. 억압적 기구들의 일부는 해체되었고, 또 다른 부분은 문민화됨으로써 국가의 억압적 성격은 빠른 속도로 탈색되었다. 다음으로 권위주의적 국가의 성격도 문민정부 이후 지속적으로 약화되어 왔고, 특히 참여정부에 와서 탈권위주의화는 눈에 띄게 가속화되고 있다. 그러나 억압적 기구의 해체가 완성단계에 온 것과는 달리, 탈권위주의화는 아직도 여러 측면에서 과제를 남겨두고 있다. 공공기관의 규범체계와 공직사회 구성원의 의식 내면에는 과거의 시민 배제적이고, 관료우위적인 요소들이 잔존하고 있기 때문이다. 권위주의의 잔존으로 일종의 정부 지체(government lag)라고 부를 수 있는 현상이 나타나고 있다. 이것은 정부부문의 변화 속도가 민간부문의 변화 속도에 뒤지는 현상을 지칭한다. 시민사회에서 빠르게 확산되고 있는 권리 의식, 정책 참여 욕구, 민주적 절차에 대한 요구를 공공부문이 따라잡지 못하고 있다.

과거 국가기구의 부정적 유산 중에서 가장 강인하게 잔존하고 있는 것은 발전주의 국가의 성격이다. 현재의 시점에서도 성장과 발전은 국가 정책에서 최우선적 목표로 설정되고 있다. 실제로 문제가 되는 것은 성장과 발전을 우선시하는 정책 그 자체보다 이를 달성하기 위한 수단이 과거의 방식을 답습하고 있다는 점에 있다. 대규모 개발사업 위주의 발전 전략과 지속가능성을 위협하는 개발방식이 발전주의 국가의 유산이라 할 수 있다. 댐 건설, 간척, 철도 및 도로 건설 등의 공공사업은 끊임없이 과도한 개발과 지속 불가능한 개발의 논쟁을 불러일으키고 있다.

2. 시민사회 : 시민운동의 압축적 성장

1987년 6월 민주화운동으로 우리나라 시민사회는 급속한 성장의 계기를 맞이하였다. 이때부터 1990년대 중반까지 진행된 시민사회의 성장 속도는 가히 고속성장기에 한국 경제가 보여주었던 동태성에 버금가는 수준이었다. 이러한 시민운동세력의 압축적 성장은 민주변혁기에 마련된 정치적 기회(political opportunity)의 확장, 민주화운동 경력을 가진 운동가 집단의 조직화 능력, 정부 실패(government failure)로 인한 시민운동에 대한 기대 상승 등의 요인에 기인한다.

1987년 이전까지는 「YMCA」(1903년), 「흥사단」(1913년), 「YWCA」(1922년) 등과 같이 오랜 역사를 가진 단체들과 한 손으로 꼽을 만한 숫자의 여성단체 및 소비자단체들이 시민운동의 명맥을 유지해 왔다고 할 수 있다. 이들 단체들 외에 이른바 관변단체들이 시민운동의 자리를 대신 차지하고 있었다.

1987년 이후 1990년대 중반까지 많은 시민단체들이 다투어 출범하였고, 이들 '새로운' 단체들이 오늘날 우리나라 시민운동을 주도하고 있다. 1987년 이후 새롭게 창립된 단체로서 오늘날 시민사회를 대표하는 단체로는 「한국여성단체연합」(1987년), 「한국여성민우회」(1987년), 「공해추방운동연합」(1988년, 1993년에 「환경운동연합」으로 발전적 재편), 「경제정의실천시민연합」(1989년), 「배달환경연구소」(1991년, 「배달녹색연합」<1994년>을 거쳐 「녹색연합」<1996년>이 됨), 「참여자치시민연대」(1994년, 현재는 「참여연대」로 명칭 변경) 등을 꼽을 수 있다. 1990년대 후반에는 앞에서 거론한 바 있는 개혁지향적인 '새로운' 시민운동단체들에 맞서 새로운 보수적인 시민단체들이 출현함으로써 시민운동이 새로운 분화의 조짐을 보이고 있다.

1987년 이후 새롭게 출현한 시민운동단체들이 표방하고 있는 가치 또한 새롭다. 참여, 경제정의, 환경, 생태, 생명, 반핵, 평화, 양성 평등, 연대 등은 분명히 유럽에 기원을 둔 신사회운동(new social movement)이 추구하는 가치에 속한다. 이러한 시민운동세력의 성장은 공공갈등 출현의 배경을 이룬다.

시민사회의 영역에서도 세계화와 초국적화는 빠르게 진행되어 왔다. 국제 NGO의 등장과 그 활동 및 일국 NGO간 국제적 네트워크 활성화에 힘입어 사회운동의 이념, 전략 및 정보는 빠른 속도로 전 지구적으로 확산되고 있고, NGO간의 조직적 연계를 바탕으로 한 이른바 '초국적 동원'(transnational mobilization)이 빈번하게 이루어지고 있다. 우리나라의 시민운동이 초국적 동원에 눈을 뜨게 만든 결정적인 계기는 1992년의 리우 유엔 환경개발회의였고(공석기,

2003: 18~24), 이러한 시민운동의 초국적화는 이제 일상화 수준에 들어갔다.

민주화 개혁 이후, 시민사회의 활성화로 지역 주민과 이익집단 (interest group)의 정책 참여 요구도 크게 증대되었다. 시민운동이 불특정 다수의 이익, 즉 공익을 대변한다고 한다면, 특정 지역의 주민조직(grassroots organization)과 이익집단은 주로 특정 지역과 특정 집단의 이익을 대변한다고 할 수 있다. 또 다른 측면에서 보면, 시민운동은 주로 가치 갈등의 당사자가 되는 반면에, 주민조직과 이익집단은 이익갈등의 당사자가 되는 경향을 보인다. 그러나 갈등이나 사회운동의 소용돌이 속에서는 모든 것이 유동적이기 때문에, '주민=이익', '시민운동단체=가치'의 등식이 일률적으로 적용되기는 어렵다. 특히 주민의 경우, 실제의 요구사항 자체가 시간의 경과에 따라 변화할 뿐만 아니라, 대외적으로 표방하는 대의, 즉 입장과 실제의 요구사항이 일치하지 않는 사례도 있다.

주민조직은 주로 공공사업과 관련된 갈등의 경우에 시민운동단체와 함께 갈등 당사자가 된다. 주민 조직은 '느슨하게 짜여진' 비전문적 '풀뿌리' 조직이지만, 이들이 참여하는 갈등의 강도(intensity)가 그렇지 않은 갈등에 비하여 높다. 간단히 말해서 주민조직은 시민운동단체에 비하여 동원 에너지 수준이 높고, 시민운동단체들은 조민조직에 비하여 정보 수준이 높다고 할 수 있다.

주민조직과는 달리 이익집단은 주로 법규의 제·정이나 공공정책의 시행과 관련된 갈등에서 당사자가 된다. 의약분업을 둘러싼 공공갈등에서 드러났듯이, 공공정책 수립 및 변경과 관련해서 단체 구성원의 이익을 신장시키려고 하는 이익집단의 활동은 향후 더욱 활성화될 가능성이 있다.

3. 세계경제체제와 국제적 맥락

우리나라가 자본주의 세계경제에 본격적으로 편입된 시기는 1960년대 이후 정부가 수출주도형 산업화(export-led industrialization) 전략을 채택하면서부터였다. 그 후, 1995년 WTO 체제의 성립, 1996년 OECD 가입, 1997년의 IMF 금융위기 등을 거치면서 우리나라는 자의반 타의반 개방화와 자유화의 거센 물결에 동참하게 되었다. 이러한 세계체제의 요구와 이에 적응하기 위한 국가와 시장 측의 노력은 새로운 갈등 발생의 주요 배경으로 작용해 왔다. 'WTO DDA 교육서비스 협상', '한-칠레 FTA', 쌀 협상, 공기업 민영화와 같은 신자유주의 개혁(neo-liberal reform) 등을 둘러싼 갈등의 진원지는 세계경제체제로부터 온 긴장이었다고 할 수 있다.

경제적 측면에서 뿐만 아니라 정치·군사적 측면에서도 국제적 맥락은 우리사회의 갈등 구조와 양상에 지대한 영향력을 행사하고 있다. 우리사회에서 과거에 일어났거나 현재 진행되고 있는 주한 미군 관련 각종 갈등은 말할 필요도 없거니와, 최근의 이라크 파병 및 추가 파병을 둘러싼 갈등 역시 미국의 세계전략 수행과 직접적으로 연관되어 있다. 최근에 이루어진 남북관계의 진전은 남남갈등을 야기하고 있다.

4. 공공갈등관리시스템의 의의

1. 공공갈등관리시스템의 구축 과정

정부의 공공갈등관리시스템 구축 작업은 주로 지속가능발전위원회와 국무조정실에서 수행되었다. 두 기관의 관련 활동을 시점 순으로 살펴보기로 하겠다.

지속위의 활동

우리 정부가 갈등관리의 중요성을 인식하기 시작한 것은 극히 최근의 일이다. 2003년 4월 15일에 열린 국무회의에서 시급히 해결해야 할 갈등 현안 24개를 선정하여 그 현황과 대책을 논의한 것이 갈등관리시스템 구축을 위한 논의의 발단이 되었다. 그 후 지속위의 기능이 확장되면서, 지속위는 종전에 수행해온 기능 외에 '사회적 갈등의 해결'에 관한 사항을 추가로 다루게 되었다. 2003년 12월 15일에 공식적으로 출범한 제3기 지속위는 2004년 2월 15일 산하에 5개 전문위원회를 설치하면서 그 중 하나로 「갈등관리정책전문위원회」를 두게 되었다.

지속위의 갈등관리 관련 첫 번째 활동은 갈등관리시스템 구축방안에 대한 연구였다. 2003년 10월 4일에 총 21명으로 발족된 갈등관리 정책 연구팀은 약 3개월에 걸친 연구 끝에 같은 해 12월 말 「갈등관리 시스템 구축방안 연구보고서」를 제출하였다. 보고서의 주요 사항은 2004년 2월 12일에 국정과제회의를 통해 대통령에게 보고되었다. 이 날 제38회 국정과제 회의에서 보고된 주요 내용은 갈등관리지원 센터의 설립, 갈등관리기본법의 제정, 한탄강댐 갈등관리 준비단 구성 등이었다.

위 보고서를 출발점으로 하여 지속위는 갈등관리시스템 구축을 위해 다양한 사업을 수행하였다. 주요 사업으로는 갈등관리기본법[7] 의 제정, 갈등관리지원센터의 설립, 공공갈등관련 법·제도의 개선 지침 마련, 한탄강댐 갈등 조정 등을 들 수 있다.

갈등관리기본법 초안 작성 작업은 2004년 3월부터 시작되었다. 홍준형 교수 등 9인으로 구성된 갈등관리기본법 준비팀이 마련한 초안은 2004년 7월에 전문가, 시민사회단체 및 각 부처 담당자의 의견 수렴을 거쳐 수정·보완되었으며, 수정·보완된 법안은 2004년 9월에 대통령에게 서면으로 보고되었다. 법안에는 갈등영향분석제 도 도입, 참여적 의사결정 기법 도입, 갈등관리위원회[8]의 설치, 갈등 조정회의의 운영 등 공공갈등 관리를 위한 새로운 제도와 기구들에 관한 규정이 포함되어 있으며, 갈등관리지원센터의 설치 근거도 마련되어 있다. 결국 갈등관리기본법(안)은 참여정부가 추진하고 있는 새로운 갈등관리시스템의 주요 내용을 담고 있다고 할 수 있다. 2004년 10월 이 법의 제정 업무는 입법 주관 부처로 결정된 국무조정

---

7) 현재 이 법안의 명칭은 「공공기관의 갈등관리에 관한 법률」로 변경되어 국무조정 실 주관으로 입법이 추진되고 있다.

8) 국무조정실의 수정·보완 과정에서 갈등관리위원회의 명칭이 갈등관리심의위원회 로 변경되었다.

실로 이관되었다.

갈등관리지원센터 설립방안에 대한 연구는 2004년 3월부터 2개월에 걸쳐 수행되었다. 박재묵 교수 등 4인으로 구성된 연구팀이 작성한 연구보고서9)는 센터의 설립 방안으로 3개의 안을 제시하고 있다. 3개 안 중에서 가장 우선순위가 높은 안은 제1안이다. 제1안에 따르면 센터는 '갈등관리 지원'을 중심적 기능으로 하고, 이와 함께 조사·연구, 교육·훈련, 갈등영향평가 지원, 갈등조정 자문 등의 기능을 수행하는 것으로 되어 있다. 기관의 형태는 정부출연기관(법인)으로 하고, 국무총리실 직속으로 설치하며, 3개의 부와 1개 행정지원 부서를 갖도록 되어 있다. 필요 인원은 기관장을 포함하여 92인으로 산정되었다. 센터 설립 추진 업무 역시 2004년 10월 국무조정실로 이관되었다.

공공갈등관련 법·제도 개선 지침 마련 작업은 전재경 박사 등 8인으로 구성된 제도정비팀이 수행했다. 연구는 2004년 3월부터 시작되어 7월에 일단 종료하였으나, 2005년에도 후속 작업을 수행하여 2005년 7월에 개최된 갈등관리전문위원회에서 최종 보고회를 가진 바 있다.

한탄강댐 건설을 둘러싼 갈등 조정은 지속위가 새로운 갈등조정 과정을 적용하여 해결하라는 대통령의 지시에 따라 이루어졌다. 2004년 2월 정진승 KDI국제정책대학원장 등 6명의 전문가로 '한탄강댐 갈등관리준비단'을 구성하여 한탄강댐 갈등조정 과정을 마련하게 되었고, 2004년 5월 11일에 4명의 전문가로 조정소위를 구성하여 2004년 8월까지 3개월 반 동안 4개 갈등 당사자(찬성측 주민, 반대측 주민, 수자원공사 및 건설교통부, 환경단체) 대표로 구성된

---

9) 지속가능발전위원회, 「갈등관리지원센터 설립 방안(시안)」. 2004.

한탄강댐 조정회의를 운영하였다. 16회에 걸친 한탄강댐 조정회의와 5회에 걸친 기술소회의를 거친 후, 2004년 8월 27일 '관련당사자 대표는 한탄강댐갈등조정소위원회에 한탄강댐 문제 해결에 대한 최종 결정권을 위임한다'는 내용을 담고 있는 최종 합의문을 작성하게 되었다. 이 최종합의문에 따라 조정소위는 전문가의 자문을 받아 '천변저류지와 제방안' 등 6개 대안을 검증한 후, 2004년 11월 2일에 결정문을 발표하게 되었다. 이 결정문의 핵심적 사항은 '기존의 한탄강댐 계획은 무효화'하고 '새로운 홍수조절용 댐과 천변저류지의 건설을 위하여 필요한 법적·제도적 절차(저류지의 저류 효과, 댐의 홍수조절 효과, 규모 및 안정성에 한함)를 밟아 홍수조절용 댐 건설을 추진한다'는 것이었다. 또한 '중립적 전문가와 정부, 환경단체, 주민대표들로 구성된 공동협의회를 구성·운영하여 1년 이내에 댐 규모 등 댐 건설에 필요한 절차를 마무리'하도록 주문하였다.

이러한 결정문의 취지에 따라 '임진강유역 홍수피해 방지를 위한 공동협의회'(이하, 공동협의회)를 구성·운영하기 위해 지속위 내에 4인의 위원으로 구성된 운영소위를 설치하였다. 운영소위는 출범 후 약 5개월에 걸쳐 공동협의회 구성을 위해 다각적인 활동을 전개하였으나, 댐 건설을 반대하는 주민측이 공동협의회 참여를 거부함에 따라 공동협의회 구성이 무산되었다. 현재 한탄강댐 관련 갈등 조정 업무는 국무조정실로 이관되어 새로운 접근방법을 통해 추진되고 있다.

국무조정실의 활동

2004년 10월 지속위로부터 갈등관리기본법 제정 및 갈등관리지원센터 설립 업무를 이관받은 국무조정실은 지속위가 마련한 당초의

안을 수정·보완하였다. 국무조정실은 전문가로 구성된 「입법지원팀」을 새로이 구성하여 갈등관리기본법의 명칭을 「공공기관의 갈등관리에 관한 법률」로 변경하는 등의 법안 수정·보완 작업을 수행하였다. 수정된 법안은 입법 예고('05.4.12.), 공청회('05.4.28.), 규제개혁위원회 심사('05.5.11.), 차관회의 심의('05.5.19.), 국무회의 의결('05.5.23.)을 거쳐 2005년 5월 27일에 국회에 송부되었다. 이 법안은 가을 정기 국회에서 심의될 예정이다.

또한 국무조정실은 「갈등관리지원센터 준비단」을 운영하면서 지속위로부터 넘겨받은 「갈등관리센터 설립 방안」 보고서를 토대로 하여 보완 작업을 수행하고 있다. 주요 보완 내용은 기능과 조직을 구체화하는 것이었다. 따라서 지속위가 마련한 설립 방안의 기본 골격은 그대로 유지되고 있다.

현재 국무조정실은 「공공기관의 갈등관리에 관한 법률」의 통과 및 시행에 대비하여 환경부, 보건복지부, 해양수산부, 산업자원부, 건설교통부, 문화재청 등 갈등 빈발 부처 및 정부기관 주무자를 대상으로 하여 「갈등관리 혁신포럼」을 운영하고 있다. 각 부처와 기관의 갈등관리 주무자들은 기관별 현안 과제에 갈등영향분석 등 법에 명시된 갈등관리방안을 적용하는 '시범사업'을 전개하고, 그 추진 상황을 월 1회 혁신포럼에서 보고하고 있다. 법에 포함된 갈등관리 기법들이 아직 우리나라 공공갈등에 적용된 적이 없기 때문에 혁신포럼」의 운영은 장래의 원활한 법 시행에 크게 기여할 것으로 보인다.

2. 공공갈등관리시스템의 의의

공공갈등은 중앙정부, 지방자치단체, 공기업 등 공공기관의 국가 기능 수행과 관련해서 발생하는 갈등이다. 따라서 공공갈등 관리 정책의 최우선 목표는 국가 기능 수행을 합리화·민주화함으로써 갈등을 사전에 예방하는 데 두어야 한다. 이러한 관점에서 볼 때, 갈등관리시스템의 제도화와 함께 공공기관이 수행하는 업무 전반에 걸친 혁신이 동시에 이루어져야 함은 새삼 강조할 필요가 없다.

지금까지 많은 공공갈등이 공공사업을 둘러싸고 발생했다는 점에서 공공사업의 수행 절차는 더 근본적으로 혁신될 필요가 있다. 특히 사회간접자본 관련 공공사업의 시행을 담당하고 있는 공기업들의 업무 혁신이 필요하다. 구시대의 요구에 의해 설정된 사업 내용은 변화된 여건에 맞게 합리적으로 조정되어야 하며, '환경적 지속성이나 시민적 공공성보다 관료적 절차주의나 기관이기주의적 목표를 우선하는'(조명래, 2003: 130) 사업 수행 방식도 개선되어야 할 것이다. 이와 함께 지금까지 투명한 정보 공개와 법적 절차의 철저한 이행이 공공사업 시행을 둘러싼 갈등에서 중요한 쟁점이 되어 왔음은 유의할 필요가 있다.

공기업의 업무 혁신뿐만 아니라 기존의 법제도도 전반적으로 개선되어야 한다. 과거에 제정된 법률 규정 중에는 현 시점의 높아진 주민 및 시민의 의식에 맞지 않는 것들이 다수 포함되어 있을 것이기 때문이다. 이런 점에서 2004년부터 대통령의 지시에 따라 지속가능발전위원회가 수행해온 갈등 유발 법제도의 개선 작업은 공공갈등의 예방을 위해 지속적으로 추진되어야 한다. 지속가능발전위원회의 권고에 의한 법령 개정에 앞서 각 부처가 스스로 소관 법률을 갈등관리의 관점에서 재검토하는 것이 필요하다고 생각한다.

　그러나 「공공기관의 갈등관리에 관한 법률(안)」에 담겨져 있는 공공갈등관리시스템의 도입 자체가 이미 공공기관 업무 혁신에서 큰 의미를 갖는다는 점이 간과되어서는 안 될 것이다. 공공갈등관리시스템은 공공기관의 법령 등의 제·개정과 집행, 정책 및 사업 계획의 수립 또는 추진과 관련된 업무, 즉 주요 갈등 유발 업무를 혁신하는데 직접적인 목표를 두고 있지만, 갈등 유발 업무의 혁신이야말로 공공기관 업무 혁신의 핵심이라고 할 수 있기 때문이다. 이런 점에서 공공갈등관리시스템이 제대로 도입되고 정착된다면, 갈등관련 업무 혁신의 성과가 공공기관 업무 전반으로 확산될 수 있을 것으로 기대된다.

　공공갈등관리시스템의 도입이 공공기관의 업무 혁신으로 이어질 수 있는 까닭은 이 시스템이 새로운 패러다임에 기초한 업무 수행을 요구하기 때문이다. [표 1]에서 보듯이, 갈등 예방 및 해결을 위한 절차들은 이해 당사자는 물론 일반 시민들의 참여와 합의, 대화와 타협, 숙의의 과정을 강조하고 있다. 따라서 이들 절차들은 참여민주주의 및 숙의민주주의의 원리에 바탕을 두고 있다고 할 수 있다.

　「공공기관의 갈등관리에 관한 법률(안)」에 규정되어 있는 공공갈등관리시스템은 ① 갈등 예방 절차, ② 갈등해결 절차, ③ 갈등관리지원기구 세 가지 요소로 구성되어 있다. 이 중에서 갈등 예방 절차로는 갈등영향분석의 실시, 갈등관리심의위원회의 설치·운영, 참여적 의사결정 방법의 활용이 있다. 위의 법안에 따르면, 정부 각 부처, 지자체 등 공공기관의 장은 법령 등의 제·개정과 집행, 정책 및 사업 계획의 수립 또는 추진 시에 광범위한 갈등이 유발될 우려가 있다고 판단될 때에는 갈등영향분석을 실시하고, 또 분석 결과를 갈등관리심의위원회에서 심의하도록 한 결과 사회적 합의의 형성이 중요하다고 판단하는 경우에 참여적 의사결정 방법을 활용할 수 있게 되어 있다. 물론 갈등관리심의위원회의 심의 사항은 갈등영향 분석뿐만 아니라 공공기관의 장이 갈등 예방 및 해결 능력을 강화하기 위해 마련한 시책 등을 심의하기도 한다. 갈등영향분석과 참여적 의사결정에 대해서는 뒤의 여러 장에서 자세히 다룰 예정이다.

갈등해결 절차로는 갈등조정회의가 있다. 공공기관의 장은 갈등을 조정하기 위해 필요하다고 판단되는 경우 사안별로 사회적 합의 촉진을 위한 갈등조정회의를 설치·운영할 수 있게 되어 있다. 조정의 의미와 방법, 그리고 조정과 관련이 있는 협상 및 중재에 대해서는 별도의 장에서 자세히 다룰 예정이다.

[표 1] 공공갈등관리시스템의 체계

배경 이념		• '相生' 또는 '相勝'(win-win) • 사회통합 • 민주사회의 지속가능한 발전
목표		• 갈등의 예방과 해결 • 사회적 비용의 최소화
주요 원칙		• 참여와 협력(참여와 절차적 정의) • 대화와 타협, 그리고 신뢰회복 • 사회적 합의 • 당사자 간 합의 • 의사소통과 熟議(deliberation) • 協治(governance)
절차와 수단	예방	• 참여적 의사결정
	해결	• 갈등조정회의 • 협상, 조정, 중재 등의 대안적 분쟁해결(ADR ; alternative dispute resolution)
지원 기구		• 갈등관리지원센터

※ 참고 : 굵은 글씨는 「공공기관의 갈등관리에 관한 법률(안)」에서 사용된 용어다.

갈등관리지원기구로는 갈등관리지원센터가 설치·운영될 예정이다. 갈등관리지원센터는 갈등관리를 위한 조사·연구, 교육·훈련, 전문가 양성, 공공기관의 갈등관리 지원 등의 기능을 수행하며, 공법인 형태로 설치하게 되어 있다.

5. 맺음말

「공공기관의 갈등관리에 관한 법률안」에 담겨져 있는 갈등관리 절차는 대부분 갈등관리시스템을 잘 갖추고 있는 선진국으로부터 도입한 것들이다. 이들 절차들은 이해당사자의 참여 하에 민주적 의사결정 과정을 거쳐 합의를 이루고자 한다는 점에서 행정기관의 권한과 사법부의 판단에 주로 의존해 온 과거의 갈등해결방식보다는 진일보한 갈등관리 방식이라 할 수 있다. 또한 이들 절차가 제도화된다면, 아직 우리 사회에서 도입단계에 있는 참여민주주의, 숙의민주주의 및 거버넌스 체제도 한 단계 발전해 나갈 것으로 기대된다.

그러나 참여적 의사결정이나 조정·중재·협상과 같은 대안적 분쟁해결 절차가 법제화된다고 해서 과연 그 절차들이 실효성 있게 운영되고 입법 취지대로 갈등이 크게 예방되고 원만하게 해결되기를 기대해도 좋을 것인가? 결론부터 말하면, 새로 도입되는 절차적 접근이 제대로 착근되기 위해서는 최소한 두 가지 조건이 추가로 충족되어야 한다. 그 하나는 갈등관리 절차를 수행해 나갈 전문 인력의 양성 및 공급이고 다른 하나는 제도의 원활한 작동을 뒷받침해 줄 사회적·문화적 인프라의 구축이다.

먼저 전문 인력의 양성이 요구되는 이유는 갈등영향분석, 참여적 의사결정방법 및 갈등의 조정·중재·협상이 우리나라에서 갈등에 적용된 사례가 아직 많지 않기 때문이다. 공공갈등에 국한시킬 경우 이들 절차의 활용 경험이 더욱 적다. 참여적 의사결정방법과 조정·중재·협상은 그나마 소수의 적용 사례를 찾을 수 있지만, 갈등영향분석은 이번 법 제정과 관련하여 국무조정실 주도 하에 시행되고 있는 시범사업 사례를 제외하면 적용 사례가 거의 전무하다 해도 과언이 아니다. 따라서 각각의 절차에 따라 양성해야 할 전문 인력의 규모는 다르겠지만, 전반적으로 전문 인력의 양성은 시급한 과제다. 이러한 문제의식에서 지속위는 갈등관리 전문 인력 양성에 필요한 교재 개발과 워크숍을 추진한 바 있다. 법안의 보칙에도 규정되어 있듯이 향후 정부는 갈등관리 전문 인력 양성을 위한 교육·훈련과 자격제도 도입에 적극적으로 나서야 할 것이다.

갈등관리와 관련된 사회적·문화적 인프라는 갈등관리를 위한 제도적 절차를 떠받쳐 주는 사회적·문화적 토대다. 갈등관리를 위한 사회적 인프라의 핵심은 결국 사회적 자본(social capital)이다. 사회적 자본은 사회구성원들이 상호 이익을 증진시키기 위한 조정과 협력을 촉진시켜주는 사회적 연결망, 신뢰, 규범 등과 같은 사회조직상의 특성이라 할 수 있다. 특히, 신뢰는 참여적 의사결정방법과 갈등 조정·중재를 가능하게 하는 조건이다. 갈등 조정자, 전문가, 그리고 심지어 갈등 상대자가 약속을 성실하게 지킬 것이라는 기대, 즉 선의(good will)에 대한 믿음이 없이는 어떤 절차도 제대로 작동할 수 없다. 이러한 선의에 대한 믿음이 사람들로 하여금 결과가 불투명한 갈등관리 절차에 위험을 감수하면서 참여하게 하고 그 결과를 따르게 한다.

문화적 인프라는 화해와 평화를 중시하는 가치 구조를 말한다.

갈등이 불가피한 보편적 사회적 과정이라면, 화해는 이를 초월해가는 과정이고 평화는 화해의 결과로서 오는 상태라고 할 수 있다. 갈등이 수단적 가치라면 화해와 평화는 궁극적 가치다. 화해와 평화가 갖는 궁극적 가치를 인정할 때 타협, 양보, 관용, 승복을 소중히 여기는 가치가 확산될 수 있다. 지금 우리 사회 일각에서는 타협은 회색을, 양보는 패배를 의미하는 것으로 통용되고 있다. 한 쪽에서는 합의를 지키지 않더라도 목적만 달성하면 된다는 절차 무용론도 자리잡고 있다. 그러나 우리사회에도 화해와 평화를 소중히 여기는 굳건한 전통이 있었음은 분명하다. 상대의 처지를 공감적으로 이해하고자 하는 역지사지(易地思之)의 정신은 오늘날에도 화해의 출발점이 될 수 있다. 또한 '싸움은 말리고 흥정은 붙여야 한다'는 경구도 갈등 해소와 협상·타협의 중요성을 강조하는 우리의 문화적 자원이다.

마지막으로 갈등관리시스템 정착을 위한 시민사회와 정부의 역할에 대해 약간의 언급을 추가하고자 한다. 우선 시민사회는 갈등관리에 필요한 사회적·문화적 인프라 구축에 적극적으로 나서야 한다. 신뢰 사회 구축과 화해 문화의 창출은 정부 주도로 이루어지기보다는 시민 주도로 이루어지는 것이 바람직하기 때문이다. 이와 함께 시민운동은 합리적 의사소통을 기조로 하는 새로운 운동양식을 창출해 나갈 것이 기대된다. 비록 갈등관리시스템 구축은 정부에 의해 시작되었지만, 그 완성은 시민사회의 적극적인 참여를 통해서만 달성될 수 있다고 본다.

또한 갈등관리시스템의 정착을 위해서는 정부 부문에서의 변화 역시 절실히 요구된다. 새로운 공공갈등 관리 절차로 도입될 참여적 의사결정과 갈등 조정 절차는 정책 결정에 있어서 이해당사자의 참여 폭을 획기적으로 확장시키는 조치다. 어떤 점에서 이러한 절차를 도입한다는 것 자체가 이미 행정 패러다임의 대전환을 의미한다고 할 수 있다. 따라서 공직사회의 대대적인 인식 전환이 수반되지 않고서는 새로운 절차가 제대로 정착되기 어렵다. 특히 그동안 시민의 정책 결정 참여 요구를 수용하는 데 장애물로 작용해 온 지나친 효율성의 논리, 법규 만능주의적 사고, 행정편의주의 등은 불식되어야 한다. 또한 갈등 예방과 해결이 의미 있게 이루어지기 위해서는 개발사업 등의 추진에 있어서 투명성이 전제되어야 한다. 한탄강댐 갈등 조정의 경우, 조정 절차에 의해 천변저류지와 축소된 홍수조절용 댐이 결론으로 도출된 후, 감사원의 감사 결과 댐 건설 계획 수립 과정에 부실한 자료 등 문제점이 있었던 것으로 밝혀짐으로써 다시 원점에서 사업의 타당성이 재검토될 수밖에 없는 사태가 빚어졌음을 되새겨 볼 필요가 있다. 공공사업 수행 과정의 투명성은 갈등예방을 위해서도 필요하지만, 갈등해결 절차가 의미 있게 이루어질 수 있는 기반이 된다.

무엇보다도 갈등관리시스템 구축에 있어서 근시안적 접근과 지나친 성과주의적 접근은 경계되어야 한다. 갈등 구조가 만들어지는데 오랜 시간이 걸린만큼 그 구조를 치유하는 데 걸리는 시간도 길어질 수밖에 없음을 인식할 필요가 있다는 것이다. 한서(漢書) 가의전(賈誼傳)에 있는 다음 문구는 오늘 우리에게도 교훈을 준다. "安者非一日而安也. 危者非一日而危也. 皆以積漸然" 편안함과 위기가 하루아침에 만들어지는 것이 아니듯이, 갈등 출현과 해소를 위한 사회 구조도 단기간에 만들어지는 것은 아니기 때문이다.

1장

공공갈등과 갈등영향분석

1. 서론

1. 머리말

매립지나 소각장 등 쓰레기 처리시설, 하수처리장, 화장장과 납골당 등의 설치와 상수원보호구역, 국립공원, 그린벨트 보존 등의 환경사업은 물론이고, 이제는 고속도로와 철도, 댐, 발전소 등의 개발사업도 주민들이 기피하는 님비(NIMBY ; Not In My Back Yard), 또는 환경단체들이 반대하는 혐오시설이 되어 사업시행자인 지방자치단체와 주민 또는 정부와 주민, 시민단체 간에 갈등이 발생하고 있다. 갈등이 발생하는 주된 이유는 과학기술적 안전성, 경제적 타당성, 사회적 형평성, 절차의 공정성 등 대략 네 가지가 있다.

과학기술적 안전성이란 시설들의 설치, 운영 과정에서 대기와 수질, 토양 등 주변 환경이 소음, 악취, 먼지 기타 유해물질로 오염되거나 폭발 등 사고의 위험 등을 둘러싼 갈등이다. 사업시행자는 선진국의 예를 들며 안전하다고 주장하는 반면에, 주민과 시민단체들은 과거의 예를 들며 불안하다고 주장한다.

경제적 타당성이란 사업의 시행 여부나 시행방법들 간의 경제적 비용과 편익을 둘러싼 갈등이다. 사업시행자는 사업시행으로 인한 편익을 과대평가하고 비용은 과소평가함으로써 편익이 비용보다 크다고 주장하는 반면에, 주민과 시민단체들은 비용을 과대평가하고 편익은 과소평가함으로써 비용이 편익보다 크다고 주장한다.

사회적 형평성이란 그 사업으로 인한 사회적 비용을 땅값이 싼 소외지역의 주민들이 혼자서 떠맡느냐 아니면 땅값이 비싼 도시지역의 주민들과 공평하게 분담하느냐를 둘러싼 갈등이다. 사회적 비용이란 과학기술적으로 안전하고 경제적으로 타당한 사업이라 할지라도 주변지역의 토지이용 규제 등 주민 재산권과 생활권의 제약으로 인한 손실 또는 사회적 편견이나 고정관념으로 인한 피해를 말한다. 이러한 사회적 비용의 부담방법을 놓고 사업시행자는 대를 위해 소의 희생은 불가피하다고 주장하는 반면에, 주민들은 이제 소를 위해 대가 희생할 차례라고 주장한다.

절차의 공정성이란 이러한 사업들의 안전성과 경제성, 형평성 등을 검토하고 사업계획을 결정하는 과정에 주민과 시민단체들의 참여 여부를 둘러싼 갈등이다. 사업시행자는 주민공람과 공청회 등의 의견수렴 결과를 토대로 전문가들이 충분히 검토하고 결정했으니까 의사결정에 문제가 없다고 주장하는 반면에, 주민과 시민단체들은 사업계획을 결정한 뒤의 형식적인 의견수렴이 아니라 사업계획에서부터 입안단계부처가 실질적으로 참여해야 한다고 주장한다.

과학기술은 복잡한 갈등을 해결하는 유용한 수단이다. 아이 하나를 두고 서로 자기 아이라고 싸우는 두 여인의 갈등은 이제 솔로몬왕 대신에 유전자 검사가 해결해준다. 재래식 변소의 냄새를 둘러싼 이웃 간의 갈등도 수세식 화장실을 발명하여 해결했다. 그러나 과학기술만으로 해결하기 어려운 갈등도 아직 많다. 고속도로와 철도, 댐, 발전소 등의 경제적 타당성과 사회적 형평성을 둘러싼 갈등은 과학기술적 갈등이 아니라 사회경제적인 갈등이다.

개발과 보존의 갈등처럼 시간과 장소, 주체에 따라 가치기준이 변화하는 사회경제적 갈등은 발생 시점에서 사업시행자인 정부와 지자체, 주민, 시민단체 등 이해관계자들이 함께 참여하는 대화를 통해 객관적인 가치기준에 대한 사회적 합의를 도출하여 해결할 수밖에 없다. 유전자 검사나 수세식 화장실이 과학적인 갈등해결 수단이라면, 사회적 합의에 의한 법과 제도는 정치경제적인 갈등해결 수단이다.

정부와 지자체 등 공공기관이 당사자인 공공갈등을 해결하기 위해서는 과학기술적인 수단과 함께 사회적 합의에 의한 법과 제도가 필요하다. 법과 제도에는 첫째 갈등이 발생할 때마다 사회적 합의로 도출한 객관적 가치기준을 법률로 규정하여 제도화하는 방법이 있고, 둘째는 객관적 가치기준을 일일이 법률에 규정하기보다 사회적으로 합의하는 절차와 방법을 법률로 규정하여 제도화하는 방법이 있다. 지속가능위원회가 초안을 작성하고 국무조정실이 수정하여 국회에 제출한 공공기관의 갈등관리에 관한 법률(안)은 객관적인 가치기준에 대한 사회적 합의절차와 방법을 규정한 법률이다.

법률(안) 제11조에 규정한 갈등영향분석은 사업시행자와 이해관계자들의 의사소통 수단이다. 상호불신으로 대화가 단절돼 있거나 대화를 거듭해도 별다른 진전이 없는 이해관계자들과 허심탄회한 대화는 갈등을 해소하는 첫걸음이다. 갈등영향분석은 갈등에 관련된 이해관계자들을 확인하고, 이들의 주장과 이해관계는 무엇이며, 다양한 주장과 이해관계들 간의 공통점과 차이점을 찾아내어, 갈등 해소에 적합한 의사결정 방법을 이해관계자들과 함께 설계하는 수단이다. 이해관계자들은 갈등영향분석서를 통해 상대방의 주장과 이해관계를 확인하고, 자신의 입장과 요구사항들을 재검토하며, 대화와 타협에 의한 요구사항의 달성 가능성을 판단한다.

　이 글은 세 부분으로 구성되어 있다. 제1장은 공공갈등을 포괄하는 갈등과 갈등분석에 대한 이론적인 내용이다. 갈등영향분석이 정부와 지방자치단체 등 공공기관이 당사자인 공공갈등을 관리하는 수단이라면, 갈등분석은 개인 간의 갈등부터 국가 간의 갈등까지 모든 갈등에 폭넓게 활용할 수 있는 일반적인 기법이다. 갈등의 순기능과 역기능, 갈등의 유형별, 주체별, 접근방법별 분류 등 갈등에 관한 다양한 이론들을 설명하면서, 양파기법, ABC 삼각형 기법, 갈등연대표 기법, 갈등지도와 갈등나무 기법 등 갈등분석에 도움이 되는 기법들도 함께 소개했다. 특히 갈등분석의 주요기법인 면담기법에 대해 실제 사례를 들어가며 상세하게 설명했다.

　제2장은 갈등영향분석의 이론보다 실무에 관한 내용이다. 미국에서 일반적으로 사용하고 있는 이해관계자 면담기법을 토대로 갈등영향분석의 진행절차를 시행결정, 시작, 정보수집, 분석, 합의절차 설계, 갈등영향분석서 작성, 갈등영향분석 공유 등의 7단계로 나눠 설명했다.

　마지막으로 부록에서는 갈등영향분석의 활용 사례를 국외 사례와 국내 사례로 나눠 각각 두 건씩 소개했다. 국내 사례 두 건은 공공기관의 갈등관리에 관한 법률(안) 제11조에 규정한 갈등영향분석 제도의 시행을 앞두고 지난 5월부터 8월까지 시범사업으로 적용해본 한강수계 의무제 오염총량제 갈등(환경부)과 마산 진동택지개발지구 문화재보호 갈등(문화재청) 영향분석에 관한 내용이다.

　갈등에 관한 용어의 정의도 아직 정리되지 않은 상황에서 갈등영향분석 제도를 도입하고, 시범사업을 진행하며, 전문가 교육과정을 준비하다보니 개념의 혼란은 물론이고 시행착오도 적지 않다. 하루라도 빨리 시작하는 것이 이러한 혼란을 줄이는 길이라는 생각으로 자료를 수집하고 원고를 정리했지만 아직도 미흡한 부분이 많다. 그러나 시작이 반이라는 옛말처럼 이제 시작은 했으니까 나머지 반은 좀 더 알차게 채워 나가고자 한다.

2. 갈등해결 이론과
갈등분석의 실제

1. 갈등의 개념

1. 갈등의 개념 정의 및 용어 정립

갈등이란?

갈등이라고 하면 일반적으로 사람들은 부정적인 이미지를 떠올린다. 단절, 대립, 얽힘, 충돌, 답답함, 긴장감 등이 흔히 갈등과 연상되어 나타나는 단어들이다. 그렇다면 우리는 단순히 갈등을 누구나 멀리하고 싶어 하는 것으로 여기는 것이 옳을까? 아니면 갈등에는 긍정적이고 건설적인 요소도 내포되어 있는 것일까?

갈등을 어떻게 바라볼 것인지에 따라 갈등을 대하는 방식에도 차이가 나타난다. 갈등과 갈등해결을 좀 더 객관적이고 종합적으로 이해하기 위해 아래의 두 가지 차원에서 접근해보자.

① 어원을 통한 이해 : 갈등(葛藤) vs 갈등(conflict)
• 동양문화권 : 동양문화권에서의 갈등(葛藤)의 의미는 칡(葛)과 등나무(藤)라는 뜻으로 칡과 등나무가 서로 복잡하게 뒤얽혀 있는 것을 형상화하는 말이다.[10] 그런 의미에서 葛藤은 일이나 인간관계

---

10) 엔싸이버(Encyber) 백과사전. 2001. 두산출판사.

에서 복잡하게 뒤얽혀 풀기 어려운 상태나, 인간 내면의 상충되는 생각 때문에 고민하는 심리적 상태를 나타낸다.

• 서양문화권 : 갈등(conflict)이란 라틴어 conflictus의 과거분사 형인 comfligere에서 유래된 단어로, com(together) + fligere(to strike)라는 의미다.[11] 즉 서로 때리거나 부딪치는 상황을 형상화한 말이다. 그런 의미에서 conflict는 밖으로 들어난 갈등상황으로써 싸움이나 전쟁과 같은 물리적 충돌과 다른 개인이나 집단간의 대립을 나타낸다.

• 동·서양의 갈등해결 관점 : 양대 문화권의 갈등에 대한 이해에는 미묘한 차이가 나타난다. 이 차이에 따라 갈등에 대한 대응에도 다르다는 것을 알 수 있다. 서양문화권에서는 밖으로 들어난 갈등, 즉 분쟁을 합리적으로 풀어가는 단계적 갈등해결 과정이 발달하는 반면, 동양문화권에서는 내적 갈등을 푸는 것이 외적 갈등을 푸는 첫 번째 단계라는 인식하에 개인의 심성을 기르고 덕(德)을 키우는 접근법을 강조한다. '갈등을 어떻게 풀 것인가?'에 대한 이러한 양문화권의 대응방식은 오랜 시간을 두고 발달되어 온 문화다. 따라서 어느 것이 더 효과적이고 우월한 방식인가를 논하는 것은 큰 의미가 없다. 하지만 이 두 문화권의 갈등에 대한 이해와 대응방식에 있어 서로 보안할 수 있는 장점이 분명히 존재하므로 두 방식에 대한 적절한 균형 또는 통합적 접근이 필요하다.

• 갈등해결의 관점-갈등과 분쟁 : 갈등해결의 관점에서 갈등은 서로 양립 불가능한 이해관계나 목표가 상충된 상태를 나타낸다. 하지만, 우리가 갈등의 개념을 정립할 때 분리해서 이해해야 하는 것이 갈등과 분쟁의 관계다. 갈등은 무제한적으로 순응하거나 양보

---

11) *The American Heritage Dictionary of the English Language, 4th Edition.* 2000. Houghton Mifflin Company.

할 수 없는 인간의 기본적 요구를 포함하는 문제를 가지고 서로 상반된 집단이나 개인 간의 충돌을 의미한다.12) 따라서 갈등은 흔히 내재된 갈등(latent conflict)이라고 하며, 분쟁은 표출된 갈등(manifest conflict)이 된다. 따라서 갈등은 분쟁의 원인이 되는 상태(state)인 반면 분쟁은 갈등의 결과로써 구체적으로 드러나는 사건, 행위, 과정 등이 된다.

② 사회학적 관점을 통한 이해13)

역사적으로 갈등은 사회학, 또는 비교사회학적 분야에서 다루었고, 이 분야에서 갈등은 인간 행동양식과 사회발전 단계로 이해되어 왔다. 일반적으로 갈등을 이해하는 데 있어 이것의 역기능적 요소에 초점을 맞춘 이해가 있고, 순기능적 요소에 초점을 맞춘 이해가 있다. 즉 갈등이 사회적 화합과 평온을 깨뜨리는 부조화의 상징처럼 이해되어온 부분이 있는 반면에, 갈등은 역사의 변화와 발전을 위해서는 필연적으로 등장할 수밖에 없는 에너지로 해석되어 온 경우도 있다.

•갈등의 역기능 : 갈등의 역기능을 강조한 측면에서 본다면 갈등은 분열과 혼란을 초래하고 법과 질서를 해칠 위험을 늘 내포하고 있다. 따라서 갈등의 분출을 효과적으로 통제하거나 관리함으로써 사회질서를 확립해 나갈 수 있다고 보기 때문에 공권력이나 법적 제도적 관리 제도들이 주요한 갈등대응 메커니즘으로 발전한다. 수직적 변화가 심하지 않은 사회를 지향하게 되고 가시적인 갈등상

---

12) Burton, John. 1996. *Conflict Resolution: Its Language and Processes.* Scarecrow Press., p.21

13) 갈등해결 전문가 훈련 프로그램 참가자, ≪갈등해결배우기: 이론, 방법, 적용≫, AFSC/평화를만드는여성회, 2001, pp.19~20

황이 잘 드러나지 않는 사회가 '안정된' 사회라고 믿는다.

• 갈등의 순기능 : 갈등의 순기능을 강조하는 입장에서는 갈등이 표출되는 것은 극히 자연스러운 현상이며, 갈등이 없이는 사회의 발전이나 변화가 거의 불가능하다고 이해한다. 다만 역사변동과 사회변화의 원동력이 되는 갈등 에너지를 어느 통로와 방법으로 전환시키느냐에 따라 다르게 나타난다. 예를 들어, 마르크스의 갈등 이론은 구조적 문제를 풀어가기 위해 체제부정적이고 혁명적인 해결 방식을 선택한다. 하지만, 이의 폐단을 지적한 사회학자들은 갈등에 너지의 폭력적 전환을 예방하고 평화적 해결방법을 지향하는 사회적 합의 도출에 초점을 맞춘다. 이는 갈등이 사회체계가 역동적으로 발전하는 데 촉매제 역할을 한다고 보기 때문에 합리적이고 공정한 과정이 보장된다면 갈등은 얼마든지 사회분열이 아니라 통합을 이끌어 낼 수 있는 힘이 있다고 본다. 이러한 이해의 전제는 갈등 자체는 결국 중립적이기 때문에, 건설적이고 비폭력적인 방법과 과정을 통해 갈등이 긍정적 에너지로 전환되는 시스템과 문화가 있는 사회가 건강한 사회라는 인식이다.

[표 1-1] 갈등의 역기능과 순기능의 비교

갈등은 역사의 산물	관점	갈등은 역사 변동의 원동력
평형상태의 상실과 부조화 등 갈등의 역기능 강조	기능	사회발전/통합을 위한 구조적 필연성 등 갈등의 순기능 강조
갈등은 제도적, 권위적, 강압적 방법으로 관리, 통제, 해소 가능	방법	갈등은 합리적이고 공정한 과정을 통해 해결, 변화 가능
법과 질서	초점	절차와 상호작용
갈등이 없거나 가시적 갈등이 나타나지 않는 사회	건강한 사회	갈등이 평화적 건설적 동력으로 전환되는 제도와 문화가 있는 사회

2. 갈등의 종류

모든 갈등에는 나름대로 역사와 배경이 있고, 생명체처럼 생성, 발전(성장), 소멸의 시기를 겪는다. 갈등이 생성하고, 소멸하는 과정에는 무수히 많은 원인과 관계의 상호작용이 복잡하게 나타나기 쉽고, 따라서 동일한 주기를 갖는 갈등은 흔치 않다. 이처럼 다양한 갈등을 객관적으로 이해하고, 분석적으로 접근하기 위해서 갈등의 종류별 분류에 대해 이해하는 것이 도움이 된다.

원인별 분류

'갈등은 왜 발생하는가?'에 대한 대답은 개연의 소지가 높기 때문에 쉽게 답을 할 수가 없다. 갈등을 효과적으로 해결하는 기능주의적 입장에서도 갈등해결이 어려운 이유는 갈등이 발생하는 원인이 분명하게 하나가 아니라 둘, 셋 등 여러 가지 원인이 복합적으로 작용하여 발생, 확대되기 때문이다. 갈등이 발생하는 이유를 설명하는 여러 가지 틀 가운데 가장 일반적인 몇 가지 접근을 살펴보자.

① 사회학적 발생원인

일반적으로 사회 갈등발생의 원인을 지적할 때 인간 심리 및 행동 방식과 연관성이 있음을 이야기하지 않을 수 없다. 다음은 사회적인 갈등발생 원인에 영향을 끼치는 대표적인 요인들이다.

• 인간의 본능적 성향14) : 인간은 다른 동물들과 마찬가지로 생존을 위해 경우에 따라서는 공격적이고 자기 방어적인 행동양식을 보이게 된다. 즉 인간에게도 통제할 수 없는 본능적 폭력성이 내재해

---

14) Jeong, Howon. 2000. *Peace and Conflict Studies. Ashgate.* pp.65~72

있다. 다만 학습과 훈련에 의해 이를 통제해 갈 뿐이다. 하지만 인간은 일반 동물군 가운데서도 같은 종족을 죽이는 몇 안 되는 동물 종(種)의 하나임을 볼 때 때때로 인간의 폭력양상은 매우 심각할 수 있다.

• 좌절-공격 이론15) : 좌절은 사람들이 강하게 추구하고 얻을 수 있을 거라고 기대하는 목표가 외형적 사건에 의해 가로막혀질 때 나타난다. 이러한 좌절에 기초한 일반적 공격성은 채워지지 못하는 기대치가 반복적으로 누적되어 폭력적 형태로 나타나는 것이기도 하다.

• 상대적 박탈감16) : 기대와 실익의 괴리 또는 가치 기대와 가치 능력 사이의 차이에서 오는 박탈감을 말하며, 박탈감은 개인적이거나 집단적으로 모두 나타날 수 있다. 예를 들어, 신생독립국가의 국민들이 정치적 독립과 근대화에 대한 기대치가 상승하는 데 비해 실질적인 변화의 속도가 늦어질 때 극심한 박탈감을 가져온다.

• 인간의 기본적 욕구17) : 인간은 누구나 협상불가능하며 강요적으로 채워질 수 없는 기본적 욕구를 가지고 있으며, 이 욕구가 채워질 수 없거나 왜곡되어 채워질 때 갈등은 필연적으로 발생할 수밖에 없다. 인간의 기본적 욕구는 아주 기초적인 의식주의 해결뿐만 아니라 안전과 정체성, 자율성과 독립성, 인정과 공정한 대우 등 환경과 사회발전 단계에 따라 다양하게 나타난다.

② 갈등내용별 발생 원인
• 사실관계 갈등 : 같은 사건이나 언행, 자료에 대해 서로 이해하는

---

15) Fuertes, Al 외. ≪정신적 외상치유≫, 한국아나뱁티스트센터, 2003, pp.19~20

16) Ibid. pp.17~18

17) Burton, p.30

차이가 발생하여 사실관계에 대해 각자 다른 입장을 주장할 때 발생하는 갈등이다. 유언비어 살포나 명예회복 등 법정에서 흔히 다뤄지는 갈등유형이다.

• 이해관계 갈등 : 자원이나 자리는 한정적인데 비해 원하는 사람이나 집단이 많을 때 생겨나는 갈등으로, 금전적 이익이나 손실에 민감하게 반응한다. 직접적 또는 잠재적 이익이나 자원을 분배하는 과정에서 발생하는 불만이나 부정의에 영향을 크게 받는다. 흔히 지역개발 과정에서 나타나는 집단 이기주의의 주요 원인이다.

• 구조적 갈등 : 구조적 문제와 한계 때문에 발생하는 갈등으로서, 적합하지 않은 제도, 규제, 풍습, 관습, 힘의 불균형 등에 의해 개인이나 집단이 지속적으로 물질적, 정신적 피해를 입는 상황이다. 장애인 이동권 보장에 관한 갈등이나 양성평등의 문제 등은 시설개선이나 제도의 정비, 문화적 변화가 뒤따르지 않는 한 계속해서 발생할 수밖에 없는 갈등이다.

• 관계상의 갈등 : 지속적으로 관계를 유지해야 하는 사람들이 오해, 불신, 편견 등에 의해 관계형성, 유지에 어려움을 겪는 갈등상황이다. 특히 의사소통의 부재나 왜곡이 큰 영향을 미치며 다른 원인에 의해 발생한 갈등이지만 쉽게 관계상의 갈등으로 전이되기 때문에 이슈가 해결되어도 갈등이 지속되는 경우가 많다.

• 가치관 갈등 : 환경이나 문화의 성장배경이 다른 개인이나 집단 간에 신념이나 종교, 문화 등 가치관의 차이에서 오는 갈등으로 한 가치를 강요하거나 포기할 수 없기 때문에 해결이 매우 어려운 갈등이다. 이슬람문화권과 서구 기독교 문화권 간에 뿌리 깊은 갈등이 대표적인 예다.

• 정체성 갈등 : 개인이나 집단이 갖는 정체성이 정치적, 사회적으

로 왜곡되고 오용될 때 나타나는 갈등이다. 인종갈등이나 역사갈등의 경우처럼 자신이 속한 집단이 부당한 대우나 부정의의 피해자라는 인식이 확대될 때 구성원들에게 직접적인 개인의 문제로 다가오게 된다. 정체성은 갈등을 유발하기도 하고, 갈등은 정체성을 강화하는 상호작용을 하는 특징이 있다.

[표 1-2] 분류별 갈등해결의 예[18]

구 분	정 의	해결을 위한 접근(예)
사실관계 갈등	사건, 자료, 언행에 대한 사실해석의 차이에서 오는 갈등	객관적 자료나 제3의 개입을 통한 사실증명, 공동조사
이해관계 갈등	한정된 자원이나 지위, 자원을 분배하는 과정에서 생기는 갈등	공정한 분배 시스템, 합리적 의사결정 제도
구조적 갈등	사회, 정치, 경제 구조와 왜곡된 제도, 관행, 관습 등으로 인해 발생한 갈등	제도적 개선과 새로운 문화창출을 위한 교육과 훈련
관계상의 갈등	불신, 오해, 편견 등 상호관계의 이상으로 생기는 갈등	의사소통의 통로 확보 및 확대, 변환적 조정
가치 갈등	가치관, 신념, 세대, 정치관, 종교, 문화의 차에서 오는 갈등	의견수렴, 평화적 공존을 강조하는 다종교간의 대화, 다문화이해 교육
정체성 갈등	개인이나 집단이 가진 정체성의 의도적인 훼손되거나 강요 때문에 발생하는 갈등	공동역사 연구모임 중립적 이해를 위한 상호이해교육

주체별 분류

• 내적 갈등(inner conflict) : 개인의 선택이나 가치 충돌 등으로 나타날 수 있는 개인의 심리적 갈등이다.

• 개인 간 갈등(interpersonal conflict) : 개인과 개인 간의 관계상에서

---

18) 강영진. 2000. 갈등분쟁 해결 매뉴얼, 성공회대학교. p.12

발생하는 갈등이다.

- 조직 갈등(organizational conflict) : 회사, 조직, 단체 구성원들 간에 발생하는 갈등이다.
- 집단 간 갈등(intergroup conflict) : 복수의 집단 간의 대립으로 발생하는 갈등이다.
- 공공정책갈등(public policy conflict) : 중앙정부나 지방자치단체가 정책의 수립 및 집행하는 과정에서 직간접적 이해 관계자 간에 발생하는 갈등이다.
- 국가 간 갈등(international conflict) : 복수의 국가나 정부 간에 발생하는 국제적 규모의 갈등이다.

갈등의 확대 유형별 분류

- 확대재생산형(Escalation) : 나선형 증폭과정을 겪으며 악순환하는 경우다. 팔레스타인과 이스라엘의 경우다.
- 갈등의 비화형(Spill-Over) : 한 곳의 갈등이 다른 곳으로 번지는 것이다. 학생들의 다툼이 부모에게 전이되는 경우다.
- 갈등의 굴절형(Deflection) : 진원지가 아닌 제3의 곳으로 갈등이 분출되는 경우다. 국내의 정치문제를 해결하기 위해 해외를 침략하는 경우다.

3. 갈등을 다루는 다양한 접근방법

갈등의 생성과 발단단계가 복잡하고 다양하듯이 갈등을 다루는 접근법에도 다양한 패러다임과 철학이 존재할 수밖에 없다. 관점의 차이는 비단 갈등해결을 어떻게 이해하는가라는 차이뿐만 아니라, 해결을 위한 적용의 목표와 방법에도 많은 차이를 가져온다.

갈등개입(conflict intervention)과 갈등종식(conflict termination)

갈등해결의 발달과정을 살펴보면 권위와 힘에 의한 제3자가 개입하여 당사자 간의 갈등이 해결되는 것을 알 수 있다. 제3자가 갈등상황에 개입하여 폭력적 상황을 종식하고 상황이 악화되지 않도록 진정시키거나 안정적 국면으로 나가게 하는 접근 방법이 갈등개입(conflict intervention)과 갈등종식(conflict termination)이다. 이때 개입하는 제3자의 힘이나 권한이 직접적 갈등 당사자보다 더 강해야만 가능하다. 국제관계에서 미국 등 군사, 경제 강대국이 국제경찰의 역할을 자처하는 것이나 유엔의 평화유지군의 활동 등이 이런 관점을 반영하고 있다. 이 접근방식의 한계는 갈등 당사자가 문제해결의 주체가 되지 못하기 때문에 일시적 해결책이 될 수는 있지만 궁극적 해결책이 되지 못하기 때문에 오히려 제3자의 부재 시 다른 갈등의 불씨를 제공할 가능성이 높다.

갈등타결(conflict settlement)

갈등타결(conflict settlement)은 전문성과 권위를 인정받는 제3자의 결정에 따라 갈등상황이 종식되고 해결책이 결정되는 접근방식이다. 이 관점은 갈등 당사자들의 갈등구조를 건들이지 않고도 양립 불가능한 문제를 법적제도나 전통적 협상방식을 통해 어느 정도 해결할 수 있다고 본다.[19] 따라서 선고, 중재 또는 직권중재(state arbitration) 등의 법적 절차를 강조한다. 이 접근방식의 단점은 갈등의

---

19) Jeong, p.36

역동성(갈등의 역사, 갈등 당사자 간의 관계, 조직의 문화, 사회적 정치적 가치, 정체성 등)을 고려하지 않는 해결책이라는 점에서 갈등이 수면 아래로 가라앉는 것처럼 보이지만 궁극적으로는 문제가 해결되지 않는 개연의 소지가 많다는 것이다.

갈등관리(conflict management)

갈등관리(conflict management)는 조직이나 사회, 국가 간의 갈등을 효과적으로 조율하고 소모적인 분쟁상황이 재발하지 않도록 통제하고 관리하는 접근방식이다. 갈등관리의 궁극적인 목표는 갈등이 무절제하게 표출되는 것을 막고 조직, 사회, 국가의 효율성을 극대화하는 것이다. 따라서 이를 이루기 위한 제도적 장치 마련과 시스템을 운영할 전문가적 리더십이 필요하다.[20] 이 접근방식의 한계는 갈등을 관리나 통제의 대상으로 여기고 효율성을 위한 갈등의 기능적 접근을 시도하기 때문에 현상에 대한 대처는 가시적으로 나타나지만, 근본적 원인에 대한 고찰이나 대응은 상대적으로 미약하다는 것이다.

갈등해결(conflict resolution)

갈등해결(conflict resolution)은 갈등을 통합적으로 이해하기 위해 깊이 있는 분석을 시도하고 갈등이면에 깔려 있는 원인과 상황을 파악해 갈등을 해결하는 메커니즘을 적용하는 방식이다. 갈등해결의 접근방식은 갈등 당사자들이 갈등해결의 주체로 등장시킨다는 점에서 기존의 접근방식과 구별된다. 갈등 당사자들이 어떠한 강요나 간섭 없이 자유롭게 자신의 필요를 나누고 서로 만족할만한

---

20) 강영진, p.16

(win-win) 합의를 얻는 것에 초점을 맞추는 것이 갈등해결의 강조점이다.21) 조정이나 문제해결 워크숍 등 제3자의 역할은 갈등에 대한 객관적 시간을 바탕으로 심도 있는 분석을 통해, 쌍방의 의사소통과 이해를 돕고 합의점을 찾아가는 과정을 겪으면서 새로운 관계의 재정립을 유도하는 것이다. 그러나 이 접근방식의 한계는 결과적으로 해결책에 초점이 맞춰지기 쉽고 따라서 원인과 과정이 정형화되는 경향이 나타난다는 것이다.

갈등전환(conflict transformation)

갈등해결에 반해 갈등전환(conflict transformation)은 모든 갈등의 역학관계(이슈, 이해, 관계, 의사소통의 패턴 등)는 내외적 요소들에 의해 끊임없이 변화한다고 본다.22) 따라서 갈등을 해결하는 과정에서 갈등 당사자간의 정체성과 힘의 관계는 계속적으로 재정립되는 과정을 겪는다. 이 관점에서 갈등상황은 평화로운 관계정립(회복)을 목표로 자극받아야 한다. 또한 지속가능한 갈등해결과 상호 중립적 관계형성을 위해 붉어진 쟁점과 구조적 변화가 동시에 수반되어야 한다.23) 따라서 전환적 조정(transformative mediation)의 실제에서는 합의점에 이르는 데 성공하지 못하더라도 관계의 변화에 도움을 주고, 구조적 문제점을 지적할 수 있다면 성공적인 과정이 된다. 그러나 동시에 갈등현상을 통합적으로 파악하려는 시도 때문에 이상주의 성향으로 흐를 위험성이 있고 오히려 비현실적이라는 비판을

---

21) Burton, p.40

22) Jeong, pp.37~38

23) Tudwell, Alan C. 1999. Conflict Resolved?: A Critical Assessment of Conflict Resolution, Pinter. pp.72~74

받는다. 주로 종교성을 갖고 합의보다는 관계의 회복을 통한 화해와 평화에 목표를 두는 철학에 기초하고 있다.

갈등예방(conflict prevention)

갈등예방(conflict prevention)은 갈등상황이 발생한 후에 대처하는 것은 아무리 효과적인 방법을 사용한다 할지라도 시간, 비용, 인력, 관계 등 많은 손실을 감수할 수밖에 없기 때문에 갈등을 유발할 개연성이 있는 원인을 찾아 미리 대처하는 접근방식이다. 이 접근방식의 초점은 갈등을 예측하고 파괴적 갈등으로 발전할만한 직접적, 구조적, 문화적 요소들을 제거 또는 변화시켜 나간다는 것이다. 따라서 올바른 분석과 예측을 통한 정책수립이나 잠재적 갈등 당사자들의 참여에 의해 갈등을 미리 예방하는 것이 중요하다. 그러나 동시에 잘못된 분석에 의한 갈등예방적 접근은 오히려 갈등 당사자의 필요(need)를 채우지 못할 뿐만 아니라 선의의 피해자를 양산할 위험성을 내포하고 있다. 결국 평화적이고 합리적인 갈등해결에 대한 인식과 참여를 위해 대중적 교육과 훈련이 확대되어야만 예방적 효과를 담보할 수 있다.

평화형성(peacebuilding)

평화형성(peacebuilding)은 갈등을 어떻게 다룰 것인가의 문제보다는 문제해결의 접근을 새로운 사회환경 조성에 초점을 맞추고 있다. 즉 폭력을 양산해 내는 구조와 문화를 바꾸지 않는 한 갈등은 해소될 수 없고 평화는 이뤄질 수 없다고 본다. 따라서 구조와 문화의 변화를 위해 핵심이 되는 사람의 변화를 추구하며 교육과 훈련의 힘을 강조한다. 또한 모든 인간의 안녕(well-being)을 위해서 정의를 향상시키는 사회변화가 필연적인 것이라고 보고 정의로운 평화(justpeace)와 비폭력적 행동양식을 지향한다. 하지만, 광범위한 평화의 개념정립과 정의와 평화가 갖는 적용상의 대립적 성격 때문에 비판의 대상이 되기 쉽고, 사회변화를 추구하는 성격상 기득권의 반발을 유발하기 쉽다.

[표 1-3] 갈등을 다루는 다양한 접근방법

관 점	접근 방법	문제해결의 주체/초점
갈등개입/종식 (conflict intervention/ termination)	갈등을 멈추기 위한 목적으로 갈등 당사자(집단)와 이해관계가 있는(또는 없는) 제3의 개인(그룹)이 갈등사항에 참여하여 갈등이 증폭 발전되지 않도록 하는 일련의 활동.	우월한 힘 제3자의 역할
갈등타결 (conflict settlement)	구속력을 가진 제3자의 결정에 따라 갈등 당사자 간의 문제가 결정되고 해결책이 적용되는 방법.	공정성, 권위, 전문성을 가진 제3자, 중재
갈등관리 (conflict management)	지속적으로 발생하는 갈등의 확대, 재발을 방지하고 갈등을 효과적으로 관리, 통제하여 조직이나 사회적 손실을 최소화하려는 접근.	제도, 시스템 전문적 운영자
갈등해결 (conflict resolution)	심도 깊은 분석적 접근을 통해 갈등과 관련된 당사자들이 자율적으로 문제를 해결해 나가는 일련의 과정.	갈등 당사자, 조정 상생적 합의 도출
갈등전환 (conflict transformation)	변화하지 않는 갈등은 없다는 전제에서 합의의 성패를 떠나, 갈등이 유용하고 건설적인 에너지로 전환되도록 갈등 당사자 간의 관계의 역동성을 중시하는 과정.	갈등 당사자 전환적 조정 관계의 변화 (회복)
갈등예방 (conflict prevention)	갈등발생이후의 접근은 소모적임으로 미연에 갈등을 예방하고 잠정적 갈등의 원인을 줄여나가는 접근방법.	갈등예측 조기경보 시스템
평화형성 (peacebuilding)	문제해결식 접근이 아니라 창의적이고 참여적인 방법을 통해 평화적 결과를 생산하는 제도와 문화를 창출하는 시도.	평화문화 창출을 위한 평화교육 Empowerment

※ 위의 다양한 갈등접근방식은 어느 한 접근방식이 더 낫거나 옳다는 개념이 아니다.

어떤 갈등이며, 갈등의 진행정도에 따라 한 갈등상황에 대해 여러 가지 접근방식을 다르게 적용할 수도 있다. 다만 위의 순서는 갈등의 접근방식이 시대의 흐름에 따라 변화 및 발전되어 온 과정을 따라 정리한 것이다.

4. 갈등해결의 기본 원칙

갈등해결 이론에는 여러 가지 원칙과 철학이 담겨있다. 그 원칙과 철학에서 모든 갈등은 비슷한 과정을 통해 해결될 수 있다거나 갈등해결은 불가능하다는 극단적 부정 모두를 부인한다. 그 가운데 가장 일반적으로 수용되는 갈등해결을 위한 가장 중요한 몇 가지 가치와 원칙들을 알아보자.[24]

① 갈등의 근본적 원인을 규명하고 다루지 않는다면 갈등을 해결할 수 없다. 이 말의 함축적 의미는 갈등을 해결하기 위해서는 갈등의 뿌리에 놓여 있는 갈등 당사자들의 요구와 이해관계뿐만 아니라, 실체적이고 감정적인 문제들까지도 반드시 분쟁해결 과정 속에서 다루어야 한다는 것이다. 즉 갈등 당사자들이 지속가능한 관계를 유지하기 위해서는 표면적 문제 이상의 더 깊은 필요를 채워야 하고 요구를 충족시켜야 한다.

② 갈등해결의 결과뿐 아니라 그 과정에서 공정성과 정당성을 확보하지 못하면 갈등을 해결하는 것은 불가능하다. 갈등을 해결하는 과정이 공정하여야만 그 결과도 지켜지고 정당성을 인정받을 수 있다. 또한 갈등해결 과정에서 잘 드러나지 않는 당사자들(갈등의 간접 당사자들)을 분쟁 해결의 과정에서 외면하지 말아야 한다.

---

24) Assefa, Hizkias. 2005. ≪평화와 화해의 새로운 패러다임≫. 이재영 역. Korea Anabaptist Press. pp.19~21

다시 말해, 갈등을 해결한다는 것은 갈등의 피해자이지만 갈등상황 속에서 쉽게 드러나지 않는 집단이나 사회의 이해관계와 안녕을 간과한 채 갈등의 직접적 당사자에게만 국한되는 분쟁해결책은 한계가 있다는 의미이다.

③사람들의 기본적 요구(Basic Human Needs)는 크게 다르지 않다. 갈등 상황 속에 있는 당사자들은 양측이 모두 수용할 수 있는 공정한 해결책을 스스로 이끌어 낼만한 공통의 이해와 목적을 발견하기 쉽지 않지만 불가능한 일은 아니다. 다만 이를 위해 갈등에 영향을 받지 않는 제3자의 중립적 개입이 필요하다. 만약 갈등 당사자들이 문제를 누구나 갖고 있는 인간의 기본적 필요에 초점을 맞춰 풀려고 한다면 갈등상황에 영향을 받는 당사자들이 어느 정도 만족할 만한 창조적인 해결책을 찾는 것은 분명히 가능한 일이다.

④ 갈등을 해결한다는 의미는 당면한 이슈만을 풀어가는 것이 아니라 새로운 인간관계의 설정을 의미한다. 이 말은 강요에 의한 일방적인 의사소통의 방식에서 자발적인 참여로, 위계질서에 의해 형성된 상하의 관계에서 평등, 참여, 존중, 상호 번영, 그리고 성장에 의해 형성되는 수평적인 관계로의 전환을 의미한다.

5. 갈등이해 향상을 위한 정보

모든 갈등은 나름대로의 어려운 면이 있지만 그 중에서도 특별히 '다루기 힘든(intractable)' 또는 '장기적으로 끄는(protracted)' 갈등으로 여겨지는 것들이 있다. 이런 갈등은 오랜 기간 동안 이런 저런 접근을 시도했음에도 해결하지 못한 경우가 많다. 국제적으로는 이스라엘-팔레스타인 갈등, 캐시미르 분쟁, 수많은 희생자를 낳았던 수단 내전 등이 여기에 해당된다. 그러나 많은 전문가들은 현대 민주국가에서 빈번하게 발생하는 환경보전이나 천연자연 이용과 관련된 공공분쟁 또한 이 범위에 속한다고 말한다.

여기에서는 위에서 언급한 것처럼 다루기 힘들고 장기적으로 끄는 갈등을 좀 더 효과적으로 분석하고 이해하는 데 도움이 될 몇 가지 정보를 제공하고자 한다. 갈등을 잘 분석하고 이해하면 어떤 식으로든 해결에 도움이 되는 것이 사실이기 때문이다. 이미 언급했듯이 여기에서 소개하는 접근을 시도한다고 해서 '다루기 힘든' 갈등이 해결되는 것은 아니다. 특히 많은 사람들은 갈등의 근본 요인이 세계관 또는 가치관의 차이나 구조적 문제일 경우 갈등에 직면한 개인이나 집단의 해결 여지는 훨씬 줄어들고 결국 대안적인 해결책보다는 전통적 방법인 법적 판단에 맡기는 것이 효과적이라고 말한다. 물론 이것도 하나의 선택이 될 수 있다. 분명한 것은 정확한 갈등의 분석과 이해가 여러 가지 가능성 중에서 가장 효과적인 선택을 하는 데 도움을 줄 수 있다는 것이다.

세계관(가치관) 갈등(Worldview Conflict)

세계관 갈등은 비교적 근래에 연구되고 있는 것이지만 오랫동안 우리가 보아왔던 종류의 갈등이다. 이른바 세상을 보는 눈, 도덕관, 가치관, 존재 의미 등에 대한 이해가 달라서 발생하는 갈등이다. 세계관은 무의식 속에 존재하며 자신도 모르는 경우가 대부분이다. 무의식 속에 존재하는 세계관은 다른 세계관을 만나거나 충돌할 때 단어, 은유(metaphors), 이야기(narratives)를 통해 드러난다.

단어의 사용이 다른 세계관을 표출하는 방법이 되고 이것이 세계관 갈등의 근본 요인이 되는 가장 두드러진 예 중 하나는 낙태 찬·반론자들의 갈등이다. 낙태반대자들은 태아의 개월 수에 상관없이 독립적인 존재임을 인정하는 '아기(baby)'라는 단어를 사용해 자신들의 세계관을 드러낸다. 그러므로 이들에게 낙태는 살인이다. 그러나 여성의 선택권으로서 낙태를 찬성하는 사람들은 자신들의 세계관을 합리화하기 위해 의학적 용어를 사용한다. 이들은 엄마의 뱃속에 있는 세포조직일 뿐 아직 독립적 존재가 아니라는 의미로 개월 수에 따라 의학적 용어로 '태아'를 말하는 'embryo'와 'fetus'라는 단어를 사용한다.25) 이들에게 낙태는 필요할 경우 행해야 하는 의학적 처치다. 그러므로 이 두 집단은 단어의 사용부터 협상하기 힘든 다른 세계관을 보여준다. 실제로 이들의 갈등해결 방법은 서로 다른 세계관은 인정하고 상호 폭력적 충돌을 피하는 방법을 모색하는 것이다. 예를 들어, 낙태를 위해 병원을 찾는 환자들에게 위협적인 시위를 하지 않을 것, 낙태시술 의사들을 위협하지 않을 것, 적극적으로 낙태를 권장하지 않을 것 등이 될 수 있다.

은유의 사용을 통해서도 세계관의 차이는 잘 드러난다. 미국 북부 지역 산림협상을 분석한 연구팀은 산림에 대한 묘사를 위해 사용된 은유가 세계관의 차이를 분명하게 보여준다는 것을 발견했다. 조지 메이슨 대학 갈등분석해결연구소의 교수와 학생은 공동팀을 만들어 1988년부터 1994년까지 진행된 이 협상 내용을 분석했다. 분석 결과 산림의 경제성을 강조하는 세계관을 가진 사람들 사이에서 가장 흔히 사용되는 것이 '산림은 농장'(Forest is a farm)이라는 은유적 표현임을 알아냈다. 이 표현은 19세기 말 Gifford Pinchot가 이전에

---

25) Lakoff, George. 1996. *Moral Politics: What Conservatives Know That Liberals Don't*. The University of Chicago Press. p.264

사용되었던 '산림은 광산'(Forest is a mine)이나 '산림은 황무지'(Forest is a wilderness)라는 은유적 표현을 대체하기 위해 제안한 것이다.[26] '산림은 농장'이라는 표현을 쓰는 사람들은 경제성을 기준으로 산림을 보기 때문에 경제성이 없는 나무는 '잡초 나무'(weed trees)로 표현하고 나무를 '수확한다'(harvest) 같은 표현을 쓴다.[27] 이들의 세계관에 의하면 산림의 존재 가치는 인간의 이익에 대한 기여도를 통해 측정된다.

이와 대립하는 세계관을 가진 사람들은 주로 산림을 포함한 전체 환경에 대한 인간의 윤리적 책임을 강조하고 다음 세대를 위해 산림을 관리한다는 의미에서 '관리인'(stewardship)이라는 은유를 사용한다.[28] 이들은 산림을 전체 지구 환경을 구성하는 독립적인 개체로 인정하고 산림에 대한 인간의 절대적 통제권을 인정하지 않는다. 다시 말해, 산림은 그 자체로서의 존재가치를 지니고 있으므로 인간의 경제적 이익을 기준으로 판단되거나 인간의 이익을 위해 강제 변형될 수 없는 것이다. 다른 세계관을 가진 이 두 집단은 산림 관리 방법에 있어서 다른 의견을 가질 수밖에 없고, 그것이 세계관 갈등으로 표출된다. 그럼에도 불구하고 서로 다른 세계관을 가지고 있음을 이해하고 인정할 경우 이를 기초로 협상을 진전시킬 가능성은 충분히 있다.

---

26) Blechman, Frank, Jarle Crocker, Jayne Docherty, and Steve Garon. 2000. "Finding Meaning in a Complex Environment Policy Dialogue: Research into Worldviews in the Northern Forest Lands Council Dialogue, 1990~94." *Working Paper No. 14.* The Institute for Conflict Analysis and Resolution. George Mason University. p.10

27) Ibid. p.10

28) Ibid. p.32

와코 사건과 세계관 갈등[29]

미국연방수사국(FBI)은 1993년 미국 텍사스의 와코에 있던 브랜치 다비디안(Branch Davidian)이라는 종교공동체를 무장테러 집단으로 규정했다. 연방수사국과 브랜치 다비디안은 51일 동안 협상을 벌였으나 성공하지 못했고, 연방수사국은 무력진압으로 사건을 종료시켰다. 무력진압에 의한 총격과 화재로 23명의 어린이를 포함해 공동체의 거의 대부분인 70명 이상이 사망했다. 이에 대한 책을 쓴 Jayne Docherty는 두 당사자 사이에 오갔던 거의 모든 협상 대화를 분석했고, 이를 세계관의 충돌이 낳은 비극적인 사건이라는 결론을 내렸다. 한마디로 세계에 대한 이해가 틀려 서로 대화가 통하지 않았다는 것이다. 한 예를 소개하면 다음과 같다. 대립상황이 악화되면서 브랜치 다비디안은 자신들의 입장을 알리기 위해 자신들이 만든 테이프를 방송하게 해달라고 요구했다. 연방수사국은 방송을 허락하는 대가로 자신들의 세계관에 의하면 우선적으로 보호받아야 하는 어린이들과 여자들을 내보내라고 요구했다. 또 이 거래조건에 응하면 영아들을 위한 우유도 들여보내 주겠다는 제안을 했다. 연방수사국의 거래조건은 두 가지 점에서 브랜치 다비디안의 세계관과 충돌했다. 브랜치 다비디안의 세계관에서 보면, ① 아주 어린 아이들은 아닐지라도 여자들은 성인으로서 주체적 결정권을 가지고 있는 도덕적 존재이므로 누구도 대신 결정을 내릴 수 없으며, ② 아이들과 여자들 모두 거래할 수 있는 물품이 아니다. 연방수사국이 제시한 거래조건으로 브랜치 다비디안은 자신들의 가치관과 도덕성이 심각하게 공격받은 느낌을 받았다. 결국 이 거래조건은 그동안의 대화를 통해 약간 진전됐던 양자의 관계를 후퇴시키는 결과를 낳았다.

---

29) Docherty, Jayne Seminare. 2001. *Learning from Lessons from Waco: When the Parties Bring Their God to the Negotiation Table.* Syracuse University Press. pp.171~176

대부분의 전문가들은 공공분쟁중 하나인 환경보전과 천연자원 이용에 대한 대부분의 갈등이 세계관의 차이에서 비롯된다고 말한 다. 이런 이유 때문에 분석과 해결이 더욱 어려운 것이 사실이다. 갈등에 처한 당사자들은 이러한 세계관의 차이와 현실적 문제 사이 에서 끊임없이 협상을 꾀하게 된다. 세계관의 차이를 성공적으로 극복한 당사자들은 갈등의 발단이 된 문제의 협상에 초점을 맞출 수 있지만 여전히 세계관의 갈등을 겪는 경우에는 세계관의 차이를 해결할 때까지 협상에 진전을 보지 못한다.30) 즉 세계관은 협상의 대상이 아니라는 이야기다. 갈등 분석자의 역할은 당사자들의 세계 관을 분석해 차이점을 알아내고 그것이 갈등에 어떻게 작용하는지, 그리고 당사자들이 상대의 세계관을 어느 정도까지 인정할 수 있을 지를 가늠해보는 것이다.

유형별 당사자 파악(Types of Actors)

갈등의 당사자를 파악하는 것은 갈등 분석과 해결에 있어서 두 말할 필요도 없이 가장 기본적이며 중요한 일 중 하나다. 복잡해서 다루기 힘든 갈등의 경우(현대 국가에서 발생하는 대부분의 공공분 쟁도 여기에 해당된다) 직접 당사자뿐만 아니라 간접적으로 영향을 받거나 영향을 주는, 그리고 직·간접적으로 갈등에 관련되어 있는 당사자들을 파악하는 것도 필요하다. 복잡한 갈등의 당사자들은 사회의 다른 영역과 단절된 것이 아니라 대부분 그물처럼 얽힌 관계 를 가지고 있고, 많은 경우 보이지 않는 관계가 당사자의 이해와 입장 설정에 무시할 수 없는 영향력을 가진다.

John Paul Lederach는 그의 유명한 피라미드 도표에서 갈등에

---

30) Ibid. p.55

처한 한 사회 전체 구성원들을 상위 지도력, 중간 지도력, 지역 지도력의 세 집단으로 분류하고 각각의 집단에 맞는 갈등해결 접근법을 제시하였다.[31] 이 도표는 무장분쟁 상황에 처한 사회에 초점을 맞춘 분류지만 다른 갈등 상황에서도 사회 전체의 맥락 속에서 갈등에 관련된 당사자들을 이해하는 데 도움이 된다. 피라미드의 상단, 중간, 하단에 위치한 각 당사자들의 입장과 갈등에 관련된 정도, 그리고 이들 각자가 해결에 어떤 식으로 기여할 수 있는지를 분석할 수 있다면 갈등해결 가능성은 보다 높아질 수 있다. 한국 사회에 비춰 이들 집단의 특징을 아래에 간단히 정리해 보았다.

① 고위 지도력(Top Leadership)

피라미드의 상단에 있는 집단으로 정치, 사회, 종교 분야의 지도자들이다. 이들은 명성 때문에 갈등에 관련될 경우 언론 보도의 초점이 되고 여러 가지 이유로 입장에 갇히게 되는 경우가 흔하다. 또한 자신들의 사회적 위치 때문에 명분과 체면을 중요시한다. 결정권과 영향력을 가지고 있기 때문에 갈등해결의 열쇠로 인식될 수도 있다. 그러나 이들의 영향력을 이용해 갈등을 해결할 경우 갈등 당사자들의 실질적 이해를 반영하지 못해 미봉책이 될 가능성이 크고, 갈등 재발과 새로운 갈등 발생의 요인이 될 수 있다. 때로는 이 집단이 적극적으로 자신들의 영향력을 이용해 갈등을 해결하려 할 수도 있고, 그 반대로 갈등 당사자들이 이들을 전략적으로 이용할 수도 있다.

---

31) Lederach, John Paul, 1997, *Building Peace: Sustainable Reconciliation in Divided Societies*. United States Institute of Peace Press, p.39

② 중간 지도력(Middle-Range Leadership)

피라미드의 중간에 위치한 집단으로 종교 사회 각 분야의 지도적 인물들, 학자, 지식인, 전국조직의 시민사회 단체 등이 포함된다. 이들의 영향력은 이들이 속한 단체나 기구의 사회적 영향력과 명성, 또는 그동안 개인적으로 쌓은 업적이나 사회활동 등에 의해 얻어진다. 이들의 가장 큰 특징은 상위 지도력과 지역 지도력 모두와 관계를 맺고 있고, 두 집단 모두에 대해 상당한 정도의 정보를 가지고 있다는 것이다. 무엇보다 중요한 것은 필요할 경우 상위집단이나 지역 집단 모두와 긴밀하게 접촉할 수 있는 가능성을 가지고 있다는 점이다. 한국 사회에서 이들은 대부분의 사회 갈등에 당사자의 하나로 적극적으로 관여하고 있다. 피라미드의 상단과 하단 모두와 관계하고 있는 이 집단이 긍정적인 역할을 할 경우 갈등해결의 가능성은 높아지지만 자칫하면 지역 갈등 당사자들의 실질적 문제와 이해를 뛰어넘는 접근을 시도할 가능성도 있다.

③ 지역 지도력(Grassroots Leadership)

피라미드의 하단에 위치한 집단으로 갈등의 영향을 직접적으로 받는 지역 공동체 지도자들, 지역 시민사회 단체들, 주민들을 대상으로 일하는 각 단체의 실무자들이 여기에 해당한다. 이들은 지역 주민들이 처한 문제를 가장 잘 이해하고 공유하는 집단으로 갈등 상황과 그 영향도 가장 잘 이해하고 있다. 이들은 또 지역 정부 관계자들이나 지역 유지들을 잘 알고 있다. 언론이나 보고서를 통해 접할 수 없는 지역 주민들의 상황을 가장 잘 설명해 줄 수 있는 집단이다. 지역 주민이 갈등의 당사자일 경우 이들의 입장과 이해를 제일 먼저 들어야 하지만 영향력이 적고, 언론의 초점을 덜 받는 이유로 소외되기도 한다. 그러나 민주화의 정도가 높은 사회에서는 이들의 입장을 간과할 경우 갈등 재발과 새로운 갈등 발생의 요인을 만드는 결과가 생길 수 있다.

구조적 갈등 이론(Nested Theory of Conflict)

Maire Dugan은 지역 학교에서 흑인과 백인 폭력집단 사이에 발생한 폭력 갈등해결에 참여하게 되면서 구조적 갈등 이론을 만들게 되었다. Dugan은 폭력 갈등을 분석하면서 두 집단 사이에 발생한 폭력을 알기 위해서는 이들 사이의 관계, 그 관계에 영향을 미치는 하위 구조, 사회 전체적 구조를 통합적으로 분석해야 함을 알게 되었다.

구조적 갈등 이론[32]

사회구조

하위구조

관계

문제

도표의 맨 안쪽에 있는 '문제'는 갈등의 표면적 요인이 되는 것으로 갈등 분석과 해결에 있어서 우선적으로 주목해야 할 점이다. 이 부분이 다뤄지지 않으면 다른 차원의 문제에 접근하기가 힘들다.

---

32) Dugan, Maire A. "A Nested Theory of Conflict." *Women in Leadership 1, no. 1 (Summer 1996)*. p.14

그러나 많은 경우 '문제'가 다른 부분들, 즉 '관계', '하위구조', '사회구조' 부분과 연결되어 있으며, '문제'를 근본적으로 해결하고 재발을 방지하기 위해서는 다른 세 부분이 같이 다뤄져야 한다.

흑인과 백인 폭력집단의 경우 이들의 '관계'는 인종차별, 흑인과 백인의 정치적, 사회적, 경제적 지위의 차이 등 사회구조의 문제와 연결되어 있었다. 이러한 사회구조의 문제를 적극적으로 다루지 않고 방관하는 하위구조도 이들의 '관계' 설정과 '문제' 발생에 기여했다. Dugan은 학교를 '하위구조'로 보고 학교 차원에서 인종차별에 대한 교육, 다양성과 인종관계 과목을 필수과목으로 설치하는 등의 노력을 해야 한다고 제안했다. 또한 이러한 노력에는 교사, 학생, 학부모, 공동체 등이 공동으로 참여해야 한다고 제안했다.[33]

현실적으로 '하위구조'나 '사회구조'가 갈등의 주요 요인일 경우 갈등 당사자들이 이에 직접 개입해 구조적 변화를 꾀할 수 있는 여지는 적어진다. 그러나 갈등 자체의 분석에만 초점을 맞추고 갈등 당사자들에게 해결을 종용하는 것은 현실적이지 못하다. 적어도 갈등을 분석하는 사람은 갈등 당사자들이 전체 그림을 이해하고 자신들이 대립하게 된 요인 중 일부가 다른 곳에서 비롯되었음을 이해하고 인정할 수 있도록 도와야 한다. 이런 분석을 갈등 당사자들과 공유할 경우 당사자들은 상대에 대한 무조건적 비난을 자제하고 이해의 여지를 넓힐 수 있으며 결국 갈등해결에 도움이 된다. 보다 긍정적인 결과로 갈등 당사자들이 자신들이 처한 '문제' 부분을 해결한 후 공동의 노력으로 '하위구조'와 '상위구조'의 현안에 접근하고 개선을 꾀할 수도 있다. 이것은 갈등 예방과 재발 방지를 위한 통합적인 접근의 하나가 될 수 있다.

---

33) Ibid. p.17

오하이오갈등해결위원회[34]

오하이오 주의 학교 교사들은 학교 내 폭력을 해결하고 예방하기 위해 총체적인 접근을 꾀하고 있다. 교사들은 학생들에게 갈등해결 기술을 교육하고, 또래중재 프로그램을 실시하고 있다. 교사들은 또 이러한 학생 차원의 노력이 실질적인 결실을 맺을 수 있도록 학교 문화 개선, 학생들의 창의성을 높이는 민주적이고 다양한 교육법의 개발, 갈등해결과 교과 과목의 연계 등의 노력을 기했다. 전체적인 구조적 변화를 위한 노력으로 교사들은 학부모, 학교 행정직원, 학교 버스운전사, 학교 식당직원, 과외활동 지도자에게도 갈등해결 교육을 실시하고 있다. 교사들의 이러한 노력을 적극 지원한 것은 1989년 설립된 오하이오갈등해결위원회로 이들은 교사, 법원, 공동체, 지역 정부 공무원 등에게 교육을 실시하고 필요한 서비스를 제공하고 있다. 오하이오 주 정부는 교육, 사법, 정책 차원 등 사회 모든 영역에서 갈등해결과 갈등예방 접근을 꾀하기 위해 1989년 오하이오갈등해결위원회를 설립하는 법을 통과시켰다. 오하이오 갈등해결위원회는 미국에서 최초이자 현재 유일하게 주정부 차원에서 운영되는 갈등해결기구다.

John Paul Lederach는 갈등을 이해하기 위해서는 세 가지 종류의 안경이 필요하다고 말한다. 첫째는 '긴급한 상황(immediate situation)'을 보기 위한 것이고, 둘째는 갈등의 '숨겨진 형태와 배경(underlying patterns and context)', 셋째는 '개념적 구조(conceptual framework)'를 파악하기 위해서다.[35]

---

34) Van Tongeren, Paul, Malin Brenk, Marte Hellema, and Juliette Verhoeven, ed. 2005. "Managing Conflict at School: Ohio Commission on Dispute Resolution and Conflict Management in the United States." *People Building Peace II: Successful Stories of Civil Society.* Lynne Rienner Publishers. pp.275~276

35) Lederach, John Paul. 2003. *The Little Book of Conflict Transformation.* Good

더러운 접시를 둘러 싼 다양한 문제들36)

한 가지 예를 들어보자. 우리 가족은 집안일을 두고 열띤 논쟁을 하곤 한다. 설거지 같은 일 말이다. 너무나 평범한 이런 일을 두고도 한참씩 싸우는 일이 생기기도 한다. 논쟁은 잔뜩 쌓인 더러운 접시라는 아주 분명하고 현실적인 문제다. 그러나 이를 두고 발산된 에너지를 보면 더 깊은 뭔가가 있음을 알 수 있다. 사실 이 논쟁의 핵심은 단순히 누가 설거지를 할 것인가가 아니다. 우리 가족 관계의 성격과 질, 서로에 대한 기대, 가족으로서 그리고 개인으로서의 정체성에 대한 해석, 자신의 가치에 대한 인식과 다른 사람에 대한 배려, 가족 관계 속에서의 힘과 의사결정의 성격 등의 문제를 두고 우리는 협상을 하고 있는 것이다. 이 모든 것이 쌓여 있는 더러운 접시 안에 들어 있는 것이다.

그의 말처럼 하나의 갈등이 내포하고 있는 여러 가지 현안과 의미를 파악하기 위해서는 여러 가지 종류의 렌즈를 갖다 대야 한다. 되도록 여러 가지 방법으로, 그리고 여러 가지 방향에서 문제에 접근하면 그만큼 성과도 크다. 어느 식당에 가서 저녁을 먹을 것인가 와 같은 단순한 논쟁이라면 애초 갈등 분석을 필요로 하지도 않을 것이다. 갈등을 해결하기 위해 전문가를 동원한 심층적인 갈등 분석 이 필요하다면 그 만큼 사안이 복잡하다는 것이다.

다루기 힘든 갈등을 분석하기 위해서 위의 한 가지 방법에만 기대는 것은 현명하지 못한 일이다. 각각 초점을 두는 내용이 다르기 때문에 하나가 갈등의 전부를 설명해줄 수 없다. 자신의 마음에 드는 방법에만 너무 초점을 맞추는 것도 현명하지 못한 자세다. 혼자 연습 삼아 하는 것은 괜찮지만 심각한 갈등을 전문가의 입장에

Books. 2003, p.10

36) Ibid. 11.

서 분석해야 한다면 여러 종류의 분석을 시도해보아야 한다. 한 가지 더, 혼자서 하는 분석의 결과는 둘이서 하는 분석의 결과물보다 못하다. 혼자서 분석할 경우 결국 자신의 한계를 극복할 수 없기 때문이다. 물론 더 많은 사람과 분석을 하면 아주 특별한 경우를 제외하고는 대부분의 경우 더 좋은 결과를 얻을 수 있다.

2. 갈등분석 이론

1. 갈등분석의 의미

갈등분석이란?

갈등을 건설적으로 해결해 나가기 위해서 가장 먼저 선행해야 하는 과정이 갈등분석 과정이다. 갈등분석은 갈등에 영향을 주는 요소나 주체들을 분석적 방법으로 해부한다는 개념보다는, 갈등을 좀더 통합적이고 객관적인 관점에서 바라보게 하는 틀을 만들어 낸다는 점에서 더 깊은 의미가 있다. 기술적으로 분류할 때 갈등분석은 정보수집 과정에서 모은 정보를 해석하고, 분석과 평가를 통해 고착된 갈등상황에 대한 변화가능성을 찾아내어 문제해결에 가장 적합한 방법을 적용한다는 점에서 문제해결의 전 단계다. 하지만, 갈등분석 자체가 갖는 문제해결 기능 또한 무시할 수 없는 갈등해결의 중요한 부분이다.

무엇을 분석할 것인가?

갈등분석에서 가장 기본적으로 분석해야 하는 내용은 바로 갈등의 본질과 갈등 당사자들의 관계다. 일반적으로 갈등의 본질에는 주요 원인과 배경, 구조적 환경 등의 내재된 갈등과 표면상으로 들어난 상충되는 입장이나 요구가 포함된다. 당사자 관계에는 표출된 갈등(즉 분쟁)을 해결하기 위해 접촉하는 과정에서 과거의 경험, 감정, 의사소통의 부재와 문화의 차이 등에 의해 발생하는 상호 간의 역학관계가 분석의 한 축을 이룬다. 갈등은 흔히 물질적 차원에서 심리적 차원으로 발전하기 쉽고, 결국 심리적 요구가 채워져야 물질적 해결책도 쉽게 접근된다. 따라서 갈등분석에서도 협상의 기본원칙 '사람과 문제를 분리하라'를 분석에 충실히 적용할 필요가 있다.37)

갈등이 된 이슈와 관계의 역학성을 기초로 갈등을 분석하기 위해 가장 쉬운 접근은 기본적 갈등분석을 위한 육하원칙의 활용이다. 다음의 구분을 참고로 갈등분석의 내용을 점검해 보자.

[표 1-4] 육하원칙을 활용한 갈등분석

초점	일차분석(기초분석)	이차분석(심화분석)
누가(who)	갈등 당사자는 누구인가? 갈등에 직간접적 영향을 받는 제2, 제3의 당사자는 누구인가?	당사자들이 갈등에 대한 입장은? 당사자들의 서로에 대한 태도는? 갈등을 해결하고자하는 의지는?
무엇을(what)/ 왜(why)	갈등의 발생 원인은 무엇인가? 무엇을 위한 갈등인가? 갈등의 일차적, 이차적 쟁점은 무엇인가?	갈등 당사자들이 진정으로 원하는 것은 무엇인가? 문제별 분류가 명확하게 이루어질 수 있는가?
어떻게(how)	갈등은 어떻게 진행되었는가? 갈등 당사자간의 의사소통의 통로나 방법은 무엇인가?	갈등발달의 과정상의 문제점은 무엇인가? 갈등 당사자의 관계는 어떠한가?
언제(when)	갈등의 역사는? 갈등의 현재 단계는?	앞으로의 갈등 진행방향은 예측가능한가? 제3자의 적절한 개입시점은 언제인가?

---

37) Fisher, Roger and William Ury, 1991. *Getting To Yes: Negotiating Agreement Without Giving In*, Penguin Books. p.37

이 외에도 갈등분석을 통해 얻는 내용은 무수히 많다. 어떠한 갈등을 분석하고 있으면 갈등의 진행정도가 어디냐에 따라 분석의 우선순위가 정해질 수 있으며, 갈등의 역동성을 감안하여 획일적인 갈등분석의 적용보다 다양한 분석방법을 통해 통합적으로 갈등분석을 해야 한다.

2. 갈등분석의 목적

갈등해결의 시작점

갈등분석을 위해 얻어지는 정보는 단순히 갈등분석만을 위한 것일 수 없다. 갈등상황에 대해 좀더 객관적인 데이터를 얻는 과정은 갈등해결을 돕고자하는 공정한 제3자뿐만 아니라 갈등 당사자들에게도 서로와 자신의 문제를 다른 시각에서 바라보게 되는 계기가 된다. 갈등분석을 통해 입장에서 실익으로, 또는 이슈에서 관계로 초점이 전환되는 기회를 얻을 수 있다는 것은 문제의 해결을 위한 갈등분석의 가장 큰 기여다.

갈등에 대한 통합적인 이해

갈등분석을 통해 일차적으로 갈등의 주체, 주요 현안, 갈등 단계, 갈등 당사자의 입장과 실익을 파악할 수 있다. 또한 파악된 정보를 바탕으로 갈등에 영향을 주는 다양한 역학관계를 조명해간다. 따라서 갈등분석을 통해 갈등에 대한 정형화된 해석이나 밖으로 들어난 분쟁에 초점을 맞춘 일차적인 이해 이상의 그림을 그릴 수 있고, 그만큼 갈등자체뿐만 아니라 해결에 대해 객관적이고 통합적인 접근 (holistic approach)이 가능해진다.

갈등예방을 위한 노력

갈등분석은 갈등의 직접적 원인과 구조적 원인 파악에 도움을 준다. 문제해결의 과정에서 우선적으로는 쟁점이 된 이슈에 초점이 맞춰지겠지만 갈등을 유발하는 구조적 원인을 파악하는 것은 잠재적 갈등요인을 파악한다는 측면에서 매우 중요하다. 구조적 원인이 존재하는 한 유사한 갈등은 계속적으로 유발될 수 있다. 따라서 갈등을 예방하고 지속가능한 갈등분쟁 해결을 위해서는 효과적인 갈등분석이 선행되어야 한다.

3. 여러 가지 갈등분석 방법[38]

갈등의 5단계

갈등도 생명체와 같이 주기가 있다. 시간의 흐름에 따라 활동성, 강도, 긴장감, 폭력상태라는 차원의 각각 다른 정도와 단계들을 거치면서 변화해 간다. 갈등의 5단계 기법은 특정 시간대에서 갈등의 강도가

---

38) 갈등해결 전문가훈련 프로그램 참가자, ≪갈등해결배우기:이론, 방법, 적용≫, AFSC/평화를 만드는 여성회, 2001, pp.28~47.
여기에 소개된 갈등분석 방법은 Responding to Conflict 단체가 2000년에 출판한 Working with Conflict: Skills and Strategies 에서 소개한 9가지 분석기법 중에서 선별 요약한 것이다.

강화되고 약화되는 과정을 그래프로 그리며 분석하는 방법이다.

① 기법의 목적
• 갈등의 상승 및 하강의 주기와 단계를 눈으로 확인하기
• 현재가 어떤 상태인지를 판단하기
• 갈등예방을 위해 이후 갈등의 상승 패턴 예상하기

② 언제 사용해야 할까?
• 분석 작업을 시작하면서 갈등의 패턴을 구별할 때, 나중에 전략
  을 수립할 때

③ 갈등의 5단계
1단계 : 갈등 전단계
2단계 : 대치 국면/상승 국면
3단계 : 위기 국면
4단계 : 결말 국면
5단계 : 갈등 이후 단계

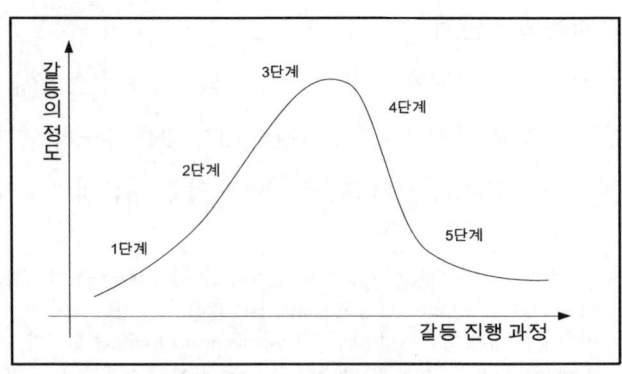

양파기법

갈등 당사자의 입장과 실익, 욕구를 분리하여 이해함으로써 통합적인 갈등의 이해와 갈등해결의 시작점을 찾기 위한 분석방법이다.

• 입장(positions) : 어떤 문제에 대해 당사자가 생각하는 해결책으로 모두가 알도록 공적으로 취하고 있는 내용으로 '원한다고 표명하는 것'이다.

• 실익/관심사(interests) : 목표, 이익 등 당사자가 갖기를 또는 성취하기를 원하는 것들이다. '입장' 아래 놓여있는 것으로 진정으로 원하는 것이다.

• 욕구/요구(needs) : 개인 혹은 집단으로서 당사자의 실존을 위해 반드시 필요한 것들이다. 인간의 기본적 요구. 가치, 신념, 정체성, 안전 등 가장 근본적인 것으로 반드시 충족되어야 하는 것이다.

입장(positions) : 원한다고 표명하는 것
실익/관심사(interests) : 진정으로 원하는 것
욕구/요구(needs) : 반드시 가져야만 하는 것

입장
이익
요구/욕구

① 기법의 목적
  • 각 당사자들이 표명하는 공적 입장을 넘어서서 당사자들의 실익과 욕구를 이해하기
  • 향후 토론을 진전시키기 위한 기초로서 당사자들 간의 공통 기반(common ground)을 발견하기
② 언제 사용해야 할까?

- 갈등 상황의 다이내믹을 이해하기 위한 분석을 시도할 때
- 갈등 당사자들 간의 대화를 촉진하기 위해 준비할 때
- 중재 또는 협상 과정에서

ABC 삼각형

갈등은 태도(Attitude), 행동(Behaviour), 상황/맥락(Context)이라는 세 가지 차원으로 구성되면서, 각각의 차원이 서로에게 영향을 끼친다는 전제에 기반하여 주요 당사자들 각자의 ABC에 대해 파악하는 분석 기법이다.

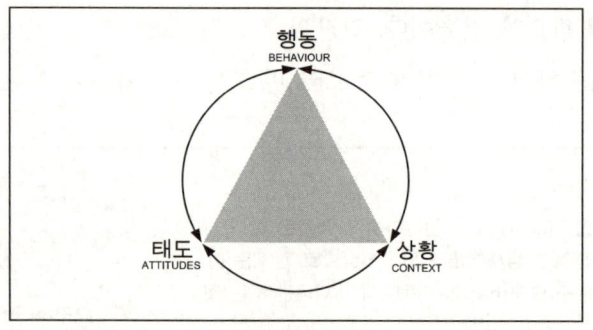

- 태도, 자세(Attitude) : 갈등 당사자의 성격, 심리상태, 감정상태
- 행동(Behavior) : 갈등 당사자의 구체적인 행위, 태도와 상황에서 표출되는 모습, 외화된 행태
- 상황(Context) : 갈등 당사자가 처한 조건, 환경, 배경, 주변여건

① 기법의 목적
- 주요 당사자들 각자의 ABC를 파악하기

• 각자의 ABC가 갈등 상황에 어떤 영향을 끼치는지를 분석하기
• 각 당사자의 욕구 및 가장 원하지 않는 것(fears)에 대해 ABC를 연관시키기
• 개입 지점을 파악하기

② 언제 사용해야 할까?
 • 각 당사자들에게 영향을 끼치는 요인들에 대한 통찰력을 얻고자 할 때
 • 이후 갈등해결을 위한 행동/개입을 통해 개선될 수 있는 지점들을 파악하려 할 때
 • ABC 중 한 차원에서의 변화가 다른 차원에 어떤 영향을 줄 수 있는지 예측이 필요할 때

연대표
 갈등의 진행상황이나 역사에 대해 직간접적인 갈등 당사자들이 서로가 이해하는 갈등상황에 대해 시간의 흐름별이나 주요 사건별로 연대표를 만들어 대비하는 방법이다.

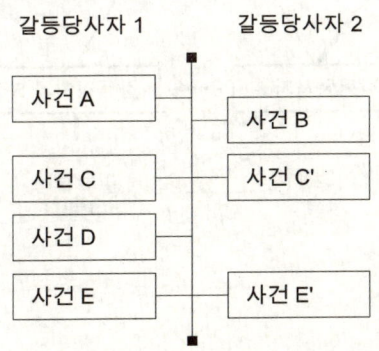

① 기법의 목적

•갈등의 역사에 대해 갈등 당사자간의 이해의 차이를 알아본다.

•발생 사건들에 대한 각자 중요하게 여기는 사건이 무엇인지 입장을 알아본다.

② 언제 사용해야 할까?

• 분석을 시작하면서 갈등의 역사를 이해하기 위해

• 갈등 당사자들이 발생 사건에 대한 이해가 다를 때

• 서로 상대방의 갈등의 역사를 잘 모를 때

갈등지도

갈등상황에 관여하는 당사자들의 역학관계와 힘의 균형 정도를 선과 도형으로 마치 지도와 같이 나타냄으로써 상황을 이해하는 데 도움을 준다.

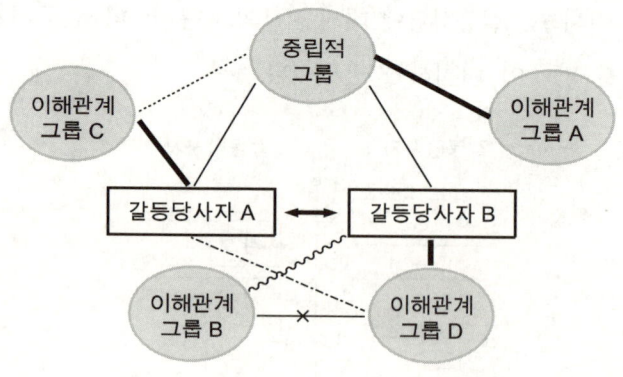

① 기법의 목적
• 관련 당사자들의 관계를 더 분명하게 드러내기
• 권력의 소재를 파악하기
• 각 당사자들의 활동이나 접촉면의 상태를 점검하기
• 갈등해결을 위한 개입시점을 파악하기

② 언제 사용해야 할까?
• 갈등상황에 대한 정확한 이해를 위해 분석초기에 사용
• 갈등에 영향을 주거나 받는 개인 혹은 집단의 역학관계를 파악
할 때
• 갈등해결을 위해 갈등 당사자와 접촉을 시도할 때

갈등나무

나무의 뿌리, 줄기, 가지(열매) 등의 이미지를 통해 갈등의 원인,
쟁점, 결과를 시각적으로 파악해 나가는 분석방법이다.

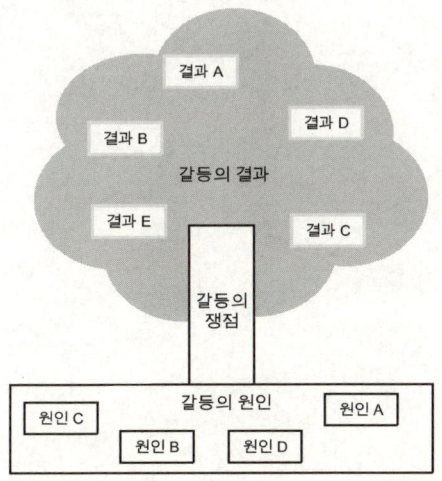

① 기법의 목적

• 갈등의 원인, 쟁점, 결과를 종합적으로 파악

• 갈등해결을 위해 다루어야 할 갈등에 대한 우선순위 정하기

• 결과와 원인의 상관관계를 파악하여 예방을 위한 기초적 이해 향상

② 언제 사용해야 할까?

• 갈등상황에 대한 이해가 다를 때

• 갈등의 원인과 결과의 상관관계가 어떤지 알아보기 위해

• 갈등해결을 위해 어느 문제부터 접근해야 할지 결정해야 할 때

3. 갈등분석의 실제 : 면담과 과정 운영을 중심으로

1. 정보 수집을 위한 면담 방법

갈등 분석과 해결을 위한 최우선적 접근은 갈등을 이해하는 것이고, 갈등의 이해는 갈등 당사자들은 물론 직·간접적으로 관련된 인물들의 면담을 통해 이루어진다. 여기서는 몇 가지 고려할 수 있는 면담 방법에 대해 간단하게 살펴보기로 한다. 물론 아래의 방법들이 아니더라도 각자 알고 있는 상식과 당사자에 대한 배려와 존중에 기초해 나름대로의 면담 형식으로 구성할 수도 있다. 또는 상황에 따라 자신의 방법에 아래의 방법 중 하나를 접목시키거나 아래의 모든 방법들을 함께 결합시킨 면담 방법을 사용할 수도 있다. 선택은 당연히 면담자에게 있다.

이야기를 유도하는 질적 면담(Qualitative Interview)

갈등의 근본 원인과 갈등 상황의 파악은 당사자들의 입을 통해 이루어진다. 더 많은 정보를 얻기 위해 주변 인물들과 전문가의 입장을 들을 수도 있다. 그러나 이것은 추가 정보일 뿐 당사자들이 이해하고 있는 갈등의 원인, 상황, 이해관계, 입장, 해결 전망 등을 제일 잘 이해할 수 있는 것은 당사자들이 직접 말하는 이야기를 통해서다. 모든 갈등은 여러 가지 원인, 관계, 이해, 입장 등이 얽혀서 발생하고, 발전하고, 심화되는 것이므로 단순한 질문 몇 개로 파악할 수 없다. 갈등을 파악하기 위해 또는 갈등을 중재하기 위해 당사자를 면담할 경우 면담자의 임무는 당사자들이 되도록 많은 이야기를 하도록 하는 것이다. 이러한 면담에 가장 적합한 방법 중 하나가 바로 '질적 면담'이다. 일정한 집단에 똑같은 질문지를 배포해 특정 문제에 대한 통계를 얻는 데 사용되는 '양적 면담'(Quantitative Interview)과는 전혀 다른 개념과 방법에 기초한다.

질적 면담은 인터뷰 하는 사람과 응하는 사람이 마치 이야기를 나누듯이 이루어진다. 편안한 분위기에서 더 많은 이야기가 나올 수 있으므로 이 점에 신경을 써야 한다. 한 명의 당사자를 수차례 면담할 경우 나중으로 갈수록 관계가 발전되고 신뢰가 쌓여 더 많은 이야기를 들을 수 있다. 이야기를 분석하고 이를 통해 정보를 얻어내는 것은 물론 분석자의 몫이다.

아래는 본인이 문화 간 갈등에 대해 실제로 한 면담이다. 질적 면담을 이해하는 데 도움이 되길 바라며 여기에 일부분을 소개한다.

질적면담을 위한 기본면담

※ J는 본인이고, O는 면담에 응해준 미국인의 가명 첫 글자다.

J : 한국문화와 미국문화가 어떻게 다르다고 생각하시나요?

O : 미국문화는 개인, 개인의 노력, 개인의 장점, 개인의 권리 등을 강조합니다. 많은 면에서 개인에 초점을 맞춥니다…한국문화는 집단에 초점을 맞춥니다…견해, 사상, 신념, 복장 등 아주 많은

면에서 집단에 맞춰야 한다는 거대한 압력이 있습니다…두 문화
는 완전히 다릅니다. 한국문화에 가장 큰 영향을 끼치는 것은
유교로 개인의 가치관은 물론 때로 정치에까지 영향을 끼칩니다.

J : 자신이 생각하는 유교의 영향에 대해 구체적으로 설명해 주시겠어
요?

O : 두드러진 것 중 하나는 연장자에 대한 것입니다. 보통 연장자가
조직을 통솔해야 한다는 생각이 있습니다. 때로는 연장자가 그만
한 능력을 갖추지 못할 때가 있는데도 말입니다. 그리고 유교문화
에서는 연장자의 의견에 반대하는 것은 심각한 문제입니다. 그러
나 그런 식의 불복은 미국문화의 일부며 미국문화에서는 집단문
화의 역동적인 모습으로 받아들여집니다…그런 환경 때문에 한국
에서는 반대의견을 말하기 힘들 때가 많습니다.

J : 항상 조심하게 된다는 말씀이신가요?

O : 물론이죠. 제 의견이 상황을 변하게 할 수 있다면 모르지만, 분위기
가 경직되어 있고 문제를 일으킬 수 있다고 판단되면 굳이 문제를
만들 필요가 없으니까요.

위의 사례에서 보듯이 당사자는 한 가지 질문에도 아주 많은
경험을 들려준다. 가장 중요한 것은 긴 이야기를 열심히 듣고 갈등을
더 잘 이해하기 위해 적절한 질문을 던지는 것이다. 그러나 원하는
답을 얻기 위해 갈등 당사자에게 유도 질문(leading questions)을 해서
는 안 된다. 사실 많은 사람들이 자신도 모르게 "…한 것 아닌가요?"
혹은 "…해서 상대에 대해 감정이 쌓이게 됐군요." 등 자신의 도덕적
기준, 편견, 판단을 얹은 질문을 하게 된다. 모든 상황적 판단은
"…하다는 것으로 들리는 데 제 이해가 맞나요?" 등의 질문으로
당사자의 입을 통해 확인해야 한다. 또 "거기에 대해 좀 더 설명해

주시겠어요?" 또는 "상대의 그런 행동을 보고 어떤 생각이나 느낌이 들었나요?" 등으로 당사자가 보다 구체적으로 설명할 수 있는 기회를 주어야 한다.

이야기를 유도하는 면담을 해본 사람은 알겠지만 면담은 면담자와 피면담자 모두에게 신뢰를 바탕으로 한 귀중한 기회이며 무한한 정보를 제공해 준다. 면담이 잘 이뤄질 경우 당사자조차도 이야기하는 과정에서 갈등과 관련된 자신의 이해, 입장, 감정 등을 정리하게 된다. 대부분의 사람들은 누군가가 자신의 이야기를 열린 마음으로 들어줄 때 고마움을 느끼며, 이를 통해 자신의 감정이 누그러짐을 느끼게 된다. 그러므로 효과적인 면담은 갈등분석뿐만 아니라 갈등 해결에 실질적인 도움이 될 수 있다.

공동의 전망을 공유하는 평가 설문(Appreciative Inquiry)

평가설문 방법에 있어서는 질적 면담처럼 이야기를 유도하는 것이다. 내용에 있어서는 부정적인 면보다는 긍정적인 면을 재조명하게 하고 현재 상황보다는 공동의 전망과 미래에 초점을 맞춘다. 주로 변화된 상황에 처하거나 과도기를 겪는 조직의 문제를 진단하고 조직 문화를 바꿈으로서 조직 발전을 꾀하기 위해 이용된다. 면담 과정에서 자연스럽게 과거, 현재, 미래를 동시에 조명하게 되고, 조직 내의 사적, 공적 갈등도 자연스럽게 표출하게 만들므로 갈등 분석과 해결을 위한 효과적인 방법이기도 하다.

[표 1-5] 문제해결 접근 대 평가 설문 접근[39]

구분	문제해결 접근	평가 설문 접근
1단계	"필요의 인식" 문제 확인	평가 설문 시작을 위해 조직 지도자들에게 이론과 실행 방법 소개, 강조점 결정, 조직의 "가장 좋은 점" 발견하기 시작
2단계	요인의 분석	조직의 "가장 좋은 점"을 말해주는 이야기, 행동, 상상력에 대한 질문
3단계	가능한 해결책 분석	면담을 분석하고 상상력을 동원해 "가능성 있는 모습"을 생각하고 "반드시 변해야할" 모습에 대한 합의를 도출
4단계	행동 계획 / 문제 처리	조직 구성원들의 최대한 참여를 이끌어 내고 서술 방식, 사명감, 능력 등을 통해 "변화할 모습"을 채택

위의 표는 사실상 문제해결 접근을 너무 단순화한 경향이 있다. 문제해결 접근에서도 각 단계마다 무수한 일들이 일어난다. 위의 표는 '평가 설문' 방법이 당면한 문제만을 해결하는 것이 아니라 공동의 전망에 맞는 미래를 어떻게 설계할 것인가에 초점을 맞추고 있음을 강조하기 위해 고안된 것으로 이해하면 된다.

견본 질문 만들기

갈등에 처한 두 마을이 있다. 인접한 이 두 마을은 오랫동안 자연스럽게 교류하면서 살아 왔다. 이웃 마을 사람과 결혼하는 경우도 많아 두 마을 사람들은 다른 마을에 먼 친척도 많다. 그런데 최근 드라마 촬영지 유치를 위해 경쟁하다 갈등이 생겼다. 이 갈등을 분석하기 위해 두 마을 사람들을 면담하기로 했다. '평가 설문' 면담 방식을 실행하기 위해 갈등 분석자는 다음과 같은 질문을 준비했다.

① 이전에 두 마을의 관계가 어땠는지 말씀해주시겠어요?

② 다른 이웃 마을들과의 관계와 특별히 달랐던 점이 있었나요?

---

39) Branson, Mark Lau. 2004. *Memories, Hopes, and Conversations: Appreciative Inquiry and congregational Change*. Alban Institute. p.22

③ 갈등이 생긴 후 어떤 점이 가장 불편하고 특별히 마음을 상하게 하나요?

④ 어떻게 하면 현재의 갈등을 해소할 수 있을까요? 특별히 도움이 될 만한 방법이 있을까요?

⑤ 갈등이 해소된 후 앞으로 두 마을의 관계가 어떤 모습이면 좋겠습니까?

⑥ 관계를 예전대로 회복하기 위해서 어떤 노력을 해야 할까요? 구체적으로 말씀해 주시겠어요?

'평가 설문'과 비슷한 방법은 중재(mediation)에서도 사용된다. 당사자들로 하여금 갈등의 역사를 더듬게 하는 이른바 '이야기 중재(Narrative Mediation)'에서는 갈등 이야기보다 만족스러웠던 당사자들의 이전 관계를 돌아보게 함으로서 역으로 현재의 갈등 상황을 더욱 심도 있게 조명하게 한다. 예를 들어, 갈등을 겪고 있는 부부에게 다음과 같은 질문을 던진다.[40)]

▶ 두 사람이 잘 지낼 때의 모습을 예를 들어 설명해 주시겠어요?

▶ 그 당시로 돌아가고 싶으신가요?

▶ 현재의 갈등 때문에 두 사람의 관계 속에서 이제는 생각하는 것조차 불가능한 점이 있다면 무엇일까요?

▶ 예전과 지금 모습의 다른 점을 설명해주는 이야기를 하나 해주시겠어요?

▶ 예전에는 훨씬 더 서로를 존중했다고 하셨는데 예를 들어 어떤 행동을 통해 존중을 표시하였나요?

▶ 갈등이 두 사람의 신뢰를 무너뜨렸는데 아직도 신뢰의 토대

---

40) Winslade, John and Gerald Monk. 2001. *Narrative Mediation: A New Approach to Conflict Resolution*. Jossey-Bass. pp.166~169

역할을 할 수 있는 다른 경험이 혹시 있으신가요?

▶ 다른 사람들과의 관계에서 배운 점이 있나요? 현재 씨름하고 있는 문제 해결을 위해 혹시 유용하게 참조할 만한 예가 있나요?

다른 면담 방법과 마찬가지로 이 방법 역시 얼마나 사람들이 잘 이야기할 수 있게 하느냐에 성공 여부가 달려 있다. 준비된 질문을 면담 단계에 맞게 잘 던져야 하지만 자연스런 방법으로 해야 한다. 면담자가 얼마나 능숙하게 이를 실행할 수 있느냐가 가장 중요하다.

다른 문화를 이해하기 위한
민족연구학적 면담(Ethnographic Interview)

민족연구학적면담은 다른 집단이나 민족의 문화를 이해하기 위한 면담 방법이다. 이 방법을 이용하면 자신이 알고자 하는 특정 집단의 문화적 정보와 사물에 대한 이해를 해당 문화에 속한 사람의 입을 통해 직접 확인할 수 있다. 특정 문화에 대한 당사자의 이해와 외부인의 이해는 다를 수밖에 없다. 이 면담 방법에서는 당사자의 이야기를 듣는 것이 가장 중요하므로 인터뷰를 하는 사람, 즉 외부인의 문화적 선입견을 강요하지 말아야 한다.

민족연구학적 견본 면담[41]

※ A는 면담자고, B는 피면담자다.

A : 청각장애인들은 다른 의사소통 방법을 쓴다고 하셨는데 주로

---

41) Spadley, James P. 1979. *The Ethnographic Interview*. Holt, Rinehart, and Winston. p.121

어떤 방법이 있나요?

B : 쓰기, 입술 읽기, 수화, 알파벳 수화, 몸짓 등을 사용합니다.

A : 알파벳을 이용한 방법을 한 가지만 보여주시겠어요?

B : 가게에 간다고 하면 이렇게 모든 알파벳을 써서 할 수 있습니다.

A : 알파벳 수화에 대해 조금 더 이야기해 주시겠어요? 그 방법을 쓸 때 청각장애인들의 느낌은 어떤가요? 경험이 있을 것 같은데요

B : 대부분의 청각장애인들은 수화를 배우기 때문에 어떤 청각장애인들은 알파벳 수화는 잘 못합니다. 하지만 비장애인과 대화할 때는 대부분 이 방법을 쓰죠. 저도 학교 다닐 때 학교에서는 알파벳 수화를, 집에서는 수화를 썼습니다.

A : 의사소통 방법으로 다시 돌아가서, 여러 가지 방법이 있다고 하셨는데 말씀하신 것 외에 다른 방법이 있나요?

B : 그럼요. 말을 하죠. 많은 청각장애인들이 직접 말을 합니다.

위의 면담 예에서 보듯이 이 방법은 거창한 목적을 위해서만 사용하는 것이 아니라 일상에서 다른 집단의 생활을 이해하기 위해서도 유용하게 사용할 수 있다. 이 면담에서 중요한 것은 무엇보다 자신의 모든 편견을 버리고 당사자에게 배우는 학생의 입장이 되어야 한다는 것이다. 보통은 인류학의 현장 연구를 위해 쓰는 방법이지만 다문화 사회에서의 갈등 분석과 해결을 위해서도 유용하게 사용하고 있다.

본인은 이 면담 방법을 통해 갈등을 예방하는 효과를 본 적이 있다. 아프리카 많은 나라 사람들은 대화를 할 때 얼굴을 바짝 들이댄다 (이것은 팔레스타인 사람들의 경우도 마찬가지라고 한다). 10여 년 전 본인이 참가한 국제 훈련프로그램에서 이 문제를 언급한 백인

여자가 있었다. 그녀는 많은 아프리카 남자들의 이러한 대화 방식을 거의 성추행을 당하는 것처럼 불편해 했다. 그로부터 6년이 지난 후 수업시간의 면담 연습에서 나는 아프리카의 르완다에서 온 남학생과 짝이 되었다. 나는 이 문제를 물었고 그는 그렇게 바짝 얼굴을 대야만 이야기하기가 편하고 자신도 모르게 그 이상의 거리가 생기면 자꾸 다가가게 된다고 말했다. 나는 나의 문화적 맥락에서의 불편함을 설명했고 내가 불편하면 좀 떨어져줄 것을 요구하겠다고 말했다. 그는 물론 흔쾌히 동의했다.

대부분의 사람들은 한국 사회에 사는 사람들은 비슷한 가치관, 도덕관, 생활 습관, 사물에 대한 이해를 가졌다고 생각하고 주류의 한국 문화 속에서는 모든 것이 공유된다고 생각한다. 그러나 고도로 현대화되고 세계의 모든 정보를 공유하고 또한 실질적인 현장 접근이 가능한 현 사회에서는 10사람이 10개의 소문화를 가졌다고 봐야 한다. 직업, 나이, 성별, 지역, 경험, 취미, 식습관, 종교 등등 무수한 요인에 의해 무수한 집단이 자신들만의 소문화를 형성하고 있다.

다양한 문화에 대한 이해의 부족과 문화적 선입견 때문에 일상에서 생기는 갈등들은 무수히 많다. 갈등 분석을 위한 면담을 할 때 필요하다면, 그리고 충분한 시간이 있다면 당사자의 문화적 환경을 이해하기 위한 이 면담 방법을 시도해보기를 권한다. 개인 사이의 갈등에서는 이 방법이 갈등의 요인을 알아내는 데 특히 효과적이다. 그러나 집단 사이의 갈등이나 공공분쟁의 경우에서도 이 방법을 이용하면 예상치 않았던 갈등의 요인이나 배경을 알아내는 결과를 얻을 수 있다.

효과적인 면담을 위한 몇 가지 조언

면담을 매끄럽게 진행하기 위해서는 훈련이 필요하다. 가장 좋은 방법은 친구나 직장 동료를 대상으로 연습을 해보는 것이다. 직접 연습을 하면 자신의 어떤 점이 서투른지, 실제 상황에서는 어떤 점에 더 신경을 써야할지를 알게 된다. 사실 면담 자체 외에도 면담을 통해 효과적인 정보를 수집하기 위해서는 여러 가지에 주의를 기울여야 한다. 본인의 경험에 비추어 도움이 될 만한 몇 가지를 정리해 보았다.

• 적극적 듣기 : 면담은 듣기 위해 하는 것이다. 중간에 말을 끊거나 도중에 자기 이야기를 하는 것은 금물이다. 이런 상황이 반복되면 피면담자는 더 이상 말을 하고 싶어 하지 않는다. 자세를 통해서도 열심히 듣고 있음을 보여줘야 한다(적극적 듣기의 자세한 정보는 교재의 다른 부분에서 언급하므로 여기서는 자세히 언급하지 않는다).

• 지나친 목적의식은 금물 : 물론 목적을 가지고 면담을 하지만 너무 두드러지게 목적의식을 보이면 인터뷰 대상은 타인의 임무를 위해 자신이 이용당하고 있다는 생각을 할 수도 있다. 면담을 하는 순간만큼은 상호 신뢰 속에서 피면담자에게 배우겠다는 자세를 보여줘야 한다.

• 남·녀 의사소통 방식의 차이 : 많은 연구에 의하면 남자들은 문제 자체만을 이야기하는 경향이 있고 여자들은 문제를 언급하기 위해 주변 상황부터 장황하게 설명하는 경향이 있다. 피면담자가 이런 전형적인 남·녀 의사소통 방식을 가지고 있다면 남자의 경우에는 더 많은 이야기를 하도록 유도하고 여자의 경우는 주변 이야기에

너무 많은 시간을 소비하지 않도록 주의를 기울여야 한다. 반대로 면담자가 전형적인 남·녀 의사소통 방식의 소유자라면 피면담자에게 자신의 기준을 강요하고 있지는 않은지 스스로 살펴야 한다.

• 양해서 : 면담을 하기 전에 필요하다면 양해서(consent form)에 서명을 하는 것도 신뢰도를 높여줄 수 있다. 양해서에는 피면담자의 실명을 사용하지 않겠다는 것, 면담에서 얻어진 정보는 해당 목적을 위해서만 사용하겠다는 것, 다른 목적을 위해 사용할 경우 미리 허락을 받겠다는 것 등을 명시한다. 만일의 경우를 대비해 항상 양해서를 준비하고 면담 전에 선택의 여지가 있음을 설명하는 것도 좋다.

• 질문 준비 : 면담에서 꼭 물어보아야 할 질문을 미리 작성하는 것이 좋다. 이야기를 하다보면 예상치 않았던 부분에 시간을 더 쓰게 돼 목적했던 질문을 하지 못할 수도 있다. 미리 질문을 만들면 끝나기 전에 이 부분을 다시 점검할 수 있다.

• 집단 분석 : 면담 내용은 상황이 허락한다면 많은 사람들과 함께 분석하는 것이 좋다. 여러 사람들로 구성된 분석팀을 만드는 것이 가장 이상적일 것이다. 분석자 자체도 자신의 가치관과 경험의 한계가 있으므로 분석팀을 만들면 각자의 한계를 극복하고 다양한 분석을 시도할 수 있다.

• 녹음 풀기 : 물론 면담 녹음을 전제로 한 것이다. 많은 사람들은 녹음을 하겠다고 하면 불편해하는 경향이 있다. 그러나 다루기 힘들고 복잡한 갈등의 경우에는 심층 분석을 위해 이 방법이 효과적일 수 있다. 양해서를 작성하고 신뢰가 형성되면 가능하고 강요해서는 안 된다.

2. 정보 수집 과정의 운영과 진행

갈등 분석을 위한 정보를 수집하는 과정은 상대해야 하는 이해관계자의 수에 따라 크게 두 가지로 나눌 수 있다. 첫째는 정보 수집을 위해 이해관계자를 일 대 일로 만나는 것이다. 둘째는 이해관계자들을 소집단이나 대집단으로 묶어서 면담을 하거나 좀 더 적극적인 방법으로 전문가들과 이해관계자들을 한 곳에 모아 특정 정보를 얻기 위한 모임을 하는 것이다. 두 가지 경우를 염두에 두고 운영과 진행에 대한 몇 가지 사항을 정리해 보았다.

중립성과 공정성 보장

평화갈등연구 분야의 많은 전문가들은 갈등 분석과 각종 중재에 있어서 순수한 중립성을 보장하기는 힘들다고 말한다. 분석과 중재를 하는 사람들도 인식하지 못하는 가운데 자신의 가치관, 정치적 입장, 세계관에 의해 행동하고 판단을 하게 된다는 것이다. 그리고 실제로 순수한 중립성이 보장되지 않아도 당사자들이 중재자의 역할을 인정하는 경우도 있다. 이스라엘-팔레스타인 평화협상에서 미국이 해온 역할이 그 예라 할 수 있다. 이런 한계에도 불구하고 중립성은 가장 먼저 고려해야 할 가치며 전문 분석가나 중재자들은 스스로의 한계를 극복하고 중립성을 잘 실천하고 있다. 전문가의 중립성 여부와 정도는 공정성으로 판단될 수 있고 전문가에게는 공정성이 절대적으로 지켜야 할 가치이므로 이 가치의 존중을 통해 중립성의 한계를 뛰어넘을 수 있다.

그러면 과연 중립성과 공정성의 실천을 전문가의 의지에만 맡기는 것이 과연 안전한가? 이의 한계를 극복하고 중립성과 공정성을 가늠할 수 있는 방법은 없을까? 그것은 분석가나 중재자의 도움을 받는 갈등 당사자들의 몫이다. 전문가의 중립성과 공정성에 의심을 가지게 되면 당사자들은 문제를 제기하거나 협조를 거부하게 된다. 당사자들이 극도로 예민한 상태라면 전문가는 전체 과정을 진행하는 데 있어서 더욱 더 신경을 써야 한다. 당사자들이 전문가가 얼마나 중립적이고 공정한지를 판단하게 만드는 몇 가지 점을 살펴보면 다음과 같다.

• 면담 순서 : 갈등이 어느 정도 심화되어 당사자들이 민감해졌을 경우에는 면담 순서에 대해서도 중립성과 공정성 문제가 제기될 수 있다. 당사자들은 분석자가 먼저 면담하는 사람의 이야기에 따라 갈등을 판단할까 우려한다. 이를 해결해 줄 수 있는 것은 투명성이다. 전체에게 정해진 면담 날짜를 제시하고 좋은 시간을 선택하도록 한다. 각각의 면담 시간이 결정되면 이를 전체에게 알리고 최종적으로 재확인을 한다. 전체 이메일 목록을 만들어 한꺼번에 처리하면 쉬울 것이다. 비밀보장을 요하는 사항 외에는 면담 약속에 대한 개별 논의를 모두가 알도록 하는 것이 좋다.

• 직위의 형평성 : 극소수를 제외한 대부분의 한국 사람들은 체면과 명분을 중요하게 생각한다. 이 두 가지는 부수적으로 고려돼야할 사항이 아닌 필수적으로 염두에 두어야 할 사항일 것이다. 체면과 명분을 충족시켜 주는 것 중 하나가 직위의 문제다. 누구를 면담할 것인가를 결정할 때 되도록 모든 이해관계자 집단에서 비슷한 지위의 사람들을 참여하도록 조정한다. 이것은 효과적인 진행을 위해서도 바람직하다. 그렇지 않을 경우 당사자들 사이에 신경전이 생길 수도 있고 상대적으로 높은 지위의 면담 대상자가 불성실하게 면담에 임할 수도 있다. 그렇다고 해서 문제에 대한 이해가 낮고 결정권이

전혀 없는 사람으로 수준을 낮추면 유용한 정보를 얻을 수가 없다.

• 균등한 시간 배정 : 갈등에 지대한 영향을 미치는 문제에 대한 전문가의 의견을 듣기 위해 모든 당사자가 참여하는 모임을 소집했다고 치자. 이 경우에는 갈등 분석자가 유능한 진행자(facilitator)가 되어야 한다. 특히 갈등 당사자에게서 질문이나 발언 요청을 받을 경우 각 당사자에게 공정하게 시간을 배분해 주는 것이 필요하다. 이런 사소하게 보이는 일을 매끈하게 처리하지 못하면 결국 중립성과 공정성에 타격을 입게 돼 향후 과정에서 어려움을 겪을 수도 있다. 전체에게 미리 균등하게 시간을 배정할 것임을 분명히 해두는 것도 필요하다. 당사자들에게는 모든 것이 민감한 사안이 될 수 있음을 명심해야 한다.

• 발언 순서 : 한 가지 사안을 놓고 설명을 하거나 전문가의 의견에 대해 보충 발언을 할 때 누가 먼저 발언을 하느냐에 주의를 기울여야 하는 이유에는 크게 두 가지가 있다. 첫째는 민감해진 당사자들이 이를 통해 진행자의 중립성과 공정성을 판단할 수 있기 때문이다. 여러 당사자가 동시에 발언권을 요청했을 경우에는 상호 협상을 통해 순서를 정하는 것이 가장 안전한 방법이다. 진행자가 일방적으로 순서를 정해주는 것은 바람직하지 못하다. 둘째는 먼저 말한 사람에게 자신의 주장과 입장에 합당한 이야기의 틀을 만드는 기회를 줄 수 있고 다음에 말하는 사람은 그 틀에 기초해 대응적인 발언을 할 수 있기 때문이다. 이 경우 상호 간의 공방으로 이야기가 제자리를 맴돌 수 있다. 그러므로 진행자가 처음 발언 후 이것이 하나의 의견일 뿐임을 강조해 이야기의 구조를 중립화시키고 다음 사람이 거기에 대응적이 되지 않도록 정리 작업을 해주는 것이 필요하다.

안전하고 편안한 환경 조성

갈등 분석을 위한 면담이나 기타 과정을 순조롭게 진행하기 위해서는 당사자들에게 안전하다는 확신을 갖게 만들어주어야 한다. 충분히 안전을 보장받지 못하면 감추는 이야기가 더 많아지고 그러면 분석을 위한 정보 수집을 할 수가 없다. 편안한 환경의 조성도 중요하다. 사람들은 무의식적으로 불편한 분위기에서는 많은 이야기를 하지 않게 된다. 최고의 편안한 환경을 만들려면 장소, 시간, 의자 배치, 조명, 식사 여부 등 많은 것에 신경을 써야 한다. 가장 기초적인 몇 가지만 살펴보기로 하자.

• 비밀 보장 : 갈등 분석과 해결의 모든 과정에서 지켜야 할 가장 중요한 원칙 중 하나다. 기록의 공유를 통해서 투명성이 높아지면 사람들은 과연 자신들이 면담에서 말한 은밀한 이야기들의 비밀유지가 잘 되고 있는지 의문을 제기하게 된다. 이 문제를 해결하기 위해서 개별 면담을 시작하기 전 면담 내용의 비밀 유지를 강조하고 그러나 일부 내용은 공유될 수 있음을 알려야 한다. 특별히 민감한 사안일 때는 공개 여부를 당사자와 상의한다. 항상 투명성과 비밀유지는 둘 다 지켜야 할 기본 원칙임을 강조하는 것이 좋다.

• 면담 장소와 시간 : 면담 장소는 부득이한 경우를 제외하고는 당사자가 원하는 곳으로 하는 것이 좋다. 주로 당사자의 사무실이나 집이 될 가능성이 높다. 그러나 당사자가 일하거나 사는 장소가 다른 사람과의 공유로 시끄럽거나 편리하지 못할 경우에는 갈등 분석자의 사무실보다는 제3의 장소가 좋다. 힘의 균형을 이룰 수 있기 때문이다. 시간도 당사자에게 맞추는 것이 좋다. 특별히 신경을 써야 한다면 하루 일이 끝난 후의 피곤한 시간이나 식사 직전 배고픔을 참고 면담을 해야 되는 상황은 피하는 것이 좋다. 유용한 정보를

많이 얻기 위해서는 방해 요소들을 최소화시키는 것이 현명한 방법이다.

• 불편함을 최소화한 환경 : 사람을 불편하게 만드는 요인은 수없이 많다. 특히 민감한 갈등에 대한 이야기를 해야 하는 경우라면 당사자들은 면담 시작 전부터 이미 피곤함과 부담감을 느낄 수 있다. 면담 시작 전에 갈등으로 어려움을 겪고 있는 것을 위로하고 최대한 도움이 되도록 노력하겠다는 이야기를 하면 편안한 환경을 만드는 데 도움을 줄 수 있다. 의자나 책상은 편한 것이 좋고, 주변이 산만하다면 약간의 정리를 하는 것도 필요하고, 느긋한 분위기를 연출하기 위해 차나 음료를 준비하고, 초점을 맞추기 위해 이동 전화는 끄고, 다른 사람의 방해는 최소화시키는 것이 필요하다.

소집단과 대집단 모임 진행

갈등 분석을 위한 더 많은 정보를 얻기 위해, 그리고 당사자들의 입장 차이를 보다 잘 이해하기 위해 당사자들이 합의하면 모든 당사자들이 참여하는 워크숍이나 전문가를 초청한 공동모임을 할 수 있다. 또는 당사자 집단의 최고 책임자들을 모아 심도 있고 솔직한 토론을 할 수도 있다. 당사자들이 마주 앉는 이런 모임은 갈등해결을 위한 협상 과정과 비슷하지만 갈등을 분석하고 이해하는 데도 적극적으로 이용해볼 수 있다. 성공의 여부는 매끈한 진행에 달려 있으며 갈등 분석자는 (1)과 (2)에서 언급한 사항 외에도 진행기술(facilitation skills)을 갖춰야 한다. 여기에서 몇 가지 유용한 진행기술을 살펴보기로 한다.

• 좌석 배정 : 당사자들이 서로 불편함을 느낀다면 정면으로 마주 보는 좌석배치는 피하는 것이 좋다. 그러나 심각한 상태가 아니라면

자연스럽게 시선을 주고받을 수 있는 좌석을 시도해 보는 것도 좋을 것이다. 당사자들에게는 상대를 어쨌든 당면한 문제를 같이 풀어가야 하는 동반자로 인정하는 기회가 될 수도 있다.

• 기본 원칙 세우기 : 기본 원칙은 반드시 세우는 것이 좋다. 예를 들어, 남의 발언 도중 끼어들지 않기, 특정한 사람을 거명하거나 비난하지 않기, 주어진 발언 시간 지키기, 모임의 목적에 어긋나는 주제 꺼내지 않기 등등을 생각할 수 있다. 그러나 너무 많은 기본원칙을 제시하면 오히려 역작용을 일으킬 수도 있다. 통제가 심해 어린아이 취급을 받는 것 같은 느낌을 받을 수 있다.

• 발언 순서 정해주기 : 동시에 여러 사람이 손을 든다면 다시 손을 들어야 하는 번거로움이 없도록 미리 순서를 정해줘야 한다. 손을 들지 않고 끼어드는 사람이 있다면 손든 사람들 다음으로 순서를 정해주고 다음부터는 손을 들어줄 것을 요청한다. 끼어들기를 인정하면 손든 사람들이 공정하지 못하다고 느끼게 된다.

• 시간 준수 : 시작과 종료 시간은 반드시 지켜야 한다. 5분 정도 기다리는 것은 괜찮겠지만 더 이상은 오히려 늦은 사람에 대한 비난의 감정을 생기게 할 수 있다. 약속된 종료 시간을 넘어 조금 더 시간이 필요하다면 참석자들에게 양해를 구해야 하고 10분 이상 초과하는 것은 바람직하지 않다.

• 진행자의 권한 강조 : 토론에 탄력이 붙거나 감정이 격해지면 원칙들을 잊어버리기 쉽다. 이때는 기본 원칙을 다시 상기시켜야 한다. 이런 상황에서는 진행자가 정중하지만 강력한 통제 권한을 행사해 정리를 해야 한다. 통제할 수 없을 정도로 격해지면 잠시 휴식을 취하는 것도 격앙된 감정을 가라앉히는 한 방법이다.

• 음료 및 다과 준비 : 짧은 모임이라면 음료나 차를 좀 더 긴

모임이라면 다과를 준비하는 것이 도움이 된다. 사소한 것이라고 생각할지 모르지만 전략적으로 중요한 역할을 한다. 포만감을 느끼면 사람들은 보통 편안해지고 느긋해진다. 아주 긴 모임이라면 별도의 탁자에 음료와 다과를 준비하면 좋다. 자연스럽게 갈등 당사자들을 탁자 주위에 모이게 함으로서 상호 접촉 가능성을 높일 수 있다. 국제 갈등 해소를 위한 토론 모임에서도 효과가 있는 방법이다.

3. 갈등영향분석

- 이 부분은 Suskind, Lawrence, Sarah Mckearnan and Jennifer Thomas-Larmer(1999: The Consensus Building Handbook, Thousand Oaks, California: Sage Publications)과 신창현(2005: ≪갈등영향분석 이렇게 한다≫. 예지), 박재묵(2005. ≪갈등예방과 갈등영향분석≫, 지역사회학회, 환경사회학회 공동학술대회 발표문)을 참고했다.

1. 갈등영향분석의
필요성과 목표

1. 갈등영향분석이란 무엇인가?

갈등영향분석이 우리나라에서 체계적으로 이루어진 경험은 매우 짧다. 정부에서 어떤 정책이나 계획을 수립하거나 집행할 때 발생할 수 있는 갈등을 체계적인 갈등영향분석을 통해 의사결정한 사례는 거의 없다. 권위주의 시대에는 '공익'의 이름으로 공무원이 먼저 결정하고 그 다음에 알리고 설득하고, 때로는 억압하는 것이 일반적인 경향이었다. 그러나 이러한 방식은 더 이상 가능하지도 않고, 정치적으로 올바르지도 않다. 이제는 국가가 의사결정을 하기 전에 그 의사결정으로 인하여 영향을 받는 사람들이 누구인지, 그들의 이해관심이 무엇인지, 갈등이 생긴다면 어떤 방식으로 합의를 이끌어내야 할지 엄밀히 검토해 보는 것이 필수적인 시대가 되었다. 갈등영향분석은 이러한 문제들을 분석하는 과정이다.

갈등영향분석이란 어떤 법, 정책, 계획, 사업 등을 시행할 때 발생할 것으로 예상되거나 이미 발생한 갈등의 쟁점, 이해관계자, 이해관계 등을 밝혀내고 합의형성의 가능성을 진단하여 적절한 합의형성

절차를 마련하는 과정이다. 갈등영향분석서는 이러한 분석과정과 그 결과를 기술한 보고서를 말한다.

갈등영향분석은 미국에서 발전하기 시작했다.42) 미국은 1970년대 초부터 공공갈등을 예방하고 해결하기 위해 갈등영향분석을 사용하기 시작했다. 제랄드 코믹(Gerald Cormick)은 1973년에 워싱턴주 스노콸미강(Snoqualmie River)댐 건설 갈등을 조정하면서 갈등영향 분석과 유사한 방법을 사용했다. 1980년대 초에는 시행령 또는 시행 규칙을 입법예고하기 전에 이해관계자들의 합의안을 만드는 규제협상(Negotiated Rule-making)에 갈등영향분석이 사용됐다. 미국행정 기관협의회(the Administrative Conference of the United States)는 공식적으로 모든 규제협상 전에 갈등영향분석이 필요하다고 제안했다.

2. 갈등영향분석이 왜 필요한가?

정부의 정책결정은 많은 사람들에게 큰 영향을 끼치는 경우가 많다. 어떤 사람은 정부의 정책변화로 큰 돈을 벌 수도 있고, 어떤 사람은 망할 수도 있다. 또 어떤 생물은 멸종위기에 처할 수도 있다. 피해를 보게 될 것이라고 생각하는 사람들은 집합적인 행동을 통해 갈등을 불러일으키고 이에 따라 정책의 수립과 집행이 불가능해지거나 지연되는 경우가 생기기도 한다. 이러한 갈등이 심화되면 사회적 신뢰가 점차 줄어들고 전체적인 사회적 비용은 높아진다. 정부 정책 과정의 개방성이 높으면 갈등과정은 폭발적인 형태로 발전하지 않고

---

42) 우리가 갈등영향분석이라고 부르는 말을 미국에서는 갈등평가(Conflict Assessment), 갈등분석(Conflict Analysis), 이슈분석(Issue Analysis) 등 다양한 용어로 사용한다. 여기에서는 우리나라에서 사용하는 갈등영향분석이라는 말로 사용하고자 한다.

제도 안에서 해결되거나 관리될 가능성이 크다. 그러나 만약 국가가 지나치게 억압적이거나 이해집단 혹은 사회운동조직에 대해 비수용적일 경우 사회구조의 혁명적인 변화가 생기기도 한다.

갈등영향분석은 호혜적인 방향으로 풀 수 있는 갈등은 대화를 통해서 합의를 이루어 나가는 것이 바람직하다는 전제에서 출발한다. 다시 말해서 갈등영향분석은 사회적 합의절차를 활성화하기 위한 의사소통 수단이라고 할 수 있다. 정부와 지자체 등 공공기관이 추진하는 정책, 법령, 사업을 둘러싸고 정부와 국민, 다수의견과 소수의견 간에 갈등이 발생할 우려가 있을 때 이를 예방하기 위해 가장 먼저 할 일은 대화의 통로를 열어 두는 것이다.

요약하면, 갈등영향분석은 합의형성과정을 통해서 갈등을 해결할 수 있는 사회적 역량을 키우는 데 도움을 줄 수 있다. 권위주의적인 방식이 아니라 대화를 통해서 상대방의 입장을 듣고 그에 따라 서로를 존중하며 호혜적인 대안을 찾아나갈 수 있는 길을 모색하는 과정을 통해 사회적 신뢰가 쌓일 수 있다. 사회적 신뢰 혹은 사회적 자본이 풍부한 사회에 사는 사람들은 그렇지 않은 사회의 사람들보다 더 많은 행복과 복지를 누린다.

그러면 보다 구체적으로 갈등영향분석은 왜 필요한지 살펴보자. 어떤 사람들은 갈등영향분석은 시간이 많이 걸리고 비용도 들기 때문에 불필요하다고 생각한다. 어떤 공무원들은 정책이 미칠 효과와 이해관계자들을 이미 알고 있고 그 해결책도 알고 있다고 생각하는 경우가 많다. 정책 결정 혹은 집행과정에서 약간의 갈등이 생길 수 있지만 그것은 법과 관례대로 해결하면 된다고 믿는 경우가 대부분이다. 그러나 이러한 정책 결정·집행 방식이 갈등을 불러 일으킬 수도 있고, 혹은 사회적 약자의 인권과 이익을 침해할 수도 있다.

갈등영향분석은 이해관계자들과 면담을 통해 이슈, 이해관계자, 대안적 합의형성방법 등을 확인하고 예측할 수 있도록 도와준다. 갈등이 생길 수 있는 중요한 의사결정을 할 때 갈등영향분석을 하지 않을 경우 어떤 문제점이 생길 수 있을까?

　　첫째, 갈등영향분석을 하지 않고 합의형성 절차를 진행할 경우 발생하는 가장 큰 문제점은 중요한 이해관계자를 빠뜨릴 수 있다는 것이다. 실수로 누락된 한 명의 이해관계자가 뒤에 가서 공개적으로 자신을 배제한 합의내용이나 의사결정을 비판하며 절차의 정당성을 흔들어 놓을 수 있다.

　　둘째, 쟁점을 정확하게 파악하지 못한 채 정책을 결정하거나 합의형성 절차를 설계하면 예상하지 못한 새로운 쟁점이 제기될 때 갈등이 확산되거나 폭발할 수 있다. 갈등영향분석을 하지 않고 참여적 의사결정 방법을 수행한다면, 이해관계자들이 지나치게 어려운 방법으로 문제를 해결하려다가 시간과 비용을 낭비할 수도 있다. 갈등영향분석은 중요한 쟁점과 관점들을 모두 검토할 수 있는 기회를 제공한다.

2. 갈등영향분석 제도

　　미국에서는 갈등영향분석이 합의형성절차를 진행하기 위한 전단계의 분석 절차로 진행되는 경우가 많다. 이해관계자들이 참여하여 공동의 합의를 이루는 절차를 진행하는 것이 가능한지, 그것이 바람직한지 사안별로 평가하고 그 절차를 설계하는 하나의 과정으로 발전해왔다. 우리나라에서 이 제도는 이제 시작단계이기 때문에 어떻게 발전할지는 알 수 없다. 다만 참여적 의사결정 절차를 통해 공공갈등을 예방하거나 해결하는 데 이 제도가 유용하게 이용될 것이라는 점은 충분히 예측할 수 있다. 우리나라 갈등영향분석 제도를 이해하기 위하여 먼저 공공기관의 갈등관리에 관한 법률(안)을 살펴보는 것이 필요하다.

1. 공공기관의 갈등관리에 관한 법률(안)

　　2005년 5월에 정부는 '공공기관의 갈등관리에 관한 법률(안)'(이하 '갈등관리법안')을 국회에 제출하였다. 이 법안의 주요 내용은 공공갈등을 예방하기 위한 갈등영향분석 제도의 도입과 갈등관리심의위원회의 설치·운영, 공공갈등의 사회적 합의를 촉진하기 위한 갈등조정회의, 공공기관의 갈등영향분석, 갈등조정회의 운영 등 갈등관리 업무와 갈등관리 교육·훈련 등을 지원하고, 공공갈등관련 자료의 통합관리와 갈등관리 전문가 지원 기능 등을 수행하기 위한 갈등관리지원센터의 설치 등으로 구성되어 있다.

이 법이 제정, 시행되면 참여적 의사결정 방법과 대안적 분쟁해결 방식이 새로운 갈등해결 수단으로 정착되어 이전보다 투명하고 공정한 방법으로 공공갈등을 예방하고 해결하는 데 크게 기여할 것으로 기대된다. 갈등관리법안의 갈등영향분석에 관한 규정들은 다음과 같다.[43)]

갈등영향분석 : 제11조

제11조(갈등영향분석) ① 공공기관의 장은 대통령령이 정하는 공공정책등을 수립·시행·변경함에 있어서 국민생활에 중대하고 광범위한 영향을 주거나 국민의 이해 상충으로 인하여 과도한 사회적 비용이 발생할 우려가 있다고 판단되는 경우에는 해당 공공정책 등을 결정하기 전에 갈등영향분석을 실시할 수 있다.

② 공공기관의 장은 제1항의 규정에 의한 갈등영향분석을 위하여 대통령령이 정하는 바에 따라 갈등영향분석서를 작성하여 제12조의 규정에 의한 갈등관리심의위원회에 심의를 요청하여야 한다.

③ 국가행정기관 및 지방자치단체의 장은 「사회기반시설에 대한 민간투자법」 제2조제7호의 규정에 의한 사업시행자 그 밖에 대통령령이 정하는 공공사업을 시행하는 사업자에게 갈등영향분석을 실시하게 할 수 있다.

---

43) 신창현, 2005, pp.29~39.

④ 제3항의 규정에 의하여 갈등영향분석을 실시하는 사업자(이하 '민간사업자'라 한다)는 대통령령이 정하는 바에 따라 갈등영향분석서를 작성하여 동사업을 소관하는 공공기관의 장에게 제출하여야 한다. 이 경우 제출된 갈등영향분석에 대한 심의절차는 제2항의 규정을 준용한다.

⑤ 제2항의 규정에 의한 갈등영향분석서에는 다음 각호의 사항이 포함되어야 한다.

1. 공공정책 등의 개요 및 기대효과
2. 이해관계자의 확인 및 의견조사내용
3. 관련단체 및 전문가의 의견
4. 갈등유발요인 및 예상되는 주요쟁점
5. 갈등의 예방·해결을 위한 구체적인 계획
6. 그 밖에 갈등의 예방·해결을 위하여 필요한 사항으로서 대통령령이 정하는 사항

⑥ 그 밖에 갈등영향분석에 관하여 필요한 사항은 대통령령으로 정한다.

공공갈등 발생의 주요 원인은 정책결정 단계에서 이해관계자의 의견을 충분히 수렴하지 않아 발생하는 경우가 대부분이므로, 이를 방지하기 위해 공공기관에서 자체적으로 공공정책 등에 대한 갈등영향분석서를 작성하고, 갈등관리위원회에서 심의하도록 하여 공공정책 등의 추진으로 인한 갈등발생 여부를 사전에 점검하고, 공공갈등이 우려되는 경우 예방대책을 강구하는 것이 갈등영향분석의 목적이다.[44]

---

44) 지속가능발전위원회, 2004, 《갈등관리기본법 및 법·제도 개선》, p. 33 .

따라서 공공기관이 아닌 민간사업자도 이 법이 정한 공공사업을 시행하는 과정에서 사회갈등을 유발할 가능성이 경우에는 갈등영향분석서를 작성하여 당해 사업을 지도·감독하는 공공기관의 장에게 제출하고 갈등관리심의위원회의 심의를 받도록 규정하고 있다.

갈등관리심의위원회 : 제12조~제14조

제12조(갈등관리심의위원회의 설치 등) ① 공공기관 소관 사무의 갈등관리와 관련된 사항을 심의하기 위하여 대통령령이 정하는 바에 따라 공공기관에 갈등관리심의위원회를 둔다.

② 갈등관리심의위원회는 위원장을 포함하여 11인 이내의 위원으로 구성한다.

③ 공공기관의 장은 소속 관계직원과 갈등의 예방과 해결에 관한 학식과 경험이 풍부한 자 중에서 위원을 임명 또는 위촉하되, 위원장은 위촉위원 중에서 위촉한다.

④ 갈등관리심의위원회의 위원은 중립적이고 공정한 입장에서 활동하여야 한다.

⑤ 그 밖에 갈등관리심의위원회의 구성·운영에 관하여 필요한 사항은 대통령령으로 정한다.

제13조(갈등관리심의위원회의 기능) 갈등관리심의위원회는 다음 각호의 사항을 심의한다.

1. 제4조제1항의 규정에 의한 종합적인 시책의 수립·추진에 관한 사항

2. 제4조제2항의 규정에 의한 법령 등의 정비에 관한 사항

3. 제4조제3항의 규정에 의한 다양한 갈등해결수단의 발굴·활용에 관한 사항

4. 제4조 제4항의 규정에 의한 교육훈련의 실시에 관한 사항

5. 제11조의 규정에 의한 갈등영향분석에 관한 사항

6. 갈등의 예방·해결에 관한 민간활동의 지원에 관한 사항

7. 그 밖에 갈등의 예방·해결에 관하여 공공기관의 장이 필요하다고 인정한 사항

제14조(심의결과의 반영) 공공기관의 장등은 정당한 사유가 있는 경우를 제외하고는 제13조의 규정에 의한 갈등관리심의위원회의 심의결과를 공공정책 등의 결정과정 또는 사업시행과정에 성실히 반영하여야 한다.

갈등관리법안은 정부와 지자체 등 공공기관에 갈등관리심의위원회를 설치, 운영하도록 하여 갈등의 예방과 해결에 대해 공공기관이 1차적인 책임을 지도록 하고 있다. 갈등관리심의위원회는 갈등영향분석 실시 여부에 관한 자문과 갈등영향분석서의 심의, 갈등의 예방·해결을 위한 정책의 수립 및 현장 지원활동을 수행한다.

갈등관리법안은 갈등영향분석에 관한 사항 외에도 갈등관리를 위한 조사·연구·교육훈련·전문가 양성·공공기관의 갈등관리지원 등을 위하여 갈등관리지원센터를 설립하고, 공공기관의 장이 공공정책 등으로 인하여 발생한 갈등을 조정하기 위하여 필요하다고 판단하는 경우에는 사안별로 사회적 합의촉진을 위한 갈등조정회의를 설치할 수 있도록 하였다. 갈등영향분석의 과정을 그림으로 나타내면 다음과 같다.

갈등영향분석 흐름도 - 갈등의 예방(갈등관리심의위원회)

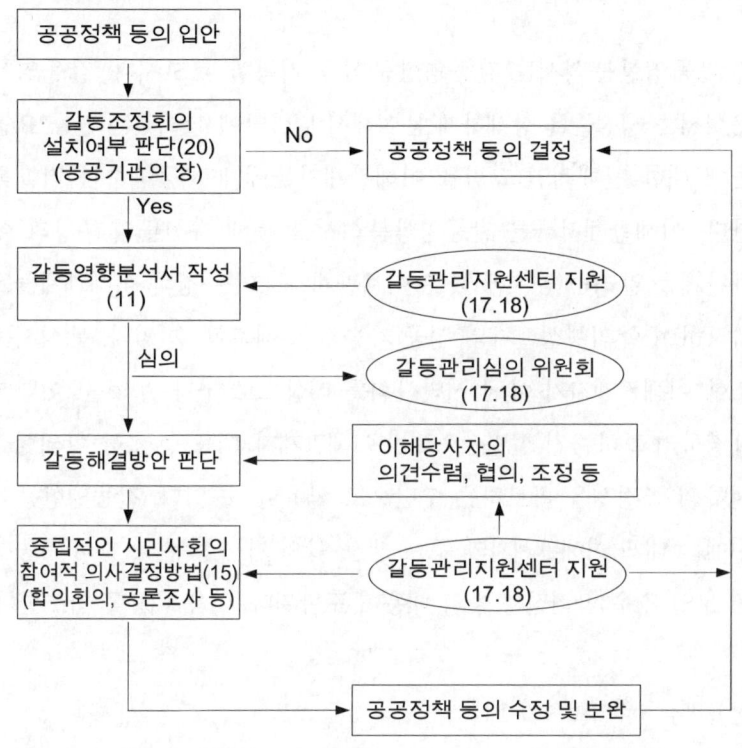

2. 갈등영향분석의 주체

갈등영향분석은 공공정책 등을 입안, 시행하는 정부와 지자체 등 행정기관의 장과 공기업 등 정부투자기관, 민간사업자가 주관자가 되어 주요 이해관계자들이 동의하는 중립적인 제3자를 분석자로 위촉하는 것이 원칙이다. 그러나 이해관계자들이 중립성과 공정성을 신뢰하는 경우에는 주관자의 소속기관 내부에서 갈등관리의 전문지식과 경험이 있는 직원이 갈등영향분석을 수행할 수도 있다.

3. 갈등영향분석서

갈등영향분석서는 갈등영향분석을 기록한 보고서다. 갈등영향
분석서는 쟁점들을 상세하게 분석해서 밑바닥에 깔려있는 갈등 요인
들에 대한 전체적인 그림을 이해관계자들에게 제공해주는 역할을
한다. 이해관계자들은 갈등영향분석서를 통해 자신들의 주장과 이
해관계를 알리는 동시에 다른 이해관계자들의 주장과 이해관계들을
파악하여 합의형성절차의 성공 가능성을 예측할 수 있다. 분석서는
또한 이해관계자가 아닌 시민사회를 대상으로 누가, 무엇을, 어떻게
해결하려고 하는지 설명함으로써 이해관계자 대표 선정 등 합의형성
절차의 공정성을 확보하는 수단으로 활용할 수 있다. 갈등영향분석
서에는 대개 이해관계자와 주요 쟁점, 합의 가능성 분석, 합의 가능성
이 보일 경우 합의절차 등의 내용이 포함된다. 다음 내용을 참조한다.

> 갈등영향분석의 내용
> - 주요 이해관계자와 주변 이해관계자의 확인
> - 이해관계자들의 입장, 이해관계의 공통점과 차이점 확인
> - 이해관계자들 간의 상호관계, 갈등을 지속시키는 외부 환경 확인
> - 이해관계자들의 대화와 타협에 의한 갈등해결 의사와 능력 확인
> - 합의절차의 장애요인과 합의 가능성의 확인
> - 주관자에게 합의절차 진행 여부 제안
> - 갈등의 내용에 적합한 합의절차의 설계

3. 갈등영향분석의 실제[45]

　　미국 합의형성연구소(CBI)의 소장을 맡고 있는 MIT의 써스킨드 교수 등은 갈등영향분석을 대체로 여섯 단계로 나누고 있다.[46] 시작, 정보수집, 분석, 합의절차 설계, 보고서 작성, 보고서 배포가 그것이다. 한편 CBI와 Pace University의 Land Use Law Center가 공동으로 작성한 갈등평가 매뉴얼에서는 시행 결정, 시작, 면접을 통한 정보 수집, 면접 결과의 분석, 공동 문제해결 절차의 설계, 피면접자에 대한 분석 결과 공개 등 6개 단계를 제시하고 있다. 두 가지 단계구분은 큰 차이가 없다.

　　신창현 환경분쟁연구소 소장은 보고서 작성에 초점을 맞추어 이해관계 면담 준비, 이해관계자 면담, 면담결과 분석, 합의절차 설계, 갈등영향분석서 작성, 제출 등 5단계로 절차를 정리했다. 박재묵 교수는 단계를 보다 세분하여 시행결정, 시작, 정보수집, 분석, 합의절차 설계, 갈등영향분석서 작성, 갈등영향분석서 공유의 7단계로 나누었다. 모든 단계 구분은 큰 차이가 없이 유사한 순서와 내용을 포함하고 있다. 여기에서는 박재묵 교수가 제안한 7단계 별로 갈등영향분석 절차를 소개한다.

---

45) 이 부분은 박재묵(2005)의 논문을 바탕으로 수정, 보완하였다.

46) Susskind et al. 1999. pp. 107~135.

1. 시행 결정 단계

갈등영향분석의 시행여부는 분석을 주관하는 기관(주관기관 ; Convener)이 결정하게 되므로 이 단계에서 분석기관(assessor)이 해야 할 역할은 별로 없다. 이 단계에서 주관자는 우선 갈등영향분석의 시행 여부를 결정해야 한다. 만약 시행하기로 결정한 경우 주관자가 해야 할 일은 다음과 같다.

분석기관 선정

주관자는 신뢰할 수 있고 공정한 분석기관을 확보해야 한다. 분석기관 및 분석에 참여하는 전문가들은 갈등 당사자들로부터 불편부당하다고 인정받아야 하며, 분석 대상 갈등에 어떤 이해관계도 갖고 있지 않아야 한다. 물론 분석기관이 갈등을 중재·조정할 수 있는 능력과 경력을 가진 인력을 확보하고 있다면 더욱 바람직할 것이다.

계약 체결

주관기관과 분석기관의 계약 내용에는 통상적인 용역 계약에 포함되는 경비 부담, 작업 내용, 수행기간 등이 포함된다. 갈등영향분석의 경우에는 분석기관의 독립성과 면접 내용의 비밀 보장 등이 포함되어야 한다.

예비 정보의 전달

주관기관은 분석기관에 잠정적인 이해관계자 명부, 이해관계자 간의 관계에 대한 정보, 갈등의 역사, 현안 쟁점, 이해관계자들이 사용하는 용어 등을 제공해야 한다.

이해관계자에 대한 분석기관 소개

주관기관은 관계자들에게 분석기관을 소개하고 분석을 위한 면접에 참여해 줄 것을 당부하는 편지를 쓰거나 이해관계자들을 초청하여 분석기관 관계자들을 소개한다.

2. 시작 단계

이 단계부터는 분석기관이 독립적으로 분석을 위한 작업을 수행하게 된다. 이 단계에서 해야 할 일은 대부분 면접에 들어가기 위한 준비이다.

지역사회 이해

만약 개발 사업이나 시설의 설치와 같은 특정 지역사회에 기반을 둔 갈등을 분석하고자 하는 경우에는 분석 참여자들이 시작 단계에서 지역사회에 대한 이해를 넓히는 작업이 필요하다. 지역사회의 산업 및 직업 구조, 사회단체 현황, 여론 지도층 등을 파악하는 일은 이해관계자 및 쟁점의 파악에 도움을 줄 수 있다.

관련 법과 제도의 파악

법이 시대변화를 따라가지 못하거나, 법이 없거나, 사회적 약자에게 불리하게 적용되는 경우에 갈등이 발생할 가능성이 높다. 따라서 시작단계에서 갈등과 관련된 법과 제도의 현황과 문제점을 검토하는 것이 필요하다.

관련 사회운동 파악

법의 제정이나 개정이나 정책의 시행이 문제가 되는 경우에는 직접적인 이해관계를 가진 사람 외에 사안과 관련된 시민운동의 역사와 구조를 파악하는 작업이 요구된다. 이 작업 역시 이해관계자 확인 및 면접대상자 선정에 도움을 준다.

이해관계자 확인과 면접대상자 선정

1단계에서 주관기관이 제공한 이해관계자에 새롭게 밝혀진 이해관계자를 추가하여 면접대상자를 선정한다. 주관기관이 넘겨준 이해관계자를 동심원의 가운데 위치시키고 새롭게 밝혀진 이해관계자를 두 번째 원에 위치시키는 식으로 동심원 구조를 만들고 가운데서부터 밖으로 나가면서 면접 대상자를 선정한다.

쟁점의 사전 확인

1단계에서 주관기관이 제공한 쟁점을 토대로 하여 쟁점의 목록을 예비로 작성한다.

면접 질문지 작성

질문의 목록, 즉 면접 프로토콜(interview protocol)을 작성한다. 면접 프로토콜은 문항이 표준화되고 형식화되어 있는 조사표(schedule)보다는 면접에서 다루어야 할 요점이나 제목의 목록을 수록하여 융통성 있는 대화를 가능케 하는 면접 지침(interview Guide)에 가깝다. 질문은 갈등 사안에 따라서 달라질 수 있지만, 기본적으로 다음의 질문을 포함한다.[47)]

- 갈등의 역사는 어떠한가?
- 어떤 쟁점이 당신에게 중요한가? 그 이유는 무엇인가?
- 이해관계를 가지고 있는 다른 사람이나 조직은 없는가?
- 당신이 보기에 무엇이 이들 개인이나 조직의 이해관계 또는 관심사인가?
- 상황을 해결하기 위해 만들어진 합의형성 노력에 참여할 의사가 있는가?

위의 질문 중에서 마지막 질문을 제외한 대부분의 질문은 개방형 질문(open-ended question)에 속한다. 개방형으로 질문을 하는 이유는 피면접자의 생각을 온전한 형태로 파악하는 데는 이러한 질문 형태가 유리하기 때문이다. 물론 응답지를 구체적으로 제시하는 폐쇄형 질문(closed-ended question)도 병행할 수 있다.

면접 일정 짜기

면접대상자들에게 전화를 하여 면접 일정을 작성한다. 1단계에서 주관기관에서 면접과 관련된 안내문을 발송했다하더라도 이 단계에서 다시 면접의 배경과 필요성, 주관기관의 성격, 응답 내용의 비밀 보장 등을 설명하거나 약속할 필요가 있다.

---

47) Ibid. p.112.

3. 정보수집 단계

이 단계에서 분석자들은 이전 단계에서 마련된 면접 질문 목록에 따라 면접을 수행한다. 물론 응답 내용을 분명히 하기 위한 추가 질문은 어떤 목적을 위한 면접의 경우에도 절대적으로 필요하다. 갈등영향분석을 위한 면접이라고 해서 특별한 면접 형식과 기법을 사용하는 것은 아니다. 이미 사회과학자들이 사용해온 다양한 형식과 기법을 사용하면 된다. 갈등영향분석을 위한 면접에서 유용한 것으로 알려진 형식과 기법은 다음과 같다.48)

첫째, 정확한 정보를 수집하고 피면접자와 친근한 관계를 형성하기 위해서는 직접 면접을 한다. 전화 면접은 좋은 방법이 아니다.

둘째, 집단 면접보다는 개별 면접이 바람직하다. 비용과 시간을 줄이기 위해 집단 면접을 하고자 하는 경우에는 이해관계가 매우 유사한 사람들의 집단(예: 노조 간부들)에만 적용해야 한다.

셋째, 핵심 이해관계자들은 면접자들이 설문지에 익숙한 다음에 면접할 수 있도록 면접 일정 후반부에 포함시키는 것이 좋다.

넷째, 면접 장소는 피면접자가 긴장감 없이 응할 수 있는 곳을 선택하는 것이 바람직하다. 피면접자의 사무실은 피면접자에 관한 주변적 정보(예, 단체 내의 지위)를 추가로 확보하는 데 도움을 준다.

다섯째, 면접은 2인 1조로 수행하는 것이 바람직하다. 이 때 한 사람은 질문하면서 대화를 이끌어 나가고 다른 한 사람은 응답의 핵심을 기록한다. 불가피하게 혼자 면접을 하는 경우에는 대화에 집중하기 위해 기록을 최소한으로 줄이고 면접 후에 기록을 보완한다. 녹음기는

---

48) Ibid. pp.113~115.

가능한 한 사용하지 않는 것이 좋다. 녹음기를 사용하게 되면 쓸데없이 피면접자를 불안하게 만들거나 부자연스럽게 만든다.

여섯째, 기록자는 모든 대화를 완벽하게 기록할 필요는 없다. 면접 프로토콜에 있는 주요 질문에 대한 질문을 중심으로 기록하면 된다. 그러나 면접 프로토콜에 포함되어 있지 않은 추가적 정보가 면접 과정에서 전달되는 경우에는 이를 기록하는 것은 도움이 된다. 그 예는 다음과 같다.[49]

- 피면접자의 갈등 참여 정도
- 피면접자가 갖고 있는 다른 쪽 사람들에 대한 생각
- 피면접자가 중요하다고 생각하지 않는 사항들
- 피면접자가 언급한 사람들의 이름과 소속 기관
- 피면접자가 언론이 분석대상 쟁점에 관심을 갖고 있다고 생각하는지의 여부
- 약어에 대한 설명
- 중재자 또는 분석 과정에 대한 불안감
- 피면접자의 조직 내의 지위 또는 다른 사회활동

4. 분석 단계

면접이 완료된 후, 분석자들은 면접 결과를 분석하여 갈등영향분석서(보고서) 작성을 위한 준비에 들어간다. 이 단계에서 필요한 작업은 다음 세 가지다.

---

49) Ibid. p.115

발견된 사실의 요약

분석 단계에서 하는 첫 번째 작업은 면접 기록을 읽고 모든 사람들의 관심과 이해관계를 요약하는 일이다. 이렇게 요약된 내용은 갈등영향분석서에 '발견 사실'이라는 제목 하에 수록된다. 발견 사실을 요약하는 작업에서 가장 중요한 것은 그것이 이해관계자 범주별로 조직되어야 한다는 것이다. 즉, 기업계, 정부, 환경운동단체 등으로 범주를 설정하고 이 범주별로 정리되어야 한다.

이렇게 범주별로 발견 사실을 요약하는 이유는 개별 피면접자들이 응답한 내용의 비밀을 보장하는 데 있다. 누가 어떤 의견을 가지고 있는 것이 중요한 것이 아니라 어떤 의견들이 있다는 것을 밝히는 것이 중요하다.

일치/불일치하는 쟁점의 파악

발견 사실을 요약한 다음, 분석자들은 의견이 일치하는 쟁점과 의견이 일치하지 않는 쟁점을 파악해야 한다. 물론 중요한 것은 의견이 불일치하는 쟁점을 파악하는 것이다. 이를 위해 권장하고 있는 방법은 행렬식(matrix) 기법이다. 한 쪽 축에는 논쟁거리가 되고 있는 쟁점을 배열하고 다른 한 쪽에는 이해관계자 집단을 배열한 후, 각 칸에 주된 관심 여부 또는 관심의 정도를 나타내는 기호 또는 숫자로 기입하는 방식이다.

써스킨드 등이 가상적인 사례에 대해서 작성해본 표본 매트릭스는 [표 1-6]과 같다.50)

---

50) Ibid. p.118

[표 1-6] 가상의 쓰레기 매립장 입지 선정에 대한 쟁점별 이해관계자의 주요 관심

구분	지하수오염	미관	폐쇄후복원	개스누출	트럭교통	재산가치	경제개발	수수료	사업이득	운반비용
지방 환경 당국	X		X	X	X					
군 공무원	X		X				X	X		
예정지 면사무소 직원	X		X		X	X	X	X		
인근 면사무소 직원	X							X		
예정지 주민들	X	X	X	X	X	X				
타군 주민	X	X			X			X		
지역 환경단체	X		X	X						
군 기업계							X	X		
쓰레기처리장 건설업자	X							X	X	X
쓰레기 운반업체	X							X	X	X

　이 단계에서 분석자는 이해관계자들이 협상에 들어갈 경우, 상호 이득(mutual gain)을 얻을 수 있는 기회가 있는지를 분석해야 한다. 다시 말해서, 입장을 달리하고 있는 각 측이 협상을 통해 주고 받음으로써 상호 이득을 실현할 수 있는 부분이 있는가를 검토해 봐야 한다. 많은 갈등 사례의 경우, 각 이해관계자들은 그들이 덜 중요하다고 생각하는 부분을 양보하는 대신에 그들이 가장 중요하다고 생각하는 것을 지키는 방향으로 합의를 이룰 수 있는 가능성을 발견할 수 있다.

　기회 요인과 함께 합의를 방해하는 장애 요인도 도출해 내야 한다. 두 이해관계자가 똑같은 쟁점에 가장 우선적인 관심을 갖고

있으면서 대립적인 견해를 가지고 있는 경우에는 합의 자체가 불가 능할 것이다.

합의 형성 절차의 시행 가능성 분석

이해관계자 간의 의견 불일치에 대한 분석은 합의 형성 절차가 진행될 수 있을지 여부를 결정하는 데 도움을 준다. 대체로 다음의 조건들은 합의 형성을 어렵게 만든다.[51]

- 이해관계자간의 잠재적 동의 영역이 거의 없을 때 그리고 서로 다르게 분석된 쟁점 간에 거래를 할 수 있는 뚜렷한 기회가 없을 때
- 하나 혹은 그 이상의 이해관계자가 참여를 거부할 때 그리고 협상을 하지 않을 뚜렷한 이유가 있을 때
- 비현실적인 합의 시한이 강요될 때
- 합의안 이외에 더 나은 선택이 존재할 때
- 합의 의뢰 기관이 중립적 대화 촉진자에게 자율성을 주지 않을 때
- 이해관계자 간에 권력 불균형이 클 때
- 합의 형성 노력에 대한 경비 지원이 없을 때
- 합의 형성 절차를 형성하게 하는 압력이 없을 때

5. 합의 절차 설계 단계

앞의 분석 단계에서 합의 형성이 가능하다는 판단을 내릴 경우에 만 합의 절차 설계 단계로 나아가게 된다. 이 단계에서 만들어진

---

51) Ibid. p.119

합의 절차 설계는 피면접자들의 검토 과정을 거쳐서 그리고 합의 절차를 밟기 위해 소집된 이해관계자들의 첫 번째 회의에서 수정될 수 있기 때문에 어디까지나 예비적인 성격을 갖는다. 이러한 예비적 합의 절차 설계는 갈등영향분석서에 '제안사항'(recommendations)이라는 제목 하에 수록된다. 전형적인 합의 절차 설계는 다음의 사항들을 포함해야 한다.

목적

분석자들은 합의 형성 노력의 적절한 목적을 제시해야 한다. 주관 기관은 대체로 어떤 합의 형성의 목적을 염두에 두고 있기 때문에 분석자들은 그러한 목적이 현실성이 있는지를 결정해 주어야 한다.

합의 형성을 위한 적절한 기법의 제시

분석자들은 합의 형성을 위해 사용할 수 있는 다양한 기법 중에서 어떤 것이 가장 적합한지를 제시해야 한다. 앞에서 언급한 바 있듯이, 대표적인 기법으로는 합의회의(consensus conference), 시민배심원(citizen jury), 시나리오 워크숍(scenario workshop), 규제협상(regulatory rule-making), 공론조사(deliberative poll) 등이 있다.

토론할 쟁점

분석자들은 합의를 위한 회의에서 토론할 쟁점을 구체화시켜서 의제로 제시해야 한다. 대체로 문제가 되는 사안과 직접적으로 관련되는 의제들이 토론하기 쉬운 형태로 표현되어야 한다.

참여

분석자들은 합의 형성을 위한 회의에 참여할 이해관계자를 제시해야 한다. 여기에서는 포괄성과 균형성이 고려되어야 한다. 모든 이해관계자들이 참여해야 하고 이해관계자 범주별로 비슷한 수의 사람들이 참여하도록 해야 한다. 합의 형성을 위한 집단에 누가 참여하게 할 것인가를 결정하는 데에는 피면접자들의 의견과 함께 분석자의 판단이 동시에 고려되어 한다. 이 때 중요하게 생각해야 할 사항은 대표성의 문제이다. 합의 형성을 위한 집단에 얼마나 많은 사람들을 참여시킬 것인가에 대해서는 전문가들 상이에서도 의견이 분분하다. 5명에서부터 100명까지의 다양한 집단이 활용되어 왔다.

시간 계획 및 회의 스케줄

분석자들은 회의의 횟수와 그에 따른 쟁점들에 우선순위를 정해야 한다. 사안에 따라 전체 회의 시간을 어떻게 배분해야 할지 달라진다. 회의는 주당 1회 등의 방식으로 정례화 하는 것이 바람직하다.

기본 규칙

분석자들은 합의 형성을 위한 모임 참여자들이 회의와 관련하여 지켜야 할 잠정적인 행동 규칙(ground rule)을 제시해야 한다. 물론 이 잠정적인 행동 규칙은 실제 모임이 만들어졌을 때 수정될 수 있다. 행동 규칙은 다음의 사항들을 다루어야 한다.
- 집단의 의사결정, 즉 합의의 방법
- 참여자, 조정자, 주관기관 및 공중의 역할과 책임

- 참여자들 간의 상호작용 원칙
- 언론 취재에 대한 대응 방법
- 소위원회의 설치 여부 및 소위원회와 전체 회의 간의 관계
- 문서 회람 및 검토 방법
- 비밀 보장

다른 갈등해결 활동과의 관계

분석자들은 합의를 위한 모임이 진행되는 도중이나 종료 후에 현안 쟁점과 관련된 다른 활동과 어떤 관계를 가져야 하는지를 제시해야 한다. 예를 들어 합의 회의와 시의회는 어떤 관계를 가져야 하는지를 제시해야 할 것이다.

예산 및 재원조달방법

분석자들은 합의 형성을 위한 회의를 진행하는 데 필요한 비용을 제시하여야 한다.

6. 갈등영향분석서 작성

분석자는 면접 분석 결과를 구두로 전하거나 문서의 형태로 주관 기관과 피면접자에게 제출해야 한다. 면접 대상이 되는 이해관계자가 극히 소수여서 문서로 보고하는 경우 비밀 보장이 어려운 경우를 제외하고는 문서(갈등영향분석서)로 분석 결과를 제출하는 것이 보통이다. 갈등영향분석서는 다음의 사항을 포함해야 한다.[52]

---

52) 갈등영향분석서의 내용과 목차는 일정하지 않다. 예를 들어 미국 Consensus

서론

서론에서는 분석의 경위, 주관기관, 분석자, 분석 목적, 분석 수행 방법, 피면접자의 수 등을 서술한다. 피면접자들의 의견 일치 사항과 불일치 사항에 대한 요약을 이 부분에 싣기도 한다.

발견 사실

피면접자들의 이해관계와 관심을 요약하여 서술한다. 응답자의 비밀이 보장될 수 있도록 서술해야 한다.

분석

행렬식을 포함해서 발견된 사실에 대한 분석자의 분석을 서술한다. 이해관계자들의 이해관계가 일치하는 부분과 엇갈리는 부분을 지적하고 합의에 도달하는 데 영향을 끼칠 것으로 보이는 기회 요인과 장애요인을 서술한다.

제안

이 부분에서는 합의 형성 절차가 진행되어야 할 것인지를 밝혀주고, 만약 그 진행이 가능한 경우에는 앞에서 본 바와 같은 합의 형사 절차에 대한 설계를 제시해야 한다.

Building Institute이 작성한 Conflict Assessment on the Future of Assembly Square Somerville, Massachusetts라는 보고서는 배경, 제안, 발견사실 요약, 발견 사실 등의 목차로 구성되어 있다(The Consensus Building Institute, 2003).

7. 갈등영향분석서 공유

분석자는 앞 단계에서 작성한 갈등영향분석서를 먼저 초안의 형태로 주관기관과 피면접자에게 배포하고 의견을 들어야 한다. 의견 제출 마감 시간이 지난 후에는 수정을 거친 최종 갈등영향분석서를 공개적으로 배포한다. 주관기관과 피면접자 외에 관련기관이나 언론에도 배포한다. 이렇게 7단계가 끝나면 갈등영향분석 절차는 일단 끝나게 된다.

주관자는 분석자가 제출한 갈등영향분석서를 갈등관리심의위원회에서 심의하여 합의형성 절차의 진행 여부를 결정한다. 주관자가 이해관계자 합의절차를 진행하기로 결정한 경우에는 전체회의를 소집해서 갈등영향분석서가 제안한 합의절차의 목적, 의제, 대표자, 진행계획, 조정자 등 기본규칙에 대해 이해관계자들의 수정과 합의를 거쳐 진행예산을 확보하고 조정자와 용역계약을 체결한다. 심의 결과 이해관계자보다 중립적인 시민들에 의한 사회적 합의절차가 바람직하다고 결정한 경우에는 사회적 합의절차의 진행자를 선정하여 용역계약을 체결한다.

4. 갈등영향분석 사례

1. 해외 사례

1. 미국 주택도시개발부 임대차지원법 규제협상

여기서 소개할 사례는 <섹션8>이라 불리는 저소득가정 임대차지원법을 관리하고 운영하는 미국주택도시개발부(HUD ; Housing and Urban Development, 이하 HUD로 표기)가 지원법을 새로 만들면서 실시한 갈등영향분석과 규제협상을 요약한 것이다. 이해를 돕기 위해서 갈등영향분석 과정은 물론 규제협상 과정까지도 요약하였다. 갈등영향분석 자체가 규제협상으로 가기 위한 과정이었기 때문에 두 과정을 따로 분리하는 것은 이 경우 사실 별 의미가 없었다. 지면의 부족으로 단계별 자세한 내용의 소개보다는 갈등영향분석과 규제협상의 전체 과정에 대한 독자들의 개괄적 이해를 돕는 데 초점을 맞추었다. 사례의 마지막에 본인의 분석과 소감을 간단히 적었다.

아래 정리한 사례에 대한 자세한 자료는 합의도출연구소(CBI ; Consensus Building Institute)와 HUD의 웹사이트에서 얻은 것으로 http://www.hud.gov/offices/pih/programs/hcv/nrac/와 http://www.cbuilding .org/projects/hud/index.html를 방문하면 자세한 내용을 찾을 수 있다.

갈등영향분석 실시의 배경

HUD는 이른바 <섹션8>이라 불리는 임대차지원 프로그램을 관리 운영하고 있다. 1974년에 시작된 이 프로그램은 1999년 현재 140만 저소득 가정을 지원하고 있고 HUD는 전국에 있는 2,682개의 공공주택기관(PHA/Public Houing Agencies)을 통해 지원 프로그램을 실시하고 있다. HUD와 10~15년의 장기 계약을 맺은 공공주택기관은 HUD의 자금 지원을 받아 매년 일정양의 주택을 고정가격으로 저소득 가정에게 제공한다. HUD의 자금 지원은 주택가격 인상을 반영해 책정되었지만 예상보다 주택가격 인상폭이 적어 HUD는 상당한 액수의 잉여자금을 확보하게 되었다. 1990년대 중반 이후 의회가 HUD의 사용되지 않은 잉여자금에 대해 우려를 제기하였다. 이에 대응해 HUD는 지원 프로그램에 대한 수정을 가하였고, 그 일환으로 공공주택기관과의 장기 계약을 1년 단위의 재계약으로 수정하는 등의 변화를 꾀하게 되었다. 1998년 12월 HUD는 변화의 1단계로 1999년에만 적용되는 과도기 지원법을 마련했고 당사자들을 참여시킨 규제협상을 통해 2000년도부터 시행될 새로운 지원법을 만들기로 했다. 이러한 변화는 HUD는 물론 공공주택기관과 저소득 가정들에까지 영향을 미치게 되었고 HUD는 이러한 현실을 인정해 갈등영향분석을 실시하고 당사자들이 동의할 경우 새로운 지원법 초안 마련을 위한 규제협상 위원회를 구성하기로 하였다.

갈등영향분석

① 규제협상을 위한 사전 단계

1998년 10월 의회는 1년 내에 새로운 지원법을 만들도록 명령하면서 현실적인 물가인상을 반영하고 최소한 1997년 10월 현재 지원하고 있는 가정의 수를 유지하도록 했다. 의회는 또한 새로운 지원법을 만드는 데 있어서 모든 당사자들이 참여하는 규제협상 방식을 택하도록 했다. 이에 따라 HUD는 새로운 지원법의 영향을 받게 되는 모든 당사자들의 입장과 이해를 듣고 합의를 통해 새로운 규제의 초안을 만들 책임을 지게 되었다. 규제협상을 따를 경우 해당 기관은 규제에 대한 최종결정권을 가지더라도 규제협상에 참여한 당사자들의 의견을 따를 의무를 지게 된다. 특히 규제협상 당사자들이 합의에 이르렀을 경우에는 그 의무가 더 커진다.

1996년 통과된 미국 규제협상법에 따르면 해당 기관은 규제협상 과정을 진행할 중립적인 전문가를 채용할 수 있다. 중립적인 전문가는 새로운 규제에 영향을 받게 될 이해관계자들을 찾아내고 면담을 통해 당사자들의 입장과 관심사를 파악한다. 면담이 끝나면 피면담자들의 견해, 실질적 현안 분석, 규제협상 진행 여부 권고 등을 담은 보고서를 제출하게 된다. HUD는 이를 위해 중립적인 갈등영향분석 전문기관인 CBI에 규제협상 진행을 위한 사전 단계인 갈등영향분석을 의뢰하였다. CBI는 1999년 3월에서 4월 초까지 당사자들을 면담한 후 분석과 권고가 담긴 갈등영향분석 보고서를 4월 말에 제출했다.

② 이해관계자 파악
HUD는 당사자들을 5개 집단으로 나누고 이들에게 갈등영향분석을 위한 면담에 응해주도록 요청했다. HUD가 파악한 5개 집단은 다음과 같다.
- HUD 대표
- 지역의 공공주택기관과 민간전세업자들의 이익을 대변할 전국 연합

- 지역과 규모를 고려한 다양한 개별 공공주택기관
- 지원법의 직접적 영향을 받는 저소득층의 이익을 대변하고 빈곤퇴치와 주택공급 운동에 관여하고 있는 단체들
- 공공주택기관이 HUD의 기준에 맞게 지원금을 운영하고 정산하도록 도와주는 회계사들

갈등영향분석자는 면담을 진행하면서 이미 선정된 이해관계자들의 권고와 HUD와의 논의를 거쳐 새로운 이해관계자를 추가했다. 이들은 최종 이해관계자 42명을 면담했다. 전국에 분산된 면담 대상자를 모두 직접 방문하는 것이 어려워 주로 전화 면담을 실시했으며 시작에 앞서 면담이 규제협상을 위한 사전 단계인 갈등영향분석의 일환이며 면담의 내용이 최종 보고서에서 통합 분석 정리될 것임을 설명했다. 또한 개인의 이름은 면담 대상자 명단에만 언급될 뿐 특정한 내용과 관련해서는 언급되지 않을 것임을 설명했다.

③ 면담을 통한 주요 현안 파악

면담 질문은 크게 세 가지 분야에 대한 것이었다. 첫째는 1999년 과도기법에 대한 이해관계자들의 이해, 의견, 불만, 조언에 대한 것이었고, 둘째는 새로운 지원법을 만들 때 고려할 사항, 그리고 셋째로 갈등영향분석 후 진행될 규제협상 과정에 대한 것이었다.

- 1999년 과도기법 : 갈등영향분석 당시 실행되고 있던 과도기법에 대한 이해관계자들의 이해, 의견, 불만, 조언 등을 청취했다. 대부분의 피면담자들은 과도기법이 공공주택기관이 실제 지출한 것에 따라 지원금을 결정하도록 되어 있어서 이해와 운영이 쉽다는 의견을 표명했다. 그러나 HUD 직원들은 과도기법이 공공주택기관이

재량에 따라 등록된 숫자보다 많은 추가 지원을 실시해 비용 절감을 꾀할 수 있게 하는 유인책이 전혀 없음을 지적했다. 공공주택기관은 저소득가정에 추가로 지원할 수 있는 주택이 있더라도 HUD에 이미 등록된 숫자를 넘을 경우 다음 해에 지원을 받을 수 없어 결국은 지원 숫자를 삭감해야 하는 상황을 지적했다. 결국 과도기법이 관계자들의 자발적인 비용절감 노력을 유도하기에는 부족하다는 것이 지적됐다. 일부 피면담자들은 과도기법이나 새로운 법이 공공주택기관 간에 HUD의 지원금을 확보하기 위한 경쟁을 유발할 수 있고 결국 공공주택기관들의 상호관계에 영향을 미칠 수 있는 가능성에 우려를 표명했다.

• 2000년부터 시행될 새로운 지원법 : 모든 피면담자들은 시행 중인 과도기법이 수정되어야 할 필요성을 언급했다. 갈등영향분석자는 최종 보고서에서 피면담자들이 새로운 지원법이 달성해야 할 목표로 다음과 같은 점들을 지적했음을 밝혔다.

_ 현재 지원을 받고 있는 저소득가정에 대한 계속적 지원과 이를 위한 안정적인 재원의 확보

_ HUD와 공공주택기관을 포함한 모든 관계자들이 인정할 수 있는 공정성

_ 공공주택기관 비용 산정에 있어 정확한 최근 자료 이용 권장

_ 다른 HUD의 기본원칙과 융합하는 분명하고 이해하기 쉬운 HUD와 공공주택기관 운영 지침 개발

_ HUD와 공공주택기관 등 관계자들의 역할과 책임을 분명하게 규정하는 효과적인 행정 지침 마련

_ 실질적 필요에 보다 효과적으로 대응하는 자금 지원

특히 자금 배분과 관련해서 당사자들은 계속적 지원의 근거가 되는 기본 지원가정 수 산정이 지역의 환경을 충분히 반영하지 못한다는 것, 실질 비용 정산에 공공주택기관의 행정 비용이 포함되어야 한다는 것, HUD가 제시한 주택 가격 인상폭보다 지역의 인상폭이 높을 때 이를 해결할 수 있는 실질적 방법 마련, 지역의 상황을 보다 현실적으로 반영할 수 있는 새로운 비용 산정방법 마련 등의 문제를 제기했다. 대부분의 피면담자들은 이러한 문제를 해결하기 위해 HUD가 더 유연성을 보여야 하며 지원법을 관리하고 운영하는 전 과정에서 공정성과 투명성 고양, 효율적인 행정을 위해 신입직원에 대한 오리엔테이션 실시, 인터넷의 효과적 이용, 신속한 최신 정보 제공, 불만 처리 과정 설치 등을 제안했다. 언급된 각 사항에 대해 더 자세한 설명이 최종 보고서에 모두 포함되었다.

• 규제협상 과정 : 갈등영향분석에서는 앞으로 규제협상 과정이 진행될 경우 각 당사자의 참여가 가능한지, 그리고 어떤 점이 보장되어야 하는지 등의 질문이 주어졌다. 피면담자들은 새로운 지원법을 초안하는 규제협상에 대해 열렬한 지지부터 방관적인 입장까지 다양한 태도를 보였다. 공통적으로는 몇 개월 안에 초안을 마련하려는 계획이 너무 비현실적이라는 반응을 보였다(규제협상은 1999년 4월 24일부터 9월 29일까지 이뤄졌다). 그럼에도 불구하고 새로운 지원법을 위한 논의가 이뤄져야 한다는 것에는 대부분이 동의했다. 참여의사를 보인 피면담자들은 HUD와 참여자들의 임무를 자세히 명시하는 기본원칙의 수립, 중립적인 장소에서의 회의, 가능한 요일, 여행과 숙박비용 지원 등 협상 참여를 독려할 수 있는 자세한 조건을 제시했다.

참석자의 범위에 대해 일부 피면담자들은 규제협상의 현안이 자금 지원을 넘어 한층 더 광범위하고 근본적인 지원법을 다룰 예정이라면 임차인, 임대자금지원 수혜자, 법률 회사 등등이 포함되어야 한다고 제안했다. 협상에 필요한 정보 제공에 있어서도 HUD와 규제협상 진행자가 책임을 지고 적절한 시기에 충분한 정보를 제공해야 하며, HUD와 참여자들 사이에 의사소통을 효과적으로 신속하게 하고, 해당 사안에 대한 공동조사를 해야 한다고 지적했다.

④ 권고

규제협상 진행 여부를 전제로 진행된 갈등영향분석의 최종보고서는 (1) 당사자들이 규제협상에 참여할 의사가 있고, (2) 주어진 시간과 재원의 한도 내에서 당사자들이 주요 현안에 합의할 가능성이 있음을 들어서 새로운 임대지원법을 초안할 규제협상 위원회의 진행을 권고하고, 4월 27~28일에 첫 회의를 열 것을 권고했다.

규제협상 과정 진행의 첫 번째 조건인 이해관계자 참여와 관련해 보고서는 갈등영향분석에 참여한 5개 집단을 포함시킴은 물론 개인 임대업과 임대자금지원법 수혜자들의 이익을 대변하는 관계자들을 포함시킬 것을 HUD에 제안했다. HUD는 이를 받아들여 협상 진행자가 두 집단의 이익을 대변할 관계자들을 찾아보도록 제안했다.

이해관계자들이 새로운 지원법 초안의 주요 현안에 합의할 가능성과 관련해 보고서는 이들 사이에 상당한 이견이 있음을 인정했다. 그럼에도 불구하고 갈등영향분석 과정에서 모든 피면담자들이 열린 마음으로 문제해결에 접근하는 태도를 보였고, 그러므로 이들 모두의 이해를 만족시킬 새로운 방안을 마련할 수 있을 것이라고 보았다.

보고서는 규제협상을 성공적으로 하기 위해서는 그 과정에 있어서 몇 가지 전제가 충족되어야 함을 밝혔다. 첫째는 HUD가 신속하게 모든 필요한 정보를 참여자들에게 제공해주어야 하며, 둘째는 짧은 기간에 합의가 이뤄져 초안을 마련해야 하므로 참여자들이 사명감을 가지고 모든 회의에 참석해야 하며, 셋째로 HUD는 협상의 전 과정을 의사결정자들과 공유해야 하며 이를 통해 협상에서 나온 제안이 정치적, 행정적으로 실행가능한지를 참여자들에게 알려주어야 한다는 것이다. 규제협상 과정의 진행을 권고하면서 보고서는 피면담자들이 제기한 공정성과 투명성에 관련된 문제들이 일부는 이해관계자들 사이의 오해에서 비롯된 것이라고 밝혔다. 그러므로 규제협상 과정이 상호간의 오해를 풀고 서로의 입장과 상황을 이해할 수 있는 훌륭한 기회가 될 것이라고 덧붙였다.

규제 협상

① 전체 과정 요약

위에서 실시한 갈등영향분석의 권고에 따라 규제협상이 시작되었다. 관련법에 따라 초안 협상을 위한 위원회를 구성할 의무를 가진 HUD는 갈등영향분석에 참여한 이해관계자들을 중심으로 위원회를 구성하고 CBI에 전체 과정의 진행을 의뢰했다. HUD는 특별담당관을 위원회에 대표로 파견했으며 고위 실무자를 위원회 담당 실무자로 임명했다. 위원회는 1999년 4월 24일부터 9월 29일 사이에 총 6차례 회의를 가졌으며 워킹 그룹을 구성해 전체회의 이전에 안건과 대안을 개발해 위원회에 제안하는 일을 하도록 했다. 또한 필요할 때마다 소집단 워크숍과 전화회의를 진행하였다. 9월 29일 위원회는 새로운 지원법에 포함시킬 8개 항의 기본 지침을 권고하는 초안에 합의했다.

② 참여 당사자

규제협상을 진행할 위원회 명단의 초안은 갈등영향분석이 진행되던 3월에 이미 만들어졌고 그 후 한 달 동안 이해관계자들의 의견과 참여 확인 작업이 진행되었다. 최종 31개 기관의 대표들이 규제협상 위원회에 참여하였는데 이들은 지원법과 관련이 있는 5개 집단의 관계자들로 구성은 다음과 같다.

- 각 지역에서 지원법에 따라 저소득가정 임대지원을 실시하는 20개 공공주택기관
- 수혜자인 저소득가정의 이익을 대변하는 4개 시민사회 단체들
- 공공주택기관의 회계 업무를 위임받아 실시하는 2개의 독립 회계 회사
- 지역 공공주택기관들의 이익을 대변하는 4개 전국 연합
- 1개 연방 정부 당사자(HUD의 담당자)

③ 기본원칙

규제협상 위원회 전체 과정의 진행(facilitation)은 갈등영향분석을 실시한 전문단체인 CBI가 맡았다. 2인으로 구성된 진행팀은 효과적인 과정 진행을 위해 모든 구성원들이 지켜야 할 기본원칙(ground rules)을 초안했으며 이 초안은 첫 회의에서 전체가 검토해 합의했다. 기본원칙은 위원회 참여자들의 역할, 책임, 토론 참여 방식 등을 비교적 자세히 담고 있으며 창조적인 해결책을 찾기 위해 노력할 것을 강조하고 있다. 효과적인 의사소통을 위해 참여자들이 갖춰야 할 바람직한 태도에 대해서도 자세히 서술하고 있다. 또 전체 과정의 관리와 운영을 책임져야 할 역할과 문제가 생길 경우 중재자로서의 역할도 강조하고 있다(이와 비슷한 기본원칙의 자세한 내용은 본문

의 갈등영향분석 부분을 참조하기 바란다).

④ 위원회 회의

총 6차례 열린 규제협상 위원회는 한 차례만 빼고 모두 같은 장소에서 회의를 했다. 4월 27~28일에 열린 1차 회의에서 참여자들은 위원회의 역할 규정, 진행 기본원칙, 향후 일정 등의 초안을 검토하였다. 모든 초안은 규제협상을 맡은 전문기관이 작성했다. 위원회는 또 실질적으로 규제협상의 핵심이라 할 수 있는 지원금 산정 방식에 대한 논의와 협상을 시작했다. 논의의 중심은 현재의 '가구 기준'의 지원금 산정을 '현금 기준'으로 바꾸느냐 아니면 다른 대안을 개발하느냐 하는 것이었다. '가구 기준' 지원금 산정은 공공주택기관이 지원하는 가구를 계산한 후 공공주택기관의 연말 보고에 근거한 물가인상과 실제 지출 비용을 고려해 매년 지원금을 산정하는 방식이다. '현금 기준'은 공공주택기관이 지원하는 가구당 첫해 가격과 실제 지출 비용을 현금으로 산정해 지원금을 결정하는 방식이다. 이 경우 HUD는 실제 지출 비용을 재산정하지 않고 첫해의 산정 액수에 연간 물가인상만 적용해 지원금을 결정하게 된다.

2차 회의부터는 본격적으로 지원금 산정 방식과 잉여자금 운영 등 기타 문제에 대한 논의에 들어갔다. 전체 운영은 각 위원회 이전에 워킹 그룹이 모여 자세한 안건을 검토하고 토론한 후 위원회에 초안을 제출하면 위원회가 초안을 검토하고 논의하는 방식으로 진행됐다. 6월 2~3일에 열린 2차 회의에서 참여자들은 워킹 그룹의 논의를 바탕으로 지원금 결정을 '가구 기준'으로 하느냐 '현금 기준'으로 하느냐와 관련 HUD와 공공주택기관 사이의 견해 차이를 해결하기 위한 절차를 밟을 것에 원칙적으로 합의했다. 위원회는 HUD에 두 가지 방식을 통합한 대안적 방안들을 개발하도록 요청했다. 위원회는 또 물가인상 요인의 검토, 효과적인 행정, 투명성, HUD와 공공주택기관 사이의 상호 신뢰성 문제들도 논의했다.

6월 21~22일의 3차 회의 이전 워킹그룹은 두 가지 방식을 통합한 몇 가지 대안을 검토하고 위원회에 초안을 제안했다. 위원회는 워킹그룹의 제안을 검토했으며 HUD와 공공주택기관 사이의 이견 조정을 계속하기로 했다. 또 잉여자금 운영과 관련해 통합 운영제도 수립 가능성을 검토했고 HUD의 예산국장을 초청해 HUD의 주택지원금 제도 운영에 대한 자세한 발제를 들었다.

4차 회의 준비를 위해 모인 워킹 그룹은 첫해의 현금비용을 기준으로 한 산정 방식에 매년 물가인상 적용을 결합한 대안을 검토했다. 그러나 두 가지 산정 방식을 통합한 이 대안을 택할 경우 공공주택기관의 예산 운영에 불확실성을 확대될 수 있다는 점을 발견했다. 4차 회의를 위해 7월 19~20일 모인 위원회는 워킹 그룹의 논의 결과와 제안을 검토한 후 HUD가 '현금 기준' 산정 방식으로 제도를 바꾸기 보다는 향후 몇 년간 점차적으로 현재의 '가구 기준' 제도를 개선해야 한다는 데 합의했다.

5차 회의 이전에는 HUD에 제출할 초안을 만들기 위해 워킹 그룹이 2차례 모였고 수많은 전화회의가 이뤄졌다. 8월 19~20일 모인 위원회는 워킹 그룹이 만든 초안을 검토한 후 HUD에 제출할 권고안에 합의했다. HUD는 위원회의 권고를 바탕으로 새로운 지원법의 초안을 작성했고 검토와 수정을 할 수 있도록 이를 위원회에 보냈다. 대부분은 위원회의 권고를 반영했지만 몇 가지 사항에 차이가 있었고 위원회는 이에 우려를 표했다. 특히 위원회는 HUD가 초안한 지원법이 향후 이해관계자들과의 논의를 거치지 않고 HUD가 지원법에 대폭 수정을 가할 수 있는 여지를 주고 있음에 우려를 표했다. 위원회는 수정 제안을 HUD에 보냈고 HUD는 이를 반영하기로 동의했다.

마지막 6차 회의 이전에는 특히 HUD가 지원법에 프로그램 비용억제 문제를 언급한 것과 관련해 전화와 전자우편으로 논의를 하였다. 9월 28~29일 모인 위원회는 HUD가 위원회의 제안을 수렴해 수정한 초안을 검토했다. 특히 지원법의 (g)항에 있는 비용억제 현안이 논의의 초점이 되었다. 위원회는 HUD가 비용억제 사항을 명시하게 된 배경에 대해 논의했고 HUD가 비용억제 실행을 위한 권한을 가지는 것에 우려를 표했다. 위원회는 HUD가 비용억제를 주요 프로그램 목적과 일관된 방식으로 실행할 것과 새로운 지원법을 공표하기 전에 비용억제 부분에 대한 공개논의를 거칠 것을 제안했다. 마지막 회의의 나머지 시간은 새로운 지원법의 나머지 문장을 검토하고 수정하는 데 사용하였다.

분석 및 소감

① 실행을 뒷받침하는 충분한 토대

위 사례에서 보면 갈등영향분석의 필요에 대한 논의부터 규제협상까지 모든 과정이 비교적 짧은 시간에 그럼에도 불구하고 효과적으로 이뤄졌다. 이것이 가능했던 것은 첫째로 당사자들이 당면한 문제에 대한 인식을 공유하고 이를 합의를 통해 해결하려는 의지를 가지고 있었기 때문이었다. HUD는 갈등영향분석을 실시하기 전 해당 당사자들에게 갈등영향분석의 실시와 면담에 대한 협조를 요청하는 편지를 보냈고 모든 당사자들이 여기에 협조했다. 또 규제협상위원회에 특별 담당관을 HUD 대표로 참여시키고 전체 과정을 잘 운영하기 위해 고위직 실무자를 담당자로 내정했다. 이해관계자들은 갈등영향분석 면담에 적극적으로 임하고 솔직하게 자신의 입장, 불만, 제안을 이야기했다. 규제협상에 있어서도 합의를 이뤄내기 위해 사명감을 가지고 회의에 참석했다. 둘째로 이런 실행이 가능했던 것은 정부 모든 기관들에게 규제협상을 승인하고 이의 과정을 자세히 명시한 1996년에 의회를 통과한 <규제협상법>이라는 토대가 있었기 때문이다. HUD는 자신의 의지는 물론 관련법의 토대 위에서 갈등영향분석을 실시하고 규제협상을 진행했다. 갈등영향분석과 규제협상 위원회에 참여한 당사자들도 자신들이 합의할 경우 법률에 따라 그 결과가 반드시 새로운 지원법에 반영된다는 것을 알았기에 더욱 적극적으로 참여하고 합의를 이뤄내기 위해 노력했을 것이다. 셋째로, 전체 과정을 관리하고 운영하는 전문기관이 있었기 때문에 가능했다. CBI가 갈등영향분석을 위한 면담을 토대로 규제협상 위원회에서 당사자들의 합의 가능성이 크다는 의견을 내고 HUD가 이를 받아들인 것은 전문기관에 대한 신뢰가 있었기 때문이었을 것이다. 규제협상 과정에서도 이 기관은 진행자(facilitator)의 역할을 훌륭하게 해냈다.

② 갈등영향분석 보고서

이해관계자 면담이 끝난 후 나온 갈등영향분석 보고서는 이해관계자들의 입장, 이해, 불만, 기대 등을 비교적 자세하게 기록하고 있다. 이렇게 자세한 내용이 들어갈 수 있었던 것은 이들 모두가 문제 해결을 위한 의지를 가지고 적극적으로 면담에 답했다는 것을 의미한다. 또 참여 단체들이 문제에 대한 정확한 이해와 경험을 가진 사람들을 면담에 응하도록 했음을 의미하기도 한다. 물론 이러한 자세한 정보를 얻어낼 수 있었던 것은 면담 질문이 사안별로 자세히 잘 구분돼 있었기 때문이었을 것이다. 갈등영향분석 보고서 외에도 전체 과정에 대한 보고서가 잘 작성돼 있고 모든 보고서를 HUD의 웹페이지에 얻을 수 있었던 것은 무엇보다 투명성과 공개성을 잘 반영해 주는 것이었다.

③ 기본원칙 (ground rules)

개인적으로 무엇보다도 인상적이었던 것은 규제협상 과정에서 참여자들이 지키기로 합의한 기본원칙이었다. 여기에는 의사소통 방법, 참여자의 책임, 문제가 있을 경우의 처리 방법, 언론과 관련된 문제에 대한 대응 등 자세한 내용이 담겨 있다. 특히 의사소통 방법에 있어서 남의 말 잘 듣기, 끼어들지 않기, 개인적인 비난이나 공격 삼가기, 유머 감각 유지하기 등이 명시돼 있다. 또 상호 존중하기, 언론과의 접촉에서 다른 참여자 비난하지 않기 등의 내용도 포함돼 있다. 이는 규제협상 위원회 구성원들이 감정을 가진 평범한 사람이라는 것을 인정함은 물론 아주 기본적인 원칙의 준수가 성공적인 결과를 내는 데 기여한다는 평범한 진리를 중요하게 여기고 있음을 대변해 준다. 또한 성공적인 합의를 위해서는 신뢰에 바탕을 둔 인간관계가 잘 만들어지고 유지돼야 한다는 것도 말해주고 있다. 진행자의 역할과 임무를 명시한 것도 인상적이었다. 특히 참여자들 사이에 문제가 생겼을 경우 이들 사이의 의사소통을 위한 비밀 통로 역할을 하고 참여자들과 HUD 사이의 중간 역할도 할 것을 분명히 한 것은 진행기관의 전문성과 경험을 잘 보여주는 예다.

④ 촉박한 시간

위에서 언급한 긍정적인 인상에도 불구하고 1999년 3월에서 9월까지의 비교적 짧은 시간에 갈등영향분석에서부터 규제협상까지전 과정이 진행되었다는 것은 아무래도 아쉬운 부분으로 남는다. 갈등영향분석에서 인터뷰한 이해관계단체가 42개였고 규제협상 위원회 참여 단체가 31개였다는 것을 생각하면 더욱 더 그렇다. 시간이충분치 않다는 것은 갈등영향분석 보고서에도 언급되었고 이런 이유로 규제협상 위원회 기본원칙은 참여자들이 사명감을 가지고 모든회의에 참여할 것을 강조하고 있다. HUD는 전체 과정이 진행 중이던 1999년 당시 과도기법을 시행하고 있었고 일 년 안에 새로운 지원법을 만들도록 명령한 1998년 10월 의회의 결정에 따라 전체 과정을신속하게 끝내야 할 필요가 있었다. 이런 상황에서는 참여자들이당연히 압력을 받을 수밖에 없다. 또 전문정보를 얻기 위한 워크숍이나 수혜자들의 이야기를 직접 듣는 기회를 갖는 등의 적극적이고유연한 방법을 실행하기는 어렵다. 결국 참여자들은 HUD가 애초기획한 방향으로 목적 달성을 향해 매진할 수밖에 없었을 것이다.

⑤ 수혜자를 대변할 단체의 참여 부족

규제협상에 참여한 단체의 구성을 보면 지원법에 따라 저소득가정 임대지원을 실시하는 공공주택기관이 20개로 가장 규모가 크다. 여기에 이들의 이익을 대변하는 4개의 전국 연합까지 합하면 결국공공주택기관이 최대 참여 집단이다. 지원법의 직접적 수혜자인저소득가정의 이익을 대변하는 시민사회 단체들은 4개만이 참여했다. 갈등영향분석에 수혜자들의 이익을 대변하는 시민사회 단체들에 대한 면담이 포함됐지만 보고서에는 특별히 이들의 의견이라도 보이는 사항이 거의 없다. 보고서에는 공공주택기관들이 지원 자금 집행이나 행정상 겪는 어려움들이 주로 언급돼 있다. 갈등영향분석과 규제협상이 제대로 이뤄질려면 수혜자를 대변하는 시민사회 단체는 물론 수혜자들이 스스로 조직한 단체들과 임대업자들도 초청됐어야 했다. 그리고 국가의 규모를 감안할 때 규제협상에 참여한 시민사회 단체들의 수도 훨씬 많았어야 했다. 사실 갈등영향분석에 참여한 대부분의 피면담자들이 규제협상에서 심도 있게 문제를 다루려면 더 많은 다양한 이해관계자들이 참여해야 한다고 제안했다. 그러나 HUD는 자신들이 애초 선정한 이해관계자 목록을 유지했다. 물론 위에서 언급한 것처럼 중요한 이유 중 하나는 HUD가 1999년 10월까지 새로운 지원법을 만들어야 하는 시간적 압력을 받고 있었기 때문이었을 것이다. 결국 HUD가 실시한 갈등영향분석과 규제협상은 합의를 이끌어 낸 성공적인 사례지만 새로 만들어진 지원법에 의해 가장 크게 영향을 받게 될 당사자가 제외된 아쉬운 과정이었다. 또한 새로운 지원법 마련이라는 궁극적 목적에 초점을 맞춰 행정적, 기술적 접근만 시도한 한계를 가진 과정이었다고 할 수 있다. 결국 규제협상 관련법이 명시한 '결과에 영향을 받게 될 당사자들의 참여' 원칙이 철저히 지켜지지는 않은 것이라고 볼 수 있다.

2. 미국 국립공원 차량이용규제에 관한 합의형성 전망 보고서

서론

이것은 미국의 뉴욕주 롱아일랜드 화도해안국립공원(Fire Island

National Park)의 관리인이 제출한 차량이용규제에 관한 합의 형성 전망 분석 보고서다.

1998년, 화도(Fire Island) 해안 국립공원관리사무소 관리인은 화도에서 차량이용을 통제하기 위한 규칙과 관련하여 내부 면담을 시작하였다. 지역주민, 방문객, 관리사무소 직원 등의 반응을 통해서 관리인은 화도에서 차량 이용을 통제하는 새로운 규칙에 대한 사회적 합의 가능성을 알아보고 싶었다. 화도에서 차량운행에 대한 객관적인 평가를 하기 위해서 관리인은 CBI(Consensus Building Institute)에 갈등영향분석을 의뢰하였다. CBI는 공공갈등과 관련된 문제를 사회적 합의에 의한 해결하는 것과 관련하여 전문적인 역량을 갖춘 비영리 단체이다.

이 갈등영향분석의 목적은 화도의 새로운 규칙 제정을 위해 사회적 합의에 기초한 협상이 소집될 가능성이 있는 것인지, 또 그런 방법이 화도해안국립공원관리사무소의 차량통제시스템 문제를 해결하는 데 성공적일 것인지를 평가하기 위한 것이다. 갈등영향분석은 현재의 차량허용시스템과 시스템 향상을 위해 필요한 일이 무엇인지에 대해 관련된 52명의 이해관계자로부터 모은 정보에 기반하고 있다.

현재의 차량운행허가시스템을 변경하기 위한 방법을 결정하기 전에, 허가시스템과 관련된 국립공원관리사무소, 관련된 사람들의 관심사항, 문제의 실체, 상황에 대한 여러 가지 변화 가능성 등에 대한 사실관계를 조사했다.

이 갈등영향분석은 사회적 합의에 기반한 협상이 차량허가시스템에 대한 이슈를 해결하는 데 성공할 수 있는지를 결정하기 위해서 이 문제와 관련된 핵심적인 조직과 사람들을 명확하게 구분할 수 있는

지, 이해관계가 중첩되는 부분이 있는지, 함께 문제 해결을 위한 과정에 동참할 의사가 있는지, 협상과정을 이끌어갈 능력은 있는지 등을 조사하였다. CBI의 전문적인 판단에 의하면, 현재의 차량이용규칙과 실행을 향상시키기 위해서 사회적 합의에 기반한 협상이 소집될 수 있을 것이며, 성공할 가능성이 높다는 결론을 내리게 되었다.

이 분석보고서는 법적인 효력을 갖는 문서도 아니고, 차량운행규칙과 관계가 있는 모든 개인이나 집단을 총망라하고 있는 종합보고서도 아니다. 이 보고서의 내용은 우리가 면담한 사람들로부터 얻은 제한된 정보와 그 정보에 대한 CBI의 해석에 기초하고 있다. 운행허가규칙과 이해관계가 있는 모든 사람과 대화를 하는 것은 불가능하지 않지만, 그럼에도 불구하고 이 평가가 관계된 모든 사람들의 관점을 정확하게 대변할 수 있기를 바랄 뿐이다.

연구방법

이 분석은 운행허가규칙에 대한 다양한 시각을 충분히 포괄할 것으로 기대되는 53명의 개인으로부터 비공개적이고 자발적인 면담에 의해 이루어졌다. 면담은 1999년 7월 9일부터 8월 18일에 걸쳐 실시되었다. 면담에 응한 대부분의 사람들은 운행 규칙과 관계있는 정부부처, 단체, 자택소유자 연합 등과 다양한 조직과 관계를 맺고 있었다. 거의 모든 면담은 화도, 이웃한 파초아구, 뉴욕 등에서 개인적으로 실시되었고, 몇몇은 스케줄을 잡기 어려워 전화로 상담을 하였다.

평균 면담 시간은 45분에서 1시간 정도였다. 우리는 면담에 응한 사람들에게 그들의 대답은 비공개로 진행될 것이고 그들이 한말에 대한 책임은 개인에게 돌아가지 않을 것이라는 점을 설명했다. 우리는 면담 노트를 만들고 면담의 내용을 개인별로 정리했다. 우리는

국립공원관리사무소와 면담에 응한 사람이 우리에게 제공한 다양한
자료들을 검토했다.

면담에서 CBI 직원은 다음과 같은 것에 대하여 질문했다.

- 현재의 차량이용규칙53)이 잘 작동하고 있는가?
- 현재의 운행허가제도에 개선이 필요하다면 어떤 부분을 고쳐야
  할 것인가?
- 사회적 합의에 기반한 규제협상이 화도의 운행허가규칙을 개정
  하는 데 바람직한 방법인가?

면담자에 대한 선정은 광범위한 이해당사자 명단으로부터 나왔
다. 첫째, 해안국립공원관리사무소는 다양한 이해와 관점을 가진
예비 면담 대상자들을 소개해주었다. 해안국립공원관리사무소는
50명의 이해관계자와 여러 조직에 연락을 해서 그들을 면담에 참가
하도록 요청했다. 면담을 통해서 새로운 이해관계자들을 알게 되었
으며 새로 알게 된 이들을 대상으로 2차 면담을 실시했다. 몇몇
사람은 면담 소식을 듣고 직접 해안국립공원관리사무소를 방문하고
면담을 요청했다.

면담에 응한 조직과 기관, 기업 사람들을 다음과 같이 이해당사자
집단으로 분류하였다.

[표 1-7] 이해당사자 그룹과 면담한 사람의 수

이해 당사자 그룹	면담한 사람의 수
국립공원 안에 사는 사람들	4
서쪽 끝 마을에 사는 사람	

---

53) 이글에서는 차량이용규칙과 차량허가규칙이 같은 의미로 사용된다.

서쪽 끝 마을에 사는 사람 가운데 연중거주자	10
서쪽 끝 마을에 사는 사람 가운데 임시거주자	7
동쪽 끝 마을 사람	
― (임시거주자)	5
(주, 지방, 타운 인사)	8
(타운 공무원)	2
(섬 밖에 거주하는 계약자)	2
(섬 내 거주 계약자)	2
(생필품 조달자)	6
(운송업자)	2
(환경 운동가)	2
(기타)	2
합계	52

CBI의 역할은 국립공원관리사무소와 다른 이해당사자들이 사회적 합의에 의한 협상이 그들의 목적에 적합할지를 결정할 수 있도록 상황을 정확하고 불편부당하게 분석해 주는 것이다. CBI는 어떤 특별한 결과나 이해관계에 찬성이나 반대를 표명하지 않으며, 작업은 공평하게, 심사숙고해서, 당파적인 이해를 배제하고 진행항였다. CBI는 '분쟁해결 전문가협회(SPIDR)'의 '중립적인 위치에 선 사람들은 모든 이해집단을 향해 편파적이지 않아야 한다'는 윤리 규칙을 준수한다. 이런 중립성은 말과 행동 모두에 포함되는 것이다.

① 규제협상과정

면담에서 설명한 대로, 규제협상과정은 정부가 현재의 규칙에 의해 영향을 받고 있는 사람들과 함께 새로운 규칙을 개발하여서 더 좋은 규칙을 만들 수 있다는 원칙에 기반하고 있다. 규제협상은 사회적 합의에 기반한 의사결정방식이다. 협상에 포함된 이해당사자는 협상하고 있는 위원들 누구나 받아들일 수 있는 합의에 도달하기 위해 노력할 것이라는 점에 미리 동의한다. 국립공원관리사무소 같은 연방정부에 속한 기관이 협상에 의해 규칙을 만들려면, 연방자문위원회법를 비롯한 다른 법적인 요구를 준수해야한다. 이 과정이 합의로 결정이 되고, 모든 협상위원회가 개발된 새로운 규칙으로 살 수 있다고 결론을 내리게 되면, 규칙 초안은 정해진 법적인 절차를 밟게 된다. 그러므로 이런 합의형성과정은 보통의 연방 규칙제정과정을 대체하는 것이 아니라 보안적인 방식으로 활용된다.

② 이 보고서의 구성
이 보고서는 CBI의 조사결과와 권고안으로 구성되어, 모두 4부로 이루어져 있다. 1부는 갈등영향분석의 역역을 다루고 있으며, 2부는 현재의 허가 시스템에 대하여 기술하고 있다. 3부는 면담으로부터 얻어진 우리의 조사 결과를 구체적으로 기술하고 있다. 4부에서 우리는 우리가 조사한 내용을 바탕으로 국립공원관리사무소가 어떻게 일을 진행시켜가야 할지에 대한 권고안을 제시하고 있다.

상황 설명
현재의 차량이용규칙은 1987년에 제정되었다. 이것은 해안공원에서 차량을 이용한 여행 전체수를 제한하고, 각 영역에서 자격을 갖춘 사람들에게 발급하는 허가 인수를 제한할 수 있도록 해안국립공원 관리인에게 권한을 부여하는 규칙이다. 화도해안국립공원 관리인은 연방 규정에 의해 화도에서 차량여행을 관리하고 집행할 수 있는 권한이 있다. 화도에서 차량 사용을 관리하는 연방 규정은 1968년에 시작되었으며, 1977년과 1984년에 개정되었다.

현재의 차량허가 프로그램은 미연방법 CFR 36, Section (a) 8에 기반하고 있으며, 이 조항은 섬 거주민, 정부기관, 업체, 유락시설 관계자에 관하여 차량 이용과 여행에 대한 제한을 명기하고 있다. 그 규정은 차량이용에 관하여 특별히 다음과 같은 제한을 둘 수 있도록 하고 있다.

- 연중 거주자에 대한 허가증 발급은 145명까지로 하고, 허가는 1년간 유효하고 가구당 한 사람에게만 허가증을 발급한다.
- 연중 거주자들은 하루에 두 번 이상 차량 운행을 할 수 없다.
- 임시 거주자에 대한 허가는 1978년 1월 1일부로 연중 또는 임시거주자로 허가를 받은 사람들로 제한한다.
- 허가증은 상주권(1980년 국립공원으로 지정되기 이전부터 살아온 사람에게 부여된 거주권)을 소유하고 있는 사람에게 발급한다.
- 공공시설 관리와 필수품 조달을 위해 매년 30명 이하에게 차량 허가증을 발급한다.
- 건설 또는 상업적 목적의 차량은 어느 때든 한번에 80명까지로 제한한다.
- 화도에 있는 공공기관에서 고용한 인력 가운데 허가증을 받을 수 있는 사람은 5명으로 제한한다.
- 유락을 위한 차량 운행은 연 5,000회로 제한한다.
- 1월 1일부터 3월 31일, 6월 14일에서 9월 14일까지 유락을 목적으로 해변에 차량을 이용해 접근하는 것은 금지된다.

이 규칙은 허가증을 이용하는 집단을 7가지로 분류하고 있다. 연중 거주자, 임시거주자, 상주권자, 건설 허가권자, 사업용 차량 이용자, 공공기관 고용인, 유락시설 관련 허가권자.

① 연중 거주자

145인 연중 거주자에 대한 차량이용허가는 145명으로 제한하고 있다. 허가증은 가구당 한 사람의 운전자에게만 발급된다. 허가증은 공동으로 이용할 수 없으며, 사용할 차량도 정해져 있다. 이 허가증을 받게 되면, 노동절(5월 1일) 다음 월요일부터 5월 마지막 주(전몰장병 기념일) 금요일까지 매일 두 번 이하로 차량을 이용해 섬을 여행할 수 있다. 허가를 받은 사람이 여행을 더 하고 싶으면, 지역 순찰대에서 허가증을 따로 받아야 한다. 허가증은 다른 사람과 함께 이용할 수 없으며 다른 사람에게 승계하지도 못한다.

허가증을 받기 위해서는 해당 공공기관에 주민증과 신청서를 제출해야한다. 서부 지역 주민들은 이슬립시에 동부-지역 주민들은 브룩헤이븐시에 신청서를 접수시킨다. 신청인에 대해 시의 승인이 떨어진 후에야 해안국립공원 관리사무소는 이들에게 허가증을 발급할 수 있다. 기간이 만료되어 허가가 거부된 사람들은 대기자 명단에 오르게 된다.

② 임시 거주자

임시거주자에 대한 허가증 발급은 1978년 1월1일 부로 거주허가를 받은 사람들로 제한된다. 임시 거주자는 '일 년 중 12개월 미만 화섬에 있는 주택에서 실제로 생활하면서 거주하는 사람들'로 정의된다. 임시 거주자에 대한 허가는 100명 이하로 제한하고 있다.

③ 상주권자

이 허가증은 1980년에 앞서 국립야생 지역으로 지정되기 이전부터 이곳에서 살아온 거주민에게 발급된다. 현재 국립야생보호지역에는 더 이상 어떤 거주자도 없다. 이런 허가도 모두 소멸되었다. 차량 이용은 국립야생보호지역에서는 금지되어 있다.

④ 공공시설과 생필품 공급을 위한 차량

전기나 전화 서비스, 쓰레기 수거, 연료, 가스배달과 같이 생필품 서비스를 위해 매년 30명에게 허가증을 발급한다. 이들 허가증은 특별한 기간 동안 발급되어진다. 그러나 전기 시설과 전화 서비스 회사에는 필요한 만큼의 차량을 이용할 수 있도록 모든 설비에 단일 허가증을 발급한다.

⑤ 건설과 사업관련 차량

일반적으로 계약자–허가로 알려져 있는데, 건설 및 사업관련해서 80명까지 허가증을 발급한다. 이들 허가에는 30일과 1년 두 종류의 허가증이 있다. 계약자들은 연락선 서비스를 사용하는 것으로 물을 이용한 수송이 가능할 때 모든 고용인과 물건들에 대해 생각되어지고 있거나 다른 배를 이용한 수송 수단을 이용하도록 되어 있다. 이슬립 시는 섬위에 있는 계약자들에게 매일 두 차례 이상의 여행을 할 수 없도록 요구하고 있다.

⑥ 해안국립공원과 주변 소도시에서 허가증 발급

해안국립공원과 이슬립시, 브룩크헤븐시와 더불어 화도에 소속된 소도시도 차량 운행허가증을 발급한다. 이들 허가증은 발급을 받은 소도시의 관할권 내에서 차량이용에 대하여 발급된다.

사실조사 결과

면담에서 발견한 것을 바탕으로, 현재의 차량허가시스템에 대한 불만을 아래의 6가지 중요 이슈로 요약했다.

① 운행허가 시스템의 관리

현재의 관리시스템은 너무 관료적이고 중첩적이고 비용이 많이 들고 허가증 소지자나 관리자 모두에게 부담이 되고 있다는 의견과 이런 비효율적인 체계는 허가증 발급에 여러 기관이 관여를 하고 허가증에 너무 많은 종류가 있으며, 복잡한 허가증 체계와 연중거주자와 임시거주자에게 요구하는 여러 가지 사항들 때문일 것이라는 의견을 많은 면담자들에게 들었다.

② 차량허가시스템의 일관성 있고 공정한 실행

대부분 이해관계자들은 지금 있는 시스템이든 앞으로 수정 후에 실시될 것이든 공정하고 적절히 실행되어야 한다고 믿고 있다. 어떤 이해관계자는 현행 규칙이 너무 엄격하고 교과서적이라고 지적하는가 하면 어떤 사람들은 그 규칙은 적절하지만 실행에 문제가 있다고 지적하고 있다. 현재 인력으로 어떻게 드나드는 차량을 관리하고 순찰을 하고 관리감독을 할 수 있을지에 의문이 많았다.

③ 연중 거주자 가족의 필요

많은 연중 거주자들은 현재의 시스템이 섬에 있는 가족들에게 과도한 부담이 되고 있다고 믿고 있다. 특히 화도 밖에 있는 학교에 다니는 학생을 두고 있는 부모나 일터가 화도 밖에 있는 부부들의 경우, 한 가족에 한사람에게만 허가증을 발급하는 현재의 시스템은 너무 불편하다고 말한다. 그러나 다른 사람들은 이런 제약이 화도의 독특한 특징을 유지하는데 필요하고, 이곳에서 연중 생활을 하기로 결정한 사람들은 이런 불편함은 어느 정도 감수해야 한다고 믿고 있다. 거의 모든 사람들은 가족의 필요와 섬의 특징 사이에 조심스런 균형이 만들어 지는 것이 중요하다는 것에 동의하고 있다.

④ 연중 거주자와 임시거주자의 허가 비율

어떤 이해관계자는 임시거주 시스템은 화도에서 현재 인구를 반영할 수 있도록 새롭게 바뀌어야 한다고 말한다. 이들은 1978년을 기준으로 거주여부를 판별하는 것은 현실적이지 않으므로 1980년 중반이나 1990년대로 바뀌어야 한다고 주장하고 있다. 이들 이해관계자들이 요구하는 것은 차량 허가 총량을 늘리지는 않더라도 오랫동안 섬에서 거주한 사람들에게는 임시허가증을 더 많이 발급해주고, 1978년 이후 거주하게 된 사람들도 연중 허가증을 받을 수 있도록 해달라는 것이다. 그러나 이런 과정은 임시허가시스템에 중요한 변화를 가져올 수 있다. 허가를 받은 사람 수는 같은 수준으로 유지한다하더라도 섬에 차량을 이용하는 사람들이 증가할 수 있는 위험성이 있다고 지적하는 거주민도 있다. 현재 임시허가시스템을 바꾸는 것이 허가증을 소지한 거주민들에게는 훨씬 성가신 일이 될 수도 있을 것이다.

⑤ 업자들에 대한 허가

업자들을 관리하는 규칙에 관해서는 연중거주자나 임시거주자 사이에 논란이 있다. 어떤 거주자들은 섬에서 운전하는 업자들이 너무 많고 이들이 주로 운전 규칙을 어기고 섬 주민들을 불편하게 한다고 불편을 늘어놓았다. 반면에, 다른 거주자들과 업자들은 업자들이 섬에 필요한 서비스를 제공할 뿐 아니라 허가를 받기 위해 높은 요금을 내고, 규칙도 잘 지키고 있다고 말한다. 현행 시스템이 섬 밖에 있는 업자들에게 호의적인지에 관해서는 의견이 일치하지 않았다.

어떤 면담자들은 섬에서 살고 있는 업자들은 매일 운전하는 데 제약이 따르기 때문에 이 섬 밖에 살고 있는 업자들에 비하여 불리하다고 말한다. 그러나 어떤 사람들은 섬안에 거주하는 사람들은 허가증을 받는데 자주 우선권이 주어지기 때문에 오히려 유리하다고 말한다. 소비자들은 계약자들에 대한 과도한 운행제한은 섬의 건설과 재건축에 드는 비용을 증가시키고 있다고 걱정하고 있다.

⑥ 멸종 위기종의 보호를 위한 기본적 서비스의 제공

섬에서 서식하는 멸종위기종의 보호는 매우 중요하고 법적인 장치가 있어야 한다는 것에 대체로 동의했다. 그러나 동쪽과 서쪽지역 살고 있는 주민들, 필수품 조달자, 긴급구조요원 등은 보호지역 지정 때문에 서비스 조달과 접근에 어려움 있으며 비용이 많이 들고 긴급할 때 시간이 많이 들어 위험한 경우도 있다고 말했다. 그러나 면담자에게는 중요하지만, 보호지역에 대한 접근 제한 문제는 멸종위기종의관리에 관한 법률에 의거한 것으로 해안국립공원관리사무소의 업무 영역을 벗어나는 일이라고 생각된다.

권고사항

화도에서 차량통제시스템을 수정할 것인지를 규제협상을 통해 진행할 것인지를 결정하기 위해서는 두 가지 중요한 사항을 고려해야한다.

① 화도해안국립공원에서 운행허가시스템과 관련된 대부분의 사람들이 시스템을 어떻게 개선할 것인지에 대한 합의를 만들기 위해 규제위원회에 기꺼이 참여할 의사가 있는가?

② 만일 이해관계자들이 그 허가 시스템을 개선하는 것에 관하여 합의를 만들어 내기 위해 협상 위원회에서 함께 일할 의지가 있다면, 이들이 시간과 돈을 들여서 모든 이슈들에 대하여 합의를 도출해 낼 수 있을까? 간단히 말해 규제협상을 성공적으로 이룰 수 있는가? 갈등영향분석팀이 판단하기로는 이 두 가지 질문에 대한 대답은 "Yes"다. CBI는 합의에 기반을 둔 규제협상은 화도해안국립공원에서 운행허가 시스템을 수정하고 개선하는 데 좋은 결실을 얻게 될 것이라고 판단한다. 다음 내용은 이 두 가지 질문에 대한 갈등영향분석팀의 평가와 규제협상을 성공적으로 이끌어내기 위해 필요한 조언들이다.

• 규제협상에 참여할 이해관계자들의 적극성과 일처리능력

이와 같이 중요하면서도 논쟁이 심한 공공 사안을 합의에 의한 의사결정으로 문제를 해결하기 위해서는 여기에 참여하고 있는 사람들이 특별한 책임감을 갖고 있어야만 한다. 따라서 규제협상을 위한 위원회는 조직에 속한 사람들과 어떤 이해관계를 갖고 있는 집단으로부터 대표성을 부여받고 있는 사람들로 구성해야 한다. 우리는 면담동안 몇 가지로 명확히 나눌 수 있는 이해관계자를 확인했고, 그들 대부분은 규제협상에서 그들 집단을 대표할 수 있는 조직을 갖고 있는 사람들이었다. 우리가 말하는 이해관계자란 이해와 지역, 그리고 다른 요소들에 의해 구분되는 사람들 무리를 의미한다. 따라서 이해관계자는 일반적으로 어떤 특정한 조직보다는 더 넓은 의미로 쓰인다.

우리가 확인한 넓은 의미의 이해관계자 그룹에는 다음과 같은 것이 있었다.

_ 국립공원 관리사무소

_ 섬의 서쪽 끝에 사는 사람들

_ 섬의 동쪽 끝에 사는 사람들

_ 연중 거주자

_ 계절적(임시) 거주자

_ 섬 안에 있는 소도시 관리인

_ 운행허가 관리와 경찰 보호를 주 업무로 하는 주정부 관리인

_ 전기, 전화, 긴급구조서비스 등을 포함하는 필수품 조달자

_ 섬에 살고 있는 업자들(주로 건축업자)

_ 섬 밖에 살고 있는 업자들(주로 건축업자)

_ 연락선, 나룻배 등을 포함하는 운송업자

_ 환경보호론자

이해관계자 대다수는 잘 구분이 되고 조직화되어 있으며 하나 이상의 조직을 대표하는 경우가 많았다. 어떤 사람들은 여러 개 조직에 가입하고 있었기 때문에 하나 이상의 이해관계자를 대표하고 있는 경우도 있었다. 섬 밖에 사는 업자들처럼 몇몇 이해관계자는 동질성과 대표성이 약한 경우도 있었다.

면담을 통해서 우리는 대부분의 이해관계자들이 현재의 규칙을 개선하기 위해서 함께 논의 테이블에 마주 앉아 서로 협력하면서 일할 마음에 준비가 되어 있다는 것을 알게 되었다. 이들은 이런 과정을 위해 자신의 시간을 기꺼이 제공하고 자신의 지지자들과 정규적으로 만나 협상과정에 대해 그들에게 보고도 하고 논의도 할 준비가 되어 있었다. 또한 규제협상에 참가하기를 희망하는 사람

들은 성공을 위해서는 창의력이 필요하고 문제를 해결하기 위해서는 다른 사람의 의사를 존중하고 경청해야 한다는 것을 잘 인식하고 있다는 사실을 알게 되었다.

정리하면, 규제협상을 위한 위원회를 소집하기를 희망하는 이해 관계자들은 이 위원회를 소집하고 운영해갈 충분한 관심과 능력을 지니고 있었다.

• 규제협상이 성공할 가능성

규제협상에 참가하는 이해당사자들이 적극성과 진행 능력을 지니고 있다고 한다면, 그 다음 질문은 "그렇다면 시도할 가치가 있는가" 하는 질문이다 다른 사회적 합의에 기반한 의사결정과 마찬가지로 구제 협상 역시 여기에 참여하는 사람은 많은 시간과 노력이 필요하다. 만약 협상과정이 잘못 설계되거나 진행이 엉성하게 되면 참여한 사람들은 만족스런 결과는 고사하고 크게 실망하고 시간만 허비하는 꼴이 될 것이다. 그러므로 과정을 밟기 전에 성공가능성을 조심스럽게 타진해보아야 한다.

규제협상이 가장 잘 진행되어 성공하는 경우에는 운행허가 규칙에 관한 모든 내용에 참가한 모든 사람이 흔쾌히 합의에 이르는 것이다. 그렇게 되면 국립공원관리사무소도 세부적인 규칙을 받아들일 가능성이 아주 높을 것이다. 이렇게 되면 협상에 참여한 사람들이 합의에 도달한 것 말고도, 이해관계자간에 신뢰가 더욱 깊어지고 다른 일들에 관해서도 서로 협력하는 분위기가 만들어질 가능성이 높다. 우리는 국립공원관리사문소가 현재의 운행허가시스템을 개선하기 위한 목적으로 규제협상을 위한 회의를 소집한다면 성공할 가능성이 높을 것으로 생각한다.

• 성공을 가늠해보는 지표들

CBI는 어떤 근거로 이번 규제협상이 성공할 가능성이 있다고 결론을 지을 수 있었는가? 이런 결론은 당사자 간에 입장과 목표에 있어서 근거있고 상당한 차이가 있는 것은 사실이지만, 그럼에도 불구하고 규제협상이 결실을 맺기에 충분할 만큼 서로 이해가 중첩되는 부분이 있다고 판단했기 때문이다.

우선 위에서 언급한 바와 같이, 이해당사자들이 잘 구분되고, 각각의 조직을 대표하고 있으며, 테이블에 앉아서 협상을 이끌어낼 마음의 준비가 충분하기 때문이다.

둘째로, 테이블에서 다룰 주제가 분명하다. 논의 주제는 운행허가 규칙의 수정과 개선, 이런 규칙의 집행과 관리에 관한 문제로 집약되어 있다. 현재의 규칙을 경험한 사람들은 개선안을 마련하기 위해 필요한 충분한 근거들을 이미 갖고 있기 때문에, 협상이 시작되면 상황을 파악하기 위해 시간을 허비할 필요없이 곧바로 현재 규칙의 장점과 문제점에 대한 논의로 들어갈 것이기 때문이다.

셋째, 이해관계자들이 이슈를 보는 관점은 다양하지만, 이해와 관점에서 서로 공유하는 부분이 있기 때문에 합의가 이루어질 수 있는 가능성이 높다. 예를 들어서, 면담에 응한 대부분은 화도는 차량 사용을 제한 덕분에 다른 곳에서는 볼 수 없는 독특한 경관을 유지할 수 있었다고 말하고 있다. 면담에 응한 사람 어느 누구도 화도의 독특한 분위기가 바뀌어야한다고 주장하지 않았다. 화도의 특성에 대한 이런 공통점들이 이해관계자들 간의 의견의 불일치를 해소하는 데 도움이 될 것 같다. 이와 더불어 국립공원관리사무소를 포함하여 거의 모든 당사자들이 현재의 운행 규칙이 복잡하고 혼란스러우며 실행하기 어렵고 더 좋은 방향으로 개선될 수 있다는 데

동의하고 있다.

넷째로, 규제협상에 참가하는 데 관심을 보인 사람들은 전통적인 사전행동원칙(groundrule)을 준수할 것이라고 말하였다. 이런 규칙 가운데는 모든 이해관계자들이 동의하지 않으면 어떤 합의도 이루어지지 않은 것으로 한다는 '의사결정원칙', 합의가 이루어지고 공원관리사무소가 그 합의에 기반하여 새로운 규칙을 공표하면 새로운 규칙을 적극적으로 지지하고, 제안된 내용이 일부 받아들여지지 않는다면 새로운 대안을 창출하기 위해 함께 노력할 것 등을 예로 들 수 있을 것이다.

다섯째, 화도 주민들은 여러 가지 현안문제들을 해결하는 과정에서 많은 사람들의 이해관계를 조절하고 균형 있는 결론을 내린 역사를 갖고 있었다. 화도 주민은 "우리는 연중 거주자의 요구와 임시거주자의 요구가 어느 한쪽도 묵살되지 않을 수 있는 방법을 찾을 필요가 있다", 또 "우리는 국립공원관리사무소와 여러 가지 문제들을 전향적으로 해결하기 위해 협력해왔다"고 말하고 있다. 이런 말들은 이곳의 이해관계자들이 자신의 입장만을 고집하기 보다는 문제를 해결하기 위해 새로운 선택지를 만들어 갈 수 있다는 것을 보여주고 있다. 게다가 화도에는 합의를 형성하는 데 중요한 제약 요인으로 작용하는 '시간' 문제가 별로 중요하지 않았다.

• 협상의 성공에 장애가 되는 것들

열심히 노력은 하겠지만, 그렇다고 규제협상의 성공이 보장되어 있는 것은 아니다. 규칙을 수정하기 위한 합의에 이르기까지에는 극복해야할 여러 가지 어려움과 장애물이 있다.

첫째, 당사자들이 생각하는 결과가 다르고 서로 일치하지 않는 경우가 발생할 수 있다. 예를 들어서 몇몇 이해관계자가 화도에서 차량운행을 전면 통제하자고 극단적인 주장을 할 수 있을 것이고, 반대고 차량운행에 관해 어떤 규칙도 두지 말자고 주장할 수도 있을 것이다.

둘째, 이해관계자들이 화도에서 운행에 관해서 다른 사람의 관점과 이해를 포용하지 않을 경우다. 예를 들어, 오랫동안 생활해온 연중 거주자들은 아이들이 운전을 할 수 있음에도 불구하고 운행에 제약을 받은 것을 좋아하지 않는다. 반면에 임시 거주자들은 어떤 이유에서든 차량이 증가하는 것에 대하여 우려하고 있다. 어떤 사람들은 규정이 더 엄격하게 실행되어야 한다고 믿는 반면 어떤 사람들은 현재의 규칙이 이미 너무 엄격하고 융통성 없이 실행되고 있다고 생각하고 있다. 모든 당사자들이 규칙의 일관성과 공평성을 원하고 있지만, 그 규칙이 개인에게 적용될 때에는 상당히 유연하게 집행되기를 바라고 있다.

셋째, 화도해안국립공원관리사무소는 제한된 예산을 갖고 운영을 하기 때문에 규칙을 개선하고 실행하는 데는 재정적인 요소가 제한요인으로 작용할 수 있다.

넷째, 섬의 일부인 국립야생보전구역과 관련된 내용은 협상의 대상이 될 수 없다.

마지막으로 면담에 응한 사람 가운데는 규제협상은 유보하는 것이 좋다는 입장을 취하는 사람도 있었다. 이들은 현재 문제는 규칙 자체에 있다기 보다는 현재의 규칙을 집행하는 과정에 문제가 있는 것이기 때문에 집행 과정을 개선하면 문제가 풀릴 것이라는 주장이다. 어떤 사람은 합의에 의한 과정으로 특징짓는 규제협상 방법을 '다수에 의한 폭력'이라는 이유로 반대했다.

추가적인 권고사항

지금까지 우리가 확보한 자료에 기반해서 CBI 갈등영향분석팀은 국립공원관리사무소가 규제협상을 위한 회의를 소집하도록 권고하면서 성공적인 과정을 확보하기 위해서 다음과 같은 몇 가지 권고사항을 추가한다.

① 규제협상의 목적을 명확히 할 것

국립공원관리사무소는 규제협상의 목표와 그곳에서 다룰 주제들에 대해서 명확히 정리해야 할 것이다. 우리는 그 목적을 다음과 같이 정리하기를 바란다. 이 규제협상의 목적은 미래세대뿐 아니라 현재 거주자들과 방문객들을 위해서 화도의 독특한 특성을 유지하고, 핵심적인 이해관계자들이 모두 받아들일 수 있는 새로운 차량이용 규칙을 개발하는 것이다. 더불어 위원회는 이런 규칙의 실시와 집행에 대한 사항도 논의해야 한다.

합의가 이루어진 사항에 대해서는 그 내용을 상세히 기술한 합의서를 작성하여 이후 국립공원관리사무소가 규칙제정에 관한 초안을 작성할 때 활용할 수 있도록 해야한다. 화도와 같이 여러 이해관계자가 관여하고 이슈가 다양한 상황에서는 말에 의해서보다는 기록에 의해서 의견을 전달하는 것이 바람직하다. 이렇게 해서 규칙제정에 관한 초안이 만들어 지면, 각 이해관계자들은 초안에 기록된 내용이 자신의 의견과 일치하는지를 검토해 보고, 일치하지 않은 부분이 있으면, 협상 위원회와의 논의를 통해서 해결한다.

국립공원관리사무소에서 규칙 초안이 만들어 지고 협상위원회에서 검토가 끝나면, 규칙 제정을 위한 연방정부의 공식적인 절차를 밟게 된다. 여기서 권고한 합의 형성과정은 연방법에서 규칙하고 있는 규칙제정 과정을 대체하는 것은 아니다. 규제협상은 이런 공식적인 과정을 보완하는 장치다. 그러나 효과적인 합의 형성은 새로운 규칙이 만들어 지기 전에 이해관계자들이 차이를 극복할 수 있도록 하고 일방적인 규칙제정에 의해 발생할 수 있는 이해상반에 의한 법정 공방을 미연에 차단할 수 있도록 하는 효과가 있다.

② 규제 협상이 성공하지 못했을 경우를 대비해라

국립공원관리사무소는 이해관계자와 함께 규제협상과정이 성공할 수 있도록 최선을 다해야 하겠지만, 협상이 성공적인 합의에 이르지 못할 경우를 대비하여 대안을 분명히 마련하고 있어야 한다. 예를 들어, 협상이 결렬되었을 경우에는 기존 규칙을 그대로 사용할 것인지, 아니면 새로운 협상을 위한 단계를 밟을 것인지를 명확히 하고 협상과정에 들어가야 한다.

③ 협상의 대상이 될 수 없는 문제를 미리 확인해야 한다

국립공원관리사무소가 관여할 수 있는 권한이 없는 문제이거나 현재의 법과 규칙이 그들에게 문제를 제기하지 못하도록 되어있는 사항들에 대해서는 미리 확인을 하고 협상에 임해야 한다.

이번 면담 과정에서 여러 사람이 화도의 일부인 생물권보호지역에서 차량운행시스템부분에 대한 문제를 제기하였으나 이 부분은 협상의 대상이 될 수 없다. 이 구역은 멸종위기종 보존에 관한 법률에 의해 별도로 관리되고 있을 뿐 아니라 관할 권한도 미연방의 야생동물보호위원회에 있기 때문이다.

면담과정에서 예상하지 못했던 이슈들이 제기되었으나, 이런 이슈들이 규제협상과정에 포함되기 위해서는 이런 이슈들과 관련된

이해관계자들이 포함되어야 할 것이다. 예를 들어 유락시설과 관련된 이슈가 면담과정 동안 몇몇 사람에 의해 제기되었으나 국립공원관리사무소는 이 문제를 중요한 이슈에 포함시키지 않았다. 그러나 이 문제가 비중이 있는 문제고 논의할 가치가 있는 이슈라면 이해관계자를 협상 테이블에 포함시켜야 할 것이다.

④ 위원회는 실질적이고 균형 있고 이슈와 관련된 사람들이 참여할 수 있도록 구성하라

국립공원관리사무소 규제협상위원회를 구성하려면, 논의를 효과적으로 진행할 수 있도록 투명한 선발과정을 거쳐 20명 정도의 적절한 규모를 갖는 것이 바람직하고, 이해관계에 있는 사람들의 다양한 의견을 들을 수 있는 대표들로 균형 있게 구성해야 하고, 논의를 원활하게 진행하기 위해서 필요한 사람들의 참가에 개방적이어야 한다.

위원회의 인적 구성은 균형을 이루고 있어야 한다. 이것은 이슈와 관련하여 다양한 관점과 범위를 위원회 구성에 반영해야 하고 규칙과 관련하여 이해가 있는 사람들로 대표를 구성해야 한다는 의미이다.

위원회 진행은 개방적으로 진행해야 한다. 이것은 이슈와 관련이 있는 사람들이 규제협상 과정에 원활히 참여할 수 있도록 공식적인 절차를 만들어 놓아야 한다는 의미이다. 이를 위해 첫째, 이슈와 관련하여 다양한 시각을 갖고 있는 사람들이 대표로 참석할 수 있도록 해야 하고, 둘째, 정위원뿐 아니라 이 사람을 대신할 수 있는 대리인을 미리 선발해 놓아야 한다. 만약 여러 가지 사정으로 정위원이 참여하지 못하게 되는 상황에는 대리인이 권한을 갖고 참여할 수 있도록 해야 한다. 정위원과 마찬가지로 대리인도 위원회에 참석

할 수 있도록 해야 하고, 정위원과 같이 논의할 수 있도록 기회를 제공해야 한다. 셋째, 위원회 회의는 대중과 언론에 공개할 것을 권고한다. 넷째, 규제협상과정에 공직자가 주제와 관련하여 발언할 수 있도록 기회를 제공할 것을 권고한다. 마지막으로 규제협상 위원회에 참가하고 있는 위원들이 자신이 속한 집단이나 일반대중에게 회의 진행과정 등에 관하여 발언할 수 있도록 배려해야 한다.

규제협상 위원회의 위원 선발 과정은 투명해야 한다. 국립공원관리사무소는 이해관계자들과의 논의를 통해서 위원선출과정에 이해관계자들이 참여할 수 있도록 적극적으로 노력해야 한다.

⑤ 사전행동규칙을 만들어라

협상위원회는 부드럽고 효과적인 진행, 모든 위원들이 회의과정에 참여할 수 있는 기회 제공, 충분한 숙고와 대안 마련, 투명한 의사결정, 신사적인 진행 등을 위해 사전행동규칙을 만들 필요가 있다.

협상위원회가 잘 운영하기 위해서는 행동규칙을 만드는 것이 필요하다. 행동규칙의 기본적인 내용은 다음과 같다.

- 협상 위원회 위원은 조직 또는 이해관계자를 대표할 수 있는 개인들로 구성된다.
- 대리자는 정위원이 회의에 참여할 수 없는 경우에 이해 그룹을 대표할 수 있도록 선출되어 진다.
- 위원회는 반대가 없는 상황으로 정의되는 '합의'에 의해 운영된다.
- 협상과정 동안 도달한 동의는 최종적인 결과가 나오기 까지 잠정적인 효력을 갖는다.
- 참여자는 정중하고 예의바르게 행동한다.

- 협상과정은 국가에 의한 규칙에 관한 공식적인 검토 또는 청문 과정을 대체하는 것이 아니라, 공식적인 절차와 결정을 위한 보완적인 방법으로 활용된다.
- 위원회 모임은 대중에게 공개한다.
- 필요하다면 상담을 목적으로 간부회의를 요구할 수 있다.
- 조정자는 위원회 재량에 의해 결정한다.

⑥ 의사결정 과정에 합의를 활용해라

합의에 의한 의사결정은 폭 넓은 수용력을 갖고 있고, 합의의 효력이 오랫동안 지속될 수 있다는 점에서 이해관계자들의 이해를 가장 잘 반영하는 방법이다.

합의가 필요한 이유는 무엇인가? 합의는 모든 이해관계자들이 자신의 관심을 표현하고 자신의 이해를 조율할 수 있는 기회를 얻었다는 확신을 갖게 한다. 합의는 모든 당사자들이 새로운 대안을 만들 수 있도록 하고 참여한 모든 사람들이 모두가 만족할 수 있는 해결책이 나올 때까지 논의를 계속하도록 만든다. 합의는 소수의 이해관계자들이 논의과정에서 소외되지 않도록 한다.

합의는 소수의 이해관계자들이 자신의 이해와 맞지 않을 때 '아니요'라고 말할 수 있는 권한을 부여하지만, 이것은 또한 책임도 따른다. "아니요"라고 말한 사람은 새로운 선택지를 만들고 대안을 개발하는 일에 다른 사람과 협력해야 한다.

합의에 의한 진행은 참석한 모든 사람들에게 자신의 이해를 드러내도록 하기 때문에 합의에 의해 내린 결정은 지속적이고 안정적일 가능성이 높다.

⑦ 조정팀을 준비해라

협상 위원회는 합의에 도달하기까지 여러 가지 어려움을 겪게 될 가능성이 있다. 이해부족, 인간성, 복잡한 집단 내부 사정, 그리고 다양한 이해 등이 걸림돌로 작용하게 될 것이다. 조정자는 협상과정에서 이런 장애물을 극복하도록 돕는 일을 하게 된다. 조정팀이 주로 하는 역할을 살펴보면 다음과 같다.

- 회의 의제를 선정하고 회의가 원만하게 진행될 수 있도록 한다.
- 회의에서 요구하는 '사실확인'을 실시하거나 협력한다.
- 회의와 회의 사이에 위원들이 이슈에 관하여 잘 알 수 있도록 자료를 준비한다.
- '사실확인' 자료를 기반으로 당사자들 간이 합의를 이룰 수 있도록 협력한다.
- 합의에 의해 만들어진 사전행동규칙을 준수하는 지를 확인한다.
- 비당파적인 입장에서 회의 진행이 원만히 이루어질 수 있도록 노력한다.

다음 단계 추천

이후 규제협상을 위해 필요한 단계를 소개하면 다음과 같다.

- 면담에 응한 사람들은 이 갈등영향분석에 대해 CBI에 의견을 제시한다.
- CBI는 이들의 의견을 수렴하여 갈등영향분석서를 수정하고, 면담에 응한 사람들에게 최종보고서를 배포한다.
- 국립공원관리사무소는 다른 이해관계자들과 상의해서 규제협상을 진행시킬 것인지를 결정한다.
- 국립공원관리사무소가 회의를 소집하기로 결정을 내린다면,

국립공원관리사무소는 다른 이해관계자들과 상의해서 위원회에 누구를 지명할 것인지를 결정하고 협상위원회를 소집한다.

- 규제협상위원회를 개최한다.
- 첫 번째 모임에서 위원회는 진행과정 동안 준수할 사전행동규칙을 만들고, 작업계획을 세운다.
- 협상을 진행한다.

2. 국내 사례

1. 마산 진동지역 문화재 관련 갈등영향분석[54]

갈등영향분석의 추진 배경

① 추진경위

문화재는 공공의 자산으로서 역사적, 문화적 가치를 갖고 있으나 이를 보전하려고 할 때, 공공의 가치와 사적 재산가치 사이에 충돌이 종종 발생한다. 이와 같이 공공갈등이 발생하였거나 발생할 것이 예상될 경우, 그 갈등의 특성과 영향을 예측하고 갈등을 예방하거나 줄이기 위한 방안을 연구하는 것이 필요하다.

이러한 인식을 바탕으로 정부는 '공공기관의 갈등관리에 관한 법률안(2005.4.12 입법예고)'에 따른 갈등영향분석의 시범사업으로 '마산 진동택지개발지구내 발굴조사 관련 사업시행자와의 갈등'을 선정하고 갈등영향분석을 전문가에게 의뢰하였다. 문화재청의 의뢰를 받은 연구진(연구책임자 이시재 가톨릭대 교수)[55]은 중립적 연구

---

54) 이 사례는 문화재청이 발주한 『마산 진동택지개발지구내 발굴조사 관련 사업시행자와의 갈등에 대한 갈등영향분석 및 갈등해소방안에 대한 연구』(2005. 8월 출간 예정)를 지속가능발전위원회의 갈등 워크숍 교재로 사용하기 위하여 수정한 자료다.

자로서 문화재 관련 진동 갈등사례를 연구(2005.5.~8.7)하고 갈등영
향분석서를 작성(2005.8)하였다.

② 마산 진동지구 문화재관련 갈등 개요
마산시 진동면 일대 토지소유자들은 마산시 진동지구 토지구획
정리사업조합(이하 '조합'으로 약칭)을 1994년 2월에 만들어 택지개
발을 추진하여 1998년 5월 26일 사업인가를 받았다(총 328,555m²,
1공구 190,464m², 2공구 138,091m²).
조합은 개정된 문화재보호법에 따라 문화재 시굴조사(2003.3.
24~5.30)와 발굴조사(2004.9.6~2005.5.13)를 실시하였다. 발굴조사
결과, 문화재가 발굴되어 1공구 사업추진이 중단되었다(2공구는
2006. 5월 완공예정).
조합은 '문화재 발굴기관의 발굴용역 계약 위반과 문화재청의
업무지침 위반 등으로 사업이 지연되고 있다'는 내용의 집단민원을
문화재청, 마산시, 경상남도 등에 제출하였다. 조합원들은 사업지연
등으로 인한 경제적 피해에 대한 불만이 매우 높고, '사적지 지정
반대, 경제적 피해 보상, 조속한 사업재개' 등을 요구하고 있다.
이에 반해, 발굴기관 등 문화재 전문가들은 발굴조사에서 확인된
매장문화재가 학술적으로 매우 중요한 가치가 있으므로 사적지로
지정하여 국가에서 관리하는 것이 필요하다고 주장하고 있다.

③ 분석의 목표와 방법
이 분석의 목표는 마산 진동지구 문화재 관련 갈등의 쟁점, 이해관

---

55) 연구원 조승헌(생명과 평화를 위한 환경연구소장), 구도완(환경사회연구소장), 윤
   순진(서울시립대 교수), 이승민(시민환경연구소 연구원)

계자 등을 확인하고 갈등을 해결하거나 관리할 수 있는 방안을 제안하는 것이다. 연구진들은 문헌연구, 심층면접 등의 방법을 통해 갈등의 해결가능성, 절차 등에 대해 연구하였다.

이 분석은 심층면접을 통한 피면접자의 면담내용에 바탕을 두었다. 중요 이해당사자에 대해서는 반복 면담을 통해 상호이해와 합의에 의한 협상과 조정의 가능성을 높이는 데 관심을 기울였다.

④ 갈등영향분석 과정

이 연구에서 연구진은 서스킨드와 토마스-라머(Susskind & Thomas-Larmer)가 제안한 다섯 단계[56]의 갈등영향분석 과정을 기본으로 하면서 이를 변형하여 다음과 같은 과정을 밟았다.

- 사안분석 : 토지구획정리사업의 개요, 관련 제도 및 규정 분석, 이해관계자 분류, 면담준비
- 이해관계자 면담 : 사안분석에서 결정된 이해관계자에 대한 면담 실시

  ※ 이 분석에서는 핵심이해관계자에 대하여 반복면담 실시[57]
- 면담 및 자료 분석 : 면담결과와 자료 분석을 근거로 주장, 이해관계, 쟁점을 정리함
- 갈등해결 촉진방안 제시 : 분석을 근거로 갈등해결을 촉진할 방안을 제시함
- 이해관계자 수용여부 타진 : 도출된 방안에 대한 조합, 지자체,

---

56) 신창현, ≪갈등영향분석 이렇게 한다≫, 2005, 예지.

57) 대부분의 이해관계자는 초기면담 시 강성발언과 전략적행동에 근거한 최대요구 수준을 제시하는 경향이 강하다. 반복면담은 현상에 대한 분석뿐만 아니라 이해관계자로 하여금 상황에 대한 객관적 인식과 합리적 판단을 도와주는 교육의 기능을 살린다는 갈등영향분석 본래의 취지를 구현할 수 있다. 특히 갈등해결방안을 설계하거나 이해관계자의 속내를 파악하기 위하여 반복면담이 필요하다.

문화재청, 문화재보전론자를 상대로 갈등해결을 촉진하기 위한 과정을 진행하는 것에 대한 수용여부 확인.
　※ 모든 이해관계자가 동의하는 방안을 도출할 때까지 방안제시 → 수용여부 타진 과정을 계속함.
　• 촉진방안 권고 : 모든 이해관계자가 수용하는 내용을 갈등해결 촉진방안으로 제시

마산진동지구 − 갈등영향분석의 흐름도

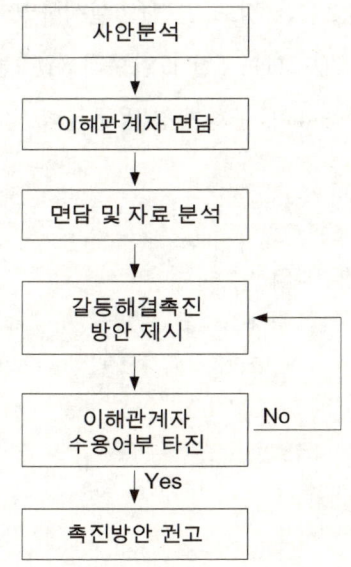

갈등영향분석의 과정

① 1단계 : 사안분석 및 이해관계자 면담준비

연구진은 용역계약 후, 기초자료 수집, 협조공문 작성 등 준비작업을 실시했다. 이와 함께 사안의 특성과 면담대상 이해관계자를 파악

하고, 면담대상자를 선정하고 연락했다.

② 2단계 : 이해관계자 면담

핵심 이해관계자로서 조합, 문화재청, 문화재전문가, 지자체 공무원 등을 면접조사하였고, 면접조사 과정에서 시공사 등 기타 이해관계자를 면접하여 조사하였다. 이해관계자 면접은 총 31명으로 대부분 1회 면접하였으나, 핵심 이해관계자에 대해서는 필요할 경우 반복면접을 수행하였다.58) 면접조사는 연구자 1인 혹은 2인이 피면접자와 약 45분에서 2시간 정도 면접을 실시하였다(예외적으로 1회 전화면접도 실시). 면접조사는 6월 17일부터 8월 2일까지 수행되었으며 마산 진동현지방문 4회, 문화재청 방문 4회 및 기타 면접조사를 실시하였다.

[표 1-8] 이해관계자 면담 내역

이해관계자 집단	면담자 수
진동지구 토지구획정리사업 임원, 조합원(시공사 포함)	12
문화재청 공무원(국장, 과장, 사무관)	3
경상남도, 마산시(시장, 도시국장 등), 진동면 공무원, 마산시 의원, 주민	10
문화재 전문가(발굴기관 포함)	6
합 계	31

③ 3단계 : 면담결과 분석

[표 1-9]는 주요이해관계자별로(조합, 지자체, 문화재청, 문화재전문가) 주장, 이해관심, 해결방안을 분석한 것으로 반복면담을 통한 최종적인 내용이다.

---

58) 부록 : <첨부 4>에 제시된 면담내용은 최초 면담내용을 기록한 것으로 본 보고서의 본문에서 기술된 내용과 다른 경우도 있다.

[표 1-9] 이해관계자별 항목별 비교

구분	조합	지자체	문화재청	문화재 전문가
주장	• 사업의 조속한 완결을 위하여 사적지 지정반대	• 사적지정관련 개발규제 반대 • 조합과 문화재청이 보상에 합의하더라도 사적지 지정에는 반대	• 문화재보존과 지역 개발 가능성을 병행 모색하되 불가피할 경우 문화재보전이 우선	• 국가지정문화재 급이므로 사적지로 지정해야 함 • 정부가 나서서 토지를 매입하여 조합원들의 피해를 보상해야 함
이해관심	• 경제적 피해의 최소화	• 규제반대, 민원 해결	• 문화재보존, 갈등해결	• 문화재 보존
해결방안	• 사적지 지정 반대 • 보존지역은 사업지역에서 제척 • 관련 제비용 보상 • 보전지역이 넓어 사업이 불가할 경우 1공구 전체 실거래가로 국가가 매입	• 도시공원으로 지정하여 지자체가 관리하고 정부의 예산지원을 기대	• 갈등영향분석결과를 참조하되 기본 방향은 문화재 전문가의 의견을 존중하면서 조합, 지자체, 행정기관과의 협의 시도	• 주민 피해를 최소화하는 범위에서 사적지를 지정하고 토지 매입 • 관광자원으로 활용

※ 주장(position) : 이해관계자가 공식적 대외적으로 발언하는 주장
※ 이해관심(interest) : 실제 우선적으로 원하는 내용
※ 해결방안 : 현실적 가능성을 고려한 제안

• 쟁점별 분석

다음 쟁점들에 관해서 이해관계자들은 서로 다른 의견을 가지고 있다.

_ 매장문화재의 학술적 가치

_ 문화재의 관광자원으로 활용할 가능성

_ 문화재보전 범위 및 방안

_ 문화재보호법의 정당성

다음 쟁점들에 관해서는 이해관계자들이 같은 의견을 갖고 있다.

_ 대화를 통한 신속한 갈등해결의 필요성

_ 조합의 경제적 피해의 최소화

_ 문화재의 가치가 높다고 인정될 경우, 보존의 필요성

④ 4단계 : 합의절차 설계

• 제안의 원칙

_ 원칙 1 : 이해관계자들이 우선적 이해관심을 최대한 실현할
수 있는 호혜적인 대안을 모색

_ 원칙 2 : 합의에 기반한 의사결정을 위해 이해관계자가 참여하는
참여적 의사결정 절차를 적용

_ 원칙 3 : 이해관계자들이 대안적 절차에 참여할 것을 사전에
동의할 경우에 그것을 제안

• 갈등해결 촉진 권고안

최종제안은 다음 사항을 참조하여 제시하였다.

_ 의사결정 주체 : 비전문가가 문화재 지정여부, 범위 등의 결정에
참여할 경우, 전문가의 반대가 예상된다.

_ 의사결정 시기 : 문화재 지정여부, 범위 등을 문화재청이 조합
등의 참여 없이 먼저 결정할 경우 갈등 폭발이 예상된다.

위의 두 문제를 고려하여 다음 두 가지 내용이 포함되는 권고안을
도출하였다.

• 이해관계자가 참여하여 관련 정보를 도출하는 과정에 참여하되,
문화재보전 방안 수립은 전문가가 결정한다.

• 문화재보전방안 결정과정의 투명성, 합리성을 제고할 수 있는
  장치를 마련하는 방안을 수립한다.

권고안59)

• 문화재청은 문화재보전수단(사적지 지정 여부), 지정면적 및 위치,
  지정시 관련 규제내용을 조사하여 제안함
• 위의 조사는 매장분과문화재위원회와 사적분과위원회를 중심으로
  진행하되 조사과정에서 각 이해관계자를 비롯한 갈등영향분석을
  담당한 연구진이 의견과 설명을 할 수 있는 기회를 보장함
• 분과위원회의 제안에 대하여 이해관계자간의 합의가 형성될 경우
  문화재청은 제안을 공식화함
• 위의 사항과 병행하여 규제, 보상 등 관련 법, 제도에 대한 사실관계
  확인을 실시함

최종제안 운영방식

• 조합, 마산시, 문화재청이 참여하는 협의회를 구성
• 문화재보전론자와 시공사는 필요할 경우 설명과 참관을 함
• 모든 이해관계자가 동의하는 중립적 중재전문가(impartial mediator)
  를 활용함. 중재전문가는 회의를 비롯한 각종 모임을 기획, 준비,
  진행, 정리함
• 문제해결의 신속함을 위하여 협의회는 2005년 9월 초에 시작함
• 관련 비용은 문화재청이 부담함

---

59) 최종제안의 핵심 내용에 대하여 2005년 8월 1~2일에 걸쳐 이해관계자들이 사전
   에 알고, 향후 진행과정에 참여하겠다는 의사를 확인하였다.

⑤ 5단계 : 갈등영향분석서 작성, 제출

4단계의 합의절차 제안에 대한 핵심당사자의 합의를 형성한 후 이 내용을 갈등영향분석서에 기록하였다. 이러한 과정은 갈등영향 분석이 갈등해결절차를 제안할 뿐만 아니라 부분적으로 합의형성을 이루어 향후 갈등해결의 실마리를 마련하는 기능을 할 수 있음을 보여준다.

연구진은 문화재청, 조합, 지자체, 문화재전문가 등 핵심 이해당사 자에게 보고서 초안을 공람하였다. 공람후 최종 갈등영향분석서를 작성하여 제출하였다.

진동사례의 특성과 시사점

진동지구 갈등은 문화재보호와 관련하여 국가의 강한 권한과 이에 대한 사적 권리의 요구 사이의 갈등이다. 국민들의 참여의식과 행동이 약할 때에는 법에 의한 국가권력의 집행이 어렵지 않았으나, 오늘날에는 국민들이 일방적인 비용부담을 받아들이지 않는 것이 일반적이다. 따라서 문화재 보호라는 공적 이익과 개인의 재산권 보호라는 두 가지 이해관심을 함께 이루기 위해서 정부의 적극적인 노력이 필요하다.

첫째, 중장기적으로 공적이익과 사적이익의 조화방안에 대한 토 론을 조직하고 발굴비용 등 경제적 부담능력이 부족한 개인과 법인 에 대한 국가지원을 확대하는 방안을 추진하는 것이 필요하다.

둘째, 문화재에 대한 국민의식을 개선하는 것이 필요하다. 문화재 가치에 대한 공공인식을 증진시키기 위한 교육 및 의사소통 프로그 램을 개발, 확산시키는 정책적 노력이 필요하다. 발굴지역 주변 주민 과 전문가, 문화재청, 시민단체 등이 참여하는 워크숍, 해외 현지시찰

등 다양한 프로그램을 도입, 운영할 필요도 있다.

마지막으로 지자체의 갈등관리 능력을 강화하는 것이 매우 중요하다. 진동 사례에서 기초지자체와 광역지자체의 선출직 및 임명직 공무원의 문화재보존에 대한 인식이 낮은 것으로 조사되었다. 또한 적극적인 갈등관리 능력과 의지도 낮은 것으로 평가되었다. 지방자치제 도입 이후 대부분의 지자체장 등 선출직 지방공무원들이 직접적이고 단기적인 지역주민의 경제적 이해관심에만 관심을 집중하는 경향이 자주 나타나고 있다. 이러한 경향은 지방자치제의 장기적인 발전에 부정적인 영향을 미친다.

국가기구의 일부로서 지자체는 국가와 전문가 및 지역주민의 의사소통의 연결고리이자 갈등관리의 주체로 적극적인 역할을 수행하는 것이 중요하다. 또한 문화재청은 지역주민의 규제 수용성을 높이기 위해서는 지자체와의 협의를 강화하고 중장기적으로 규제뿐만 아니라 인센티브 정책도 적극 개발하는 것이 필요하다.

2. 한강수계 의무제 오염총량제 추진과 관련한 갈등영향분석

갈등영향분석 실시의 배경

오염총량관리제도는 관리하고자 하는 하천의 목표수질을 정하고, 목표수질을 달성·유지하기 위한 수질오염물질의 허용부하량(허용총량)을 산정하여, 해당 유역에서 배출되는 오염물질의 부하량(배출총량)을 허용총량이하로 규제 또는 관리하는 제도다.

그동안 생활하수, 산업폐수 등의 배출허용기준(농도)을 정하여 관리하였으나, 도시화, 산업화 등으로 오·폐수 배출량이 많아져 개별 오염원에서 배출허용기준을 준수하더라도 하천에 유입되는 오염물질의 양이 늘어나 수질환경기준을 초과하는 등 제도적 한계에 도달하고 있다. 예를 들어, 팔당호 유입하천인 경안천은 수질환경기준 1등급(BOD 1.0mg/l)으로 지정된 하천이나 유역(광주시, 용인시)의 오염원 증가로 생활하수 BOD 10mg/l, 산업폐수 BOD 30mg/l로 처리하여도 오염물질 배출량이 많아져 IV등급 수준인 BOD 6.4mg/l(2003년)로 악화되었다. 따라서 배출농도 규제방식의 수질관리만으로는 한강 상수원의 수질개선이 어려워 한강수계상수원수질개선및주민지원등에관한법률 제8조~제10조에 규정된 임의제 오염총량관리제도를 낙동강, 금강, 영산강·섬진강 수계 물관리 및 주민지원 등에 관한 법률 제9조~제17조와 같이 의무제로 전환할 필요성이 제기되고 있다.

이를 위해 환경부 훈령으로 설치, 운영 중인 팔당호수질정책협의회에 오염총량관리추진반을 구성하고 이미 시행 중인 광주시를 포함하여 양평, 가평, 여주, 이천, 용인, 남양주 등 팔당지역 7개 시·군과 강원도, 충청북도 등 한강수계 전 지역으로 의무제 오염총량제의 시행을 추진하려고 한다.

그러나 의무제 오염총량제 추진 과정에서 환경부와 지자체, 지역주민 간에 이미 갈등이 발생 또는 예상됨에 따라 이러한 갈등을 종래의 권위적 의사결정(DAD, Decide-Announce-Defend) 방식보다 대화와 타협에 의한 참여적 의사결정(Public Involvement 또는 Collaborative Problem Solving) 방식으로 해결하기 위해 갈등영향분석을 의뢰하였다.

갈등영향분석(Conflict Assessment)은 환경부, 지자체, 지역주민 등 어느 쪽에도 이해관계가 없는 제3의 전문기관이 공정하고 중립적인 입장에서 오염총량관리 정책의 시행에 관련된 이해관계자들을 면담하고, 이들이 갖고 있는 이해관계들 간의 공통점과 차이점을 분석하여, 이해관계의 충돌로 인한 갈등을 참여적 의사결정 방식으로 해소하기 위한 사전설계 작업이라고 하겠다.

방법론 : 갈등영향분석의 5단계 적용의 경우

본 분석은 미국에서 일반적으로 사용하고 있는 갈등영향분석의 5단계에 따라 이해관계자 면담 준비, 면담, 면담결과 분석, 참여적 의사결정 방식 설계, 분석서 초안 이해관계자 공람, 의견 접수, 수정·보완 후 최종분석서 작성 등의 방법을 사용했다(방법론에 대한 설명은 본 보고서 참조)

① 1단계 이해관계자 면담준비

[표 1-10] 이해관계자 면담준비

용역 계약	환경부(주관자), (사)환경분쟁연구소(분석자), 4개월, 2,000만 원
기초자료 수집	환경부 자료 분석
협조공문 작성	분석자 초안 작성, 환경부 보완 후 발송
면담대상 이해관계자 파악	환경부 협조
면담대상자의 범위	42명

면담 대상 이해관계자들은 환경부가 제공한 기초자료들을 토대로 이해관계자 그룹별로 1차 면담 대상자 30명을 선정한 후, 1차 면담과정에서 추천받은 이해관계자들 또는 환경부와 협의를 통해 추가로 2차

면담 대상자로 선정했다. 이해관계자 그룹은 팔당지역 7개 시·군(양평군, 가평군, 여주군, 이천시, 용인시, 광주시, 남양주시)과 경기도, 강원도, 충청북도, 팔당지역 주민단체, 팔당호수질정책협의회, 전문가, 환경부, 기타(서울시, 건교부, 환경단체, 국회 보좌관) 등 8개 그룹으로 분류했다. 강원도의 전문가 3인은 강원도 공무원의 의견과 공통점이 많았기 때문에 강원도 그룹으로 분류하는 방안도 검토했으나 전문가로 분류 했다.

서울의 환경단체를 별개의 그룹으로 정리하는 방안도 검토했으나 팔당지역 주민단체들이 경안천시민연대, 지방의제21 등 지역의 환경단체들이기 때문에 기타로 분류했다. 분석팀이 면담한 이해관계자 그룹별 면담자 숫자는 다음과 같다.

[표 1-11] 이해관계자 그룹별 면담자 수

이해관계자 그룹	이해관계자 숫자
경기도, 7개 시·군 공무원	10
강원도 공무원	1
충청북도 공무원	2
팔당지역 주민단체	4
팔당호수질정책협의회	3
전문가	9
환경부	6
기타	7
계	42

② 2단계 이해관계자 면담

[표 1-12] 이해관계자 면담형식

면담형식	직접 방문 면담, 분석팀 합동 면담
면담시간	1.5시간~2시간
기구사용	녹음기 사용 지양

질문은 다음 내용을 중심으로 하였다.

• 갈등의 발생 배경, 주요쟁점

• 다른 이해관계자들과 그들의 주장에 대한 면담대상자의 의견

• 갈등해소를 위한 대화절차 참여의사 등을 사전 준비

한편 팔당호 1급수 목표수질의 타당성 문제, 지역 간의 형평성 문제, 총량제가 내년 지방선거에 미치는 영향, 주민지원사업비의 용도와 배분기준의 타당성 문제 등은 당초 질문내용에 없었지만 이해관계자들의 이야기를 들으면서 갈등이 예상되는 쟁점으로 선정하여 추가로 질문하였다.

③ 3단계 면담결과 분석 : 쟁점별 내용

• 면담대상자 소속 집단별, 내용별 분류, 면담결과 요약

• 이해관계자들 의견 간의 공통점과 차이점 정리

• 의견차이가 있는 쟁점들에 대한 갈등해소 가능성 검토

<총량제에 대한 이해관계자들의 인식>

■ 한강수계 오염총량관리제(이하 '총량제'라 한다) 시행에 대해 '새로운 규제다 수용할 이유가 없다', '개인적으로는 반대한다. 너무

이상적이다', '팔당 상수원 중심의 총량제는 반대한다', '개발규제를 완화하는 총량제는 반대한다' 등 6명은 적극적인 반대의견이고,

■ '특별대책지역은 수용하지만 아닌 지역은 반대한다', '수도권정비계획법의 자연보전권역 규제를 완화하는 조건으로 찬성한다' 등 3명은 소극적 반대의견으로 합하면 9명이 총량제에 대해 반대의견을 갖고 있었다.

■ 반면에 '총량제를 개발사업 승인과 연계하기 때문에 어쩔 수 없이 수용한다', '탐탁하지 않지만 하기는 해야 한다', '하고 싶어 하는 것이 아니라 어쩔 수 없이 한다', '안 하면 환경부가 모든 개발을 불허한다', '울며 겨자 먹기로 할 수밖에 없다', '특별대책 고시로 막혀있는 개발의 숨통을 열 수 있다', '총량제보다 목표수질이 더 중요하다' 등 총량제도 규제정책이지만 지역개발을 위해 불가피한 선택이라는 소극적 찬성 의견이 11명이고,

■ '환경친화적인 개발 제도다', '바람직한 수질관리 정책이다. 배출허용 규제만으로만으로는 한계가 있다', '3대강과 형평성 문제도 있고 수질관리에 효과적이다', '과도한 규제의 문제점 보완수단이다', '수질관리의 분권화다', '개발과 수질을 같이 검토하고 대비하는 수단이다', '하려면 지금 해야 한다. 안 하면 또 10년이 지나간다' 등 적극적인 찬성의견도 11명이었다.

■ 총량제에 대한 이해관계자들의 인식은 적극적 반대와 소극적 반대, 소극적 찬성을 합하면 20명(65%)이 부정적이었지만, 그럼에도 불구하고 적극적 찬성과 환경부가 총량제를 개발사업과 연계하고 있기 때문에 울며 겨자 먹기로 하기는 해야 한다는 소극적 찬성 입장을 합하면 22명(71%)으로, 적극적 찬성도 아니고 적극적 반대도 아닌 중간적 인식과 입장을 가진 이해관계자들이 14명으로 전체의

45%를 차지하고 있다.

<총량제 추진 배경>

■ 환경부가 총량제를 추진하는 배경에 대해서는 '특별대책지역 고시의 위헌 시비', '규제 위주 정책의 한계 극복', '공익과 사익, 개발과 보전의 조화' 등 특별대책지역 고시에 의한 입지규제 정책의 문제점을 보완하기 위한 수단이라는 의견이 6건으로 가장 많았다.

■ 다음은 시·군별 목표수질 기준의 재검토, 팔당호 1급수 달성, 팔당호 1급수 목표의 타당성 재검토 등 한강수계 수질관리 정책의 재정비가 목적이라는 의견과 수질관리 권한의 일원화, 기구조직 확대, 수질관리 책임의 지방분산 등 조직이기주의 때문이라는 의견이 각각 4건으로 나왔다.

■ 한강종합대책 1차 5개년 계획기간이 끝나는 2005년 말에 팔당호 목표수질 1급수 달성이 어려워진 데 따른 책임 모면용이라는 의견도 2건이었다.

<총량제의 시행 가능성 전망>

■ 총량제의 시행 가능성에 대해서는 가능하다고 생각하는 의견이 6명, 지자체가 요구하는 현안사업을 환경부가 먼저 승인해주면 가능하다고 본 조건부 의견이 4명으로 대체로 총량제 시행 가능성에 대해 긍정적으로 전망했다.

■ 팔당지역 지자체와 주민단체 등 이해관계자들이 총량제에 대해서 상당한 거부감이 있지만 총량제를 하지 않으면 지역개발이 어렵다는 현실적 필요 때문에 시행 가능성에 대한 전망은 긍정적으로 보고 있는 것으로 해석할 수 있다.

■ 이와 같이 총량제를 수용하는 이유가 지역개발이기 때문에 환경부와 팔당 지자체들의 협의 과정에서 어떤 지자체는 "선 개발 승인, 후 총량제 시행"이라는 조건을 관철시키기 위해 의사결정 회의를 연기한 일도 있었다.

■ 그러나 다른 지자체와 주민단체 대표들은 이것을 심각하게 받아들이지 않고 협상과정에서 있을 수 있는 일로 평가하면서 총량제는 예정대로 시행할 것으로 보는 의견이 대체적이었다.

<총량제 시행과정에서 예상되는 갈등요인>

■ 총량제 시행과정에서 예상되는 문제점으로는 복잡한 수립지침과 이행평가 지침, BOD 위주 수질관리, 안전(예비)율 산정기준의 자의성, 수질관리 기초자료 부족 등 총량제 시행계획의 준비 또는 완성도 부족으로 인한 문제발생 가능성에 대한 우려가 18건으로 가장 많았다.

■ 다음은 총량제가 개발과 보전, 공익과 사익의 조화라는 본래 목적과 달리 과다한 개발을 허용하고 사익을 추구하는 수단으로 왜곡, 변질되거나 개발이익의 소수 독점 등 개발물량 배분과정의 문제발생 가능성에 대한 우려가 11건이었고, 비점오염원 관리능력 부족으로 인한 문제 발생 가능성에 대한 우려가 9건, 총량제 시행 관련 예산, 인력의 부족으로 인한 문제발생 가능성에 대한 우려가 8건의 순이었다.

■ 이어서 너무 느슨한 목표수질, 지자체 간의 목표수질 갈등조정 기능 부재, 형평성을 상실한 목표수질 기준의 설정 등 목표수질 설정과정의 갈등으로 인한 문제발생 가능성, 관련 부처 협조부족, 운영미숙으로 인한 시행착오 등 환경부와 지자체의 총량관리 행정능

력 부족으로 인한 문제발생 가능성, 환경부의 지나친 간섭, 개발(도시 기본계획)과 환경(총량관리계획)의 비협조 등 행정편의주의로 인한 문제발생 가능성 등이 각각 7건이었다.

■ 그리고 총량제에 대한 홍보 부족, 내년 지방선거 과정의 총량제에 대한 주민여론 왜곡 등 총량제 시행과정의 주민참여 부족으로 인한 문제발생 가능성에 대한 우려가 5건이었고, 수질관리 기술의 진화, 목표수질 설정의 가정 변화 등 과학기술적 조건의 불확실성으로 인한 문제발생 가능성에 대한 우려가 3건이었다.

<지역발전의 형평성>

■ 이해관계자들은 특히 개발수준의 차이에 관한 지역간의 형평성 문제를 많이 이야기하면서 총량제를 시행하는 과정에서 설정하는 목표수질이 이러한 불균형 발전으로 인한 지역간의 갈등을 해소해 주는 보완수단이 되어야 한다고 강조했다.

■ 광역자치단체 차원에서는 강원도가 경기도와 지역발전의 형평성 문제를 강하게 제기했고, 팔당지역 지자체들 내부에서는 가평, 양평, 여주군이 광주, 용인, 남양주, 이천시에 비해 상대적으로 개발이 늦은 것에 대한 지역발전의 형평성 문제를 많이 제기했다.

■ 강원도와 가평, 양평, 여주군 등은 총량제 시행에 따른 목표수질 설정과정에서 현재 상태의 수질을 기준으로 하게 되면 개발의 부익부 빈익빈 현상을 초래할 가능성을 가장 우려했다. 이미 개발이 많이 진행된 경기도 내 시 지역은 느슨한 목표수질을 설정하고, 아직 개발이 안 된 강원도나 군 지역은 엄격한 목표수질을 설정하면 그동안 수질보호에 노력한 지자체들만 오히려 불이익을 보게 되고 장래의 개발기회마저 잃게 되므로 불공평하다는 것이다.

■ 이러한 불균형을 해소하는 방안으로 강원도는 상류와 하류지역 모두 동일한 목표수질을 설정하고 배출권 거래제를 도입하되, 개발을 많이 하여 수질이 나쁜 하류지역이 개발을 하지 않아 수질이 좋은 상류지역에 개발이익 상실에 상응하는 보상금을 지급함으로써 상하류 지역 간의 형평성을 확보해야 한다는 의견을 제시했다.

■ 충청북도 전문가의 경우에는 물이용부담금의 주민지원사업비 배분방법 개선을 대안으로 제시했다.

<주민지원사업비의 용도와 배분기준의 타당성>

■ 1년에 700억 원 정도 집행하는 주민지원사업비의 용도에 대해서도 상당히 많은 이해관계자들이 문제를 제기했다. TV, 냉장고, 운동기구 등 현재의 집행 용도를 간이 오수처리장 전기료 지원 등 수질개선 사업과 연계하는 방향으로 개선할 필요가 있다는 의견이 많았다.

■ 주민지원사업비의 배분기준에 대해서는 강원도와 충청북도가 문제를 제기했는데 현재와 같이 상수원보호구역이나 팔당특별대책 지역의 거주 인구만을 기준으로 하지 말고, 법령상의 규제지역은 아니지만 환경성 검토 등으로 사실상 규제를 받고 있는 지역의 인구도 배분기준에 포함하고, 주민지원사업비도 수질개선 효과에 초점을 맞춰 규제로 인한 피해보상보다 수질보호에 따른 인센티브로 성격을 전환할 필요가 있다고 강조했다.

<총량제가 2006년 지방선거에 미치는 영향>

■ 총량제가 지방선거에 미치는 영향에 대해서는 일부 이해관계자들만이 의견을 제시했는데, 총량제 시행이 내년 선거에서 부정적인 영향을 미칠 것이라는 의견은 3명, 특별한 영향이 없을 것이라는

의견은 5명, 총량제가 지역에 도움이 되느냐 여부에 따라 다를 것이라
는 의견이 2명이었다.

■ 부정적인 영향을 미칠 것으로 보는 이유는 총량제에 대한 주민들
의 부정적 선입견이나 주민들이 총량제의 내용을 잘 모르기 때문이
라는 의견이고, 영향이 없을 것으로 보는 이유는 정책보다 정당이
당락을 결정한다거나 특별대책지역 규제로 인한 피해주민들이 총량
제에 긍정적이기 때문이라는 의견이다.

■ 총량제가 내년 지방선거에 미치는 영향은 주민들이 총량제를
새로운 규제로 부정적으로 인식하는가 아니면 특별대책지역 고시의
문제점을 보완하는 긍정적인 규제로 인식하느냐, 중앙정부의 일방
적인 규제로 인식하는가 아니면 지자체의 자율성을 존중하는 상호협
력적인 규제로 인식하느냐에 따라 좌우될 것으로 보인다.

<팔당호 1급수(BOD 1ppm) 목표수질의 타당성>

■ 총량제 시행의 전제인 팔당호 1급수(BOD 1ppm) 목표수질의
타당성에 대해서도 많은 이해관계자들이 의견을 제시했다.

■ 팔당호 목표수질을 1급수가 아닌 2급수로 설정해도 이제는
정수기술이 많이 발전했기 때문에 수돗물의 원수로 이용하는 데
문제가 없고, 팔당호를 1급수로 유지하는 비용보다 2급수인 원수를
정수하여 수돗물로 공급하는 비용이 훨씬 경제적이라는 의견과 현실
적으로 팔당호 상류 지역 주민들이 모두 이주해도 1급수 목표 달성은
어렵다는 의견이 5건이었다.

■ 수질관리는 COD, 질소, 인, 원생동물도 중요한데 BOD만을
1급수 판정의 기준으로 관리하는 것은 비합리적이라는 의견도 5건이
었다.

■ 과학기술적으로 비경제적이고 비현실적인 팔당호 1급수 목표 수질을 재검토하지 않는 이유는 1급수가 갖는 사회심리적 상징성 때문이라는 의견과 환경부의 무사안일 때문에 공론화가 안 되고 있다는 의견도 5건이었다.

<총량제 시행 관련 이해관계자>

■ 총량제 시행에 관련된 이해관계자는 시장·군수, 아파트 또는 리조트 개발업자, 토지소유자, 공무원, 전문가, 환경단체, 경기도, 서울시, 건교부, 수질관련 기업 등이라는 의견들이 많았다.

■ 총량제의 시행을 통해 시장·군수는 지역개발이 가능하고, 공무원은 자리가 늘어나며, 전문가는 관련 기술의 개발과 연구수요가 증가하고, 기업은 수질관리 관련 설비수요가 증가하고, 경기도는 국비보조와 물이용부담금 지원이 늘어나는 대신에 도비부담은 감소하고, 서울시는 조정자 역할 등이 주요 이해관계라는 의견이었다.

<상대방에 대한 신뢰>

■ 이해관계자들의 정책추진 주체에 대한 신뢰도는 그 정책으로 인한 갈등해소 가능성을 예측할 수 있는 중요한 지표가 된다.

■ 이해관계자들이 환경부를 신뢰한다는 의견은 9건이었는데, 신뢰하는 이유는 합리적인 건의는 수용하기 때문에, 장관의 리더십, 정책의 일관성, 지자체에 대한 인식 전환 등이었고 특히 곽결호 장관이 수질보전국장 때부터 주민대표들과 맺은 인간관계가 환경부에 대한 신뢰의 중심이었다.

■ 반면에 신뢰하지 않는다는 의견은 '장관과 실무자의 말이 다르다', '장관이 바뀌면 정책도 바뀔 수 있다' 등 '정책의 일관성이

없다'는 의견이 9건으로 가장 많고, 다음은 '환경부가 지자체를 믿지 않는다'(6건), '약속을 지키지 않는다'(5건), '건교부, 행자부 등 관계 부처를 설득하는 노력이 부족하다'(3건), '개발사업 승인권을 무기로 사용한다'(2건), '소수의견을 무시한다'(1건) 등의 순이었다.

■ 전체 38건의 의견 중 76%에 해당하는 29건이 환경부를 신뢰하지 않는다는 의견이었는데 이것을 첫 번째 질문 '총량제에 대한 인식'과 연결해 보면 총량제를 수용하는 이유가 환경부를 신뢰하기 때문이라 기보다 총량제를 해야 지역개발 사업이 가능하다는 현실적 필요 때문이라는 것을 다시 한 번 확인할 수 있다.

<협의회의 역할에 대한 인식>

■ 팔당호수질정책협의회(이하 '협의회'라 한다)는 환경부가 2003년 5월 팔당호 특별종합대책 고시 개정안을 입법예고하자 양평군 등 경기 동부권 7개 시·군이 항의하며 발생한 갈등을 대화와 타협으로 해결하기 위해 환경부와 팔당지역 7개 시장·군수, 주민단체 대표들의 합의로 2003년 11월 출범한 민관 공동 정책협의회다.

■ 협의회의 기능과 역할에 대해서는 '환경부와 팔당지역 시·군이 대등한 파트너 관계를 유지하고 있다', '개발과 보전, 공익과 사익이 상생하는 지속가능발전의 모델이다', '행정 민주화의 새로운 패러다임이다', '주민의견을 수렴하는 창구 역할이다', '환경부와 지자체, 주민 간의 성공적인 갈등조정 시스템이다', '정부와 주민이 함께 참여하는 거버넌스의 한 유형이다' 등으로 인식하고 있는 이해관계자들이 24명으로, 3명 중 2명은 협의회의 역할에 대해 긍정적으로 평가하고 있었다.

■ 반면에 팔당호 협의회가 '시장·군수와 개발업자의 이해관계만

대변한다', '특정 시·군이 주도하는 데 따른 거부감이 있다', '소수의
견을 무시하는 경향이 있다', '협의회를 배제하고 환경부와 시·군이
직접 협상하는 사례도 있다', '위기관리 기능이 허술하다', '협의회의
집행기능이 환경부나 경기도 업무와 중복된다', '환경부도 때때로
부담스러워하는 것 같다' 등으로 인식하고 있는 이해관계자들이
12명으로, 3명 중 1명은 협의회의 역할에 대해 부정적으로 평가하고
있었다.

■ 협의회의 바람직한 운영방향에 대해서는 '하류지역, 강원도,
개발보다 보전을 원하는 주민 등 대표성을 보완해야 한다', '협의회의
법률적인 지위를 강화해야 한다', '한강법의 한강수계관리위원회
산하 기구로 제도화해야 한다', '협의회를 공정하게 진행할 수 있는
중립적인 진행자의 선정 등 운영에 관한 기본규칙이 필요하다' 등의
의견을 제시한 이해관계자들이 16명이었다.

■ 협의회의 '수질감시 활동 등 집행기능 강화에 필요한 예산증액,
인력충원'에 대해서는 찬반 의견이 비슷했다.

<이해관계자 그룹별, 쟁점별 공통점과 차이점>
위에서 분석한 쟁점을 그룹별로 요약하면 [표 1-13]과 같다.

[표 1-13] 이해관계자 그룹별, 쟁점별 공통점과 차이점

구분	팔당자치체	강원도	충청북도	주민단체	협의회	전문가	환경부	기타
총량재에 대한 인식	• 안 하면 환경부가 모든 개발을 불허하니까 하지 않을 수 없다.	• 지역 간의 불균 형 개발을 촉진 하는 총량재는 반대한다.	• 총량제를 하더라도 1순수 지역은 제외되니까 큰 반발은 없다.	• 특별대책지역의 개발을 위해 총량제는 필요하다.	• 지자체는 총량 제보다 목표수 질이 더 중요하 다.	• 총량제는 필요 하다. 시행과정 에 많은 문제가 예상된다.	• 총량제는 개발 과 보전의 두 마리 토끼를 다 잡는 정책이다.	• 3대강과 형평 성 문제 때문에 청도도 무자료로 전환해야 한다.
총량제 시행 가능성	• 하기는 할 것이 다.	• 강원도는 제외 한다고 들었다.	• 의무제 별 개정 이 필요하다.	• 하기는 할 것이 다.	• 하기는 할 것이 다.	• 하기는 할 것이 다.	• 하게 될 것이다.	• 의견 없음
총량제 시행과정의 갈등요인	• 목표수질 설정 이 어렵다. • 기초자료, 예산, 인력 등 인프라 가 부족하다.	• 강원도 지역의 자기를을 심화 시킬 우려가 있 다.	• 목표수질 설정 이 어렵다. • 예산 지원이 문 제다.	• 전문 인력이 부 족하다.	• 비점오염원 관 리가 어렵다	• 기초자료, 예 산, 인력 등 총 량제 시행에 필 요한 인프라가 부족하다.	• 인프라가 부족 하지만 시행하 면서 개선해 나 가야 한다.	• 비점오염원 관 리가 어렵다. • 과다한 개발 주 민 소외 등이 우려된다.
지역균전의 형평성	• 개발이 안 돼 수질이 좋은 지 역은 개발을 허 용하고, 개발이 많이 돼 수질이 나쁜 지역은 개 발을 억제하야 한다.	• 하류지역의 오 염배출 기득권 보다 상류지역의 미래개발권을 인정하야 한다. • 배출권거래제로 형평성을 확보 하야 한다.	• 물(음복담류의) 주민지원사업비 배출부담을 개 선하야 한다.	• 특별대책지역 규제로 개발이 안 된 지역은 개발을 허용해 야 한다.	• 개발이 안 돼 수질이 좋은 지 역은 개발을 허 용하고, 개발을 많이 해 수질이 나쁜 지역은 개 발을 억제해야 한다.	• 상류지역의 난 개발은 개선하 고, 하천유지용 수가 부족하야 한다. • 주민지원사업비 배출부담을 개 선하야 한다.	• 지역별건의 형 평성을 확보하 기 위한 수단이 총량제다.	• 상류와 하류의 형평성을 확보 해야 한다.

구분	팔당자치체	강원도	충청북도	주민단체	협의회	전문가	환경부	기타
주민지원사업비	• 수질개선 사업에 써야 한다. • 수질기준으로 배분해야 한다.	• 수질개선사업비로 써야 한다.	• 수질개선 사업에 써야 한다. • 수질기준으로 배분해야 한다.	• 의견 없음	• 수질개선사업비로 써야 한다.	• 수질개선 사업에 써야 한다. • 수질기준으로 배분해야 한다.	• 수계관리기금 운영 중장기계획을 수립할 때 재검토하려고 한다.	• 의견 없음
환경부에 대한 신뢰	• 정책의 일관성이 부족하고 약속을 자꾸 지키지 않는다. • 불신의견이 더 많다.	• 소수의견을 무시한다. • 신뢰하지 않는다.	• 합리적인 건의는 수용한다. • 신뢰한다.	• 정권을 신뢰한다. • 신뢰의견이 더 많다.	• 신뢰, 불신의 의견 혼재	• 정책의 일관성이 부족하다. • 법정부작용력이 부족하다.	• 신뢰하는 지자체도 있고 불신하는 지자체도 있다.	• 정권이 바뀌면 정책이 바뀔 수도 있다. • 중간적 입장
협의회의 역할에 대한 인식	• 지자체가 직접 하기 어려운 이야기들을 대변하는 창구역할을 한다. • 조정기능에 충실해야 한다.	• 요식행위이다. • 겉에 보이는 참여보다 수위권은 무시된다.	• 수계관리위원회의 조정역할을 강화해야 한다.	• 환경부와 지자체 중간에서 제역할을 잘 하고 있다.	• 주민,지자체,환경부 상호 간의 의사소통 창구다. • 법적 지위를 강화해야 한다.	• 한강수계관리위원회의 기능을 활성화해야 한다. • 자치체 내의 협의기구도 필요하다.	• 정부,지자체,주민의 협의역의 사령장 기구다. • 운영방식은 조금 개선할 필요가 있다.	• 대화로 문제를 해결하는 모델이다. • 대표성을 보완할 필요가 있다.

<갈등해소 가능성에 대한 판단>

총량제가 단기적으로는 지역개발이라는 이해관계를 충족시키고, 장기적으로는 수질보전이라는 이해관계를 충족시키는 대안이기 때문에 양쪽 이해관계자들 모두 총량제의 시행에 합의할 가능성이 있다. 이러한 판단의 근거는 '총량제에 대한 이해관계자들의 인식'에서 팔당지자체와 주민들이 총량제를 새로운 규제라며 부정적으로 인식하면서도, 총량제를 시행하면 특별대책 고시의 적용을 배제하기 때문에 우선 당장 필요한 지역개발 사업을 위해 수용할 수밖에 없는 불가피한 입장이라는 점, '총량제의 시행 가능성 전망'에서도 가능하다는 의견과 선 개발 승인, 후 총량제 시행의 조건부 가능성 의견은 있지만, 불가능하다고 보는 의견은 없는 점 등에서 찾을 수 있다.

수질보전과 지역개발은 서로 충돌하는 이해관계 같이 보이지만 중간에 총량제라는 연결고리를 끼워 넣으면 상호보완적인 2개의 수레바퀴 또는 동전의 앞뒷면 관계로 바뀐다.

이렇게 판단하는 근거는 수질보전이 이해관계인 환경부가 :

첫째, 팔당특별대책 고시에 의한 일정 규모 이상의 건축규제 등 토지이용 규제 정책만으로는 소규모 음식점과 숙박시설, 펜션 등의 난개발을 억제하는 데 한계가 있고,

둘째, 날로 늘어나는 비점오염원의 오염부하량 등 한강수계의 개발압력을 막아내기에 역부족이라는 인식,

셋째, 따라서 한강특별대책의 목표수질 특히 팔당호 1급수(BOD 1ppm) 목표수질을 달성하기가 불가능하다는 판단,

넷째, 사회가 민주화되면서 대를 위해 소의 희생을 요구하는 정책은 더 이상 추진하기 어렵고 공익과 사익의 조화, 개발과 보전의

병행, 상류와 하류의 형평성, 정부와 주민, 중앙정부와 지방정부가 함께 참여하여 수질관리의 권한과 책임을 공유하는 참여적 수질관리의 필요성 때문에 일정 부분 지역개발을 허용하여 지역주민들의 생활권과 재산권을 보호하지 않으면 주민들도 한강과 팔당호를 보호하지 않게 되고, 이렇게 되면 한강수계의 수질보전이 어렵다는 문제의식을 바탕으로 총량제를 추진하고 있고, 다른 한편 지역개발을 주된 이해관계로 하는 팔당호 유역 지자체와 주민들은 :

첫째, 특별대책 고시가 계획적인 개발을 봉쇄하고 결과적으로 음식점, 숙박시설, 펜션 등 소규모 배출시설들의 난개발을 조장하는 불합리한 규제로 변질되었다는 문제의식,

둘째, 상수원 상류지역이므로 하류지역과 같은 풍요한 개발은 어렵다 할지라도 전원도시로서 최소한의 자족기능을 갖추는 데 필요한 환경친화적인 개발은 필요하다는 지역여론,

셋째, 팔당특별대책지역에서 아파트 택지조성 등의 개발 사업을 추진하기 위해서는 하수처리용량의 증설에 필요한 하수도정비계획의 변경승인이나, 환경성 검토, 환경영향평가 협의 등의 절차를 거쳐야 한다는 법적 의무,

넷째, 그러나 환경부는 지자체가 추진하는 개발 사업들을 수계별, 하천별 목표수질 달성에 문제가 없는 범위 안에서만 허용하기 위해 각종 사업들의 수질오염 기여도를 판단하기 위한 수단으로 '선 총량제 시행, 후 개발 승인'의 원칙을 고수하고 있기 때문에 팔당호 유역 지자체와 주민들로서는 '하고 싶어 하는 것이 아니라 어쩔 수 없이 한다', '환경부가 하지 않을 수 없게 몰고 간다', '안 하면 지자체가 손해다', '울며 겨자 먹기로 할 수밖에 없다' 등의 불가피한 선택으로 총량제를 수용해야 한다는 입장이다.

이와 같이 수질보전과 지역개발이 밖으로는 충돌하는 이해관계처럼 보이지만 안으로는 자신의 목적을 달성하기 위해 서로가 필요한 수단이므로 총량제 시행에 합의하는 데 특별한 장애는 없을 것으로 판단된다. 다만 총량제의 시행과 개발사업 승인의 순서를 놓고 환경부는 '선 총량제, 후 사업승인'을 주장하는 반면에 일부 지자체는 '선 사업승인, 후 총량제 시행'을 요구하며 팽팽한 긴장관계를 조성한 적도 있지만, 그렇게 심각한 수준의 갈등은 아니라는데 다른 지자체와 주민들이 대체로 동의하므로 앞으로 구체적인 시행과정에서 대화와 타협을 통해 해소 가능한 갈등으로 판단된다.

④ 4단계 합의절차 설계
• 강원도를 제외한 나머지 이해관계자간에는 합의 가능성이 있다고 판단
• 강원도에 대해서는 중립적인 제3자의 진행에 의한 조정회의(Mediation or Mediated Negotiation) 방식을 권고
• 나머지 지역에 대해서는 갈등완화방식 제안

강원도와 환경부 간의 갈등을 해소하기 위한 대화의 방법으로 중립적인 제3자의 진행에 의한 조정회의 방식이 바람직한 것으로 판단된다. 이 방식이 성공하기 위해서는 환경부와 강원도 양측 모두 자신의 주장보다 상대방의 이야기를 듣는 능력이 필요하고, 친화력과 포용력이 있는 사람을 협상 대표자로 정하는 것이 중요하다.
나머지 지역에 대해서는 갈등을 완화하기 위하여 다음 사항을 제안한다.
• 팔당호수질정책협의회 조직·운영의 보완

- 팔당호수질정책협의회의 회의운영에 관한 기본규칙 제정
- 한강수계관리위원회 정책참여 구조의 보완
- 한강수계상수원수질개선및주민지원등에관한법률과 시행령의 개정
- 한강문화공동체 추진

⑤ 5단계 갈등영향분석서 초안 이해관계자 공람, 수정, 최종보고서 작성

개인별 공람 → 수정 → 초안전체 공람 → 수정 → 최종보고서

당초에는 이해관계자 면담내용과 분석결과를 바로 면담한 이해관계자들에게 공람하고, 이해관계자들이 제출한 수정, 보완 의견을 검토, 반영하여 최종 보고서를 제출할 예정이었으나 중간보고회 과정에서 이해관계자 면담내용을 쟁점별, 그룹별로 정리하고 면담자의 이름은 밝히지 않더라도, 이해관계자들의 의견들이 그대로 공개될 경우 발생할 수 있는 새로운 갈등을 예방하기 위해 이해관계자들의 면담내용이 요약된 분석서 초안을 모든 이해관계자들에게 배포하기 전에, 본인의 취지와 다른 발언내용의 수정, 보완 등 개인별 의견수렴 절차를 거칠 필요가 있다는 의견이 제시되었다.

이 문제를 국무조정실 갈등관리혁신포럼에서 논의한 결과 분석서 초안 공람 전에 개인별 사전확인이 바람직하다는 다수의견을 반영하여 개인별 면담내용의 사전 확인을 통한 분석서 초안 내용의 1차 수정 후, 당초 예정대로 분석서 초안 이해관계자 공람, 접수의견에 따른 수정·보완, 최종보고서 작성, 최종보고회 개최 등의 순서로 일정을 진행하였다.

2장

공공갈등과
참여적 의사결정

1. 참여적 의사결정의 의의

1. 참여적 의사결정의 개념

본질적 개념요소

참여적 의사결정은 가장 단순하게 말하면 시민의 참여를 통하여 공공의사결정에 이르는 의사결정방법이라고 할 수 있다. 그런데 시민의 참여란 이해관계인의 참여 또는 전문가의 참여 등과 같이 특정기준에 의한 제한된 그룹 만의 참여가 아니라 이해관계의 존부나 전문성의 유무에 불구하고 일반 시민을 공공의사결정에 참여시키는 것을 말한다. 이러한 관점에서 보면 특정한 이해관계를 전제로 참여하도록 하는 청문절차나 원칙적으로 전문성에 기반하여 참여자를 선정하는 각종 자문위원회제도는 참여적 의사결정의 범주에 해당한다고 할 수 없다.

그런데 이처럼 의사결정에 있어서 시민의 참여가 이루어지는 경우에도, 참여의 방법과 참여의 정도는 매우 다양한 모습으로 나타난다. 따라서 이론적 의미에서의 참여적 의사결정은 몇 개의 범주로 나누어서 말할 수 있다.

최광의의 참여적 의사결정

가장 넓은 범위에 있어서는 참여적 의사결정은 시민참여에 의해 공공의사결정이 영향을 받는 모든 경우라고 할 수 있다. 이 경우 참여의 방법이나 참여의 정도 등에 불문하고 의사결정을 위한 모든 시민참여를 참여적 의사결정이라고 지칭할 수 있다. 따라서 단순히 학습 및 정보제공을 위해서 시민을 참여시키는 경우에도 그것이 궁극적으로 타당한 공공의사결정을 유도하기 위한 것이라고 하면 최광의의 참여적 의사결정의 범주에 해당된다고 할 수 있다.

광의의 참여적 의사결정

최광의의 참여적 의사결정 가운데 단순히 홍보나 학습을 목적으로 하는 참여는 공공의사결정에 미치는 영향이 매우 우회적이라고 할 수 밖에 없다. 그러므로 최광의의 참여적 의사결정 방법 가운데 단순 정보제공 만을 위한 것과 어떤 형태이든 의견수렴(feedback)이 이루어지는 것은 구별할 필요가 있다. 이처럼 의견수렴이 이루어지는 형태의 것을 광의의 참여적 의사결정이라고 할 수 있을 것이다.

협의의 참여적 의사결정

최광의의 참여적 의사결정, 그리고 광의의 참여적 의사결정은 참여자를 일반 시민으로 상정하고 그에 아무런 제한을 두지 않는다. 따라서 이 두 개념의 참여적 의사결정에 있어서는 참여자 그룹이 특정되지 않아서 심도 있는 논의 또는 숙의(deliberation)를 할 수 없다. 따라서 일반시민과 공익을 대표할 수 있는 참여자를 특정하여 제한된 사람들을 의사결정 과정에 참여시키는 경우가 있다. 이처럼 보다 집중적으로 의사결정에 관여하여 시민의 의견을 공공의사결정에 반영할 수 있도록 하는 경우를 협의의 참여적 의사결정이라고 할 수 있을 것이다.

최협의의 참여적 의사결정

협의의 참여적 의사결정에는 선발된 사람들이 단순히 논의나 숙의과정에 참여하는 경우와 선발된 사람들이 정기적이고 보장된 참여에 의해 합의에 이르도록 하는 경우를 구별할 필요가 있다. 전자의 경우 의사결정에 직접 참여가 보장되지 않으나 후자의 경우는 의사결정에 대한 직접적인 참여가 보장되고 의사결정을 위한 논의과정도 정기적으로 이루어지게 된다. 후자의 경우 이를 최협의의 참여적 의사결정이라고 할 수 있을 것이고 참여적 의사결정의 가장 궁극적인 구현형태가 된다.

참여적 의사결정의 구분과 영역

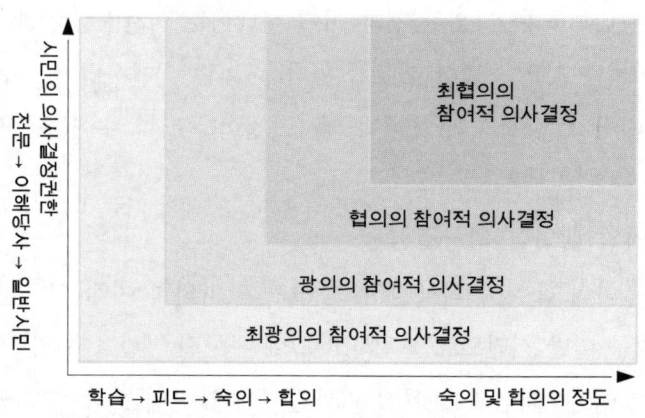

제도적 의미의 참여적 의사결정

그런데 현재 입법이 추진되고 있는 "공공기관의 갈등관리에 관한 법률"은 참여적 의사결정을 중요한 갈등관리기법으로 채택하고 있기 때문에, 이 법 시행 후에는 참여적 의사결정에 대한 개념을 막연히 이론적으로만 규명하는 것으로 충분하지 아니하고 제도적인 측면에서 이 법이 말하는 "참여적 의사결정"의 범위가 어디까지에 해당하는지를 보다 명확히 규명하여야 할 필요가 있다.

이 법은 갈등관리를 위한 법이므로 갈등관리를 위하여 기존의 제도와 구별되는 새로운 참여에 의한 의사결정방법의 범위를 어느 정도 까지로 설정할 것인가 하는 점에 대한 고려가 필요하다. 갈등관리에 있어서 최광의의 참여적 의사결정 즉, 각종의 홍보와 정보제공, 학습 등도 매우 중요한 의미를 가지고 있다. 따라서 보다 효율적인 홍보와 정보제공, 학습의 방법을 개발하는 것이 갈등관리를 위해 긴요한 측면이 있다. 그러나 단순히 일반시민을 상대로 하는 홍보와 의견수렴을 제도적 의미의 참여적 의사결정으로 인정한다는 것은 "공공기관의 갈등관리에 관한 법률(안)"이 규정하는 참여적 의사결정의 필요성에 비추어 적당하지 않은 점이 있다. 동 법안은 "갈등의 예방과 해결을 위하여 사회적 합의의 형성 등이 중요한 요인으로 판단되면" 참여적 의사결정을 채택할 수 있는 것으로 하고 있다.

그러므로 동법안이 말하는 참여적 의사결정은 이론적 의미의 협의의 참여적 의사결정이 되어야 할 것으로 본다. 협의의 참여적 의사결정에는 궁극적으로 참여그룹이 의사결정에 직접 참여하는 경우(최협의의 참여적 의사결정)와 숙의 내지 협의에 그치는 경우가 다 포함된다.

참여그룹이 의사결정에 직접 참여하는 경우, 행정결정을 책임지고 있는 행정기관은 이루어진 의사결정이 헌법이나 법률에 위배되는 등의 특별한 사정이 없는 한 참여적 의사결정을 존중하여 행정결정을 하여야 한다. 이에 반하여, 참여그룹이 숙의 내지 협의 정도의 참여적 의사결정에 이르는 경우에는 최종적인 의사결정은 숙의 내지 협의 내용을 존중하여야 하되 행정기관이 숙의 내지 협의와 관련된 해석이나 판단권을 유보하기 때문에 행정기관은 최종의사결정권을 가지게 된다. 그러나 숙의 내지 협의의 내용에 현저히 위반되는 의사결정을 하는 것은 역시 신의성실의 원칙을 위반한 것으로 부정적인 법적, 정치적 판단을 받을 수밖에 없다. 또한 최협의의 참여적 의사결정의 경우 이루어진 의사결정이 행정기관 만이 아니라 참여적 의사결정에 참여한 모두를 구속하는 힘이 강하지만, 숙의 내지 협의에 그치는 참여적 의사결정의 경우, 기껏해야 사실판단 부분에 대해서만 합의가 이루어지고 정책결정에 관해서는 의견수렴의 의미를 벗어나지 않으므로 행정기관을 구속하는 정도가 크지 않다.

2. 「공공기관의 갈등관리에 관한 법률(안)」상의 참여적 의사결정의 특징

"공공기관의 갈등관리에 관한 법률"이 규정하고 있는 바에 따라 제도적 관점에서 "참여적 의사결정"의 범주에 해당하는 것이 무엇인가 하는 점을 분명히 하기 위하여서는 참여적 의사결정이 다른 공공 의사결정과 어떠한 점에서 차이가 있는가 하는 점을 먼저 파악할 필요가 있다.

첫째, 참여적 의사결정에 있어서의 참여자는 일반시민이다. 행정 절차나 자문위원회제도 등 기존의 행정참여제도는 시민을 대상으로 하는 것이 아니라 이해관계인이나 전문가 등 제한된 그룹을 대상으로 하는 것이다. 그러나 참여적 의사결정은 이해관계의 유무나 전문성의 유무 등으로 참여자를 제한하지 아니하고 일반 시민의 의견을 의사결정에 반영하고자 하는 점에서 본질적인 특징이 있다. 참여적 의사결정에서는 오히려 문제되는 사안에 대해 의견을 가진 자를 적극적으로 발굴하여 의사결정에 참여시키고자하는 방향성을 가지고 있다.

둘째, 참여적 의사결정은 시민의 참여를 전제로 하면서도 시민의 심층적 참여(intensive engagement)를 가능하게 하는 것을 핵심적인 내용으로 한다. 그러므로 아무런 제한 없이 일반 시민을 상대로 하는 의견수렴은 참여적 의사결정에 해당하지 아니하며 한정된 선발된 사람들을 대상으로 의견교환이 가능한 수준의 논의과정이 있어야만 참여적 의사결정이라고 할 수 있다. 이러한 의미에서 참여적 의사결정은 일방적인 교육, 홍보, 불특정 다수의 공중을 상대로 하는 의견수렴이나 여론조사 또는 논의과정을 생략한 의견조사나 여론조사 등을 배제하는 개념이라고 할 수 있다.

셋째, 참여적 의사결정은 다수결 원칙을 맹신하지 않는다. 오히려 원칙적으로 만장일치를 추구한다. 물론 경우에 따라서 만장일치에 의한 의사결정의 원칙에 변용을 가할 수 있으나 참여적 의사결정의 본질적 지향점은 만장일치에 의한 의사결정이라고 할 수 있다.

3. 참여민주주의 및 숙의민주주의와 참여적 의사결정

참여적 의사결정은 참여민주주의를 구현하는 방법 중의 하나다. 참여민주주의를 구현하는 방법에는 여러 가지가 있지만 참여적 의사결정은 다른 참여민주주의의 구현방법에 비해 다음과 같은 특징이 있다.

첫째로, 참여적 의사결정은 공공부문의 문제점을 지적하기 위한 시민참여가 아니라 합의를 통하여 공공부문의 문제를 해결하는데 기여하기 위한 시민참여를 그 내용으로 한다. 따라서 참여적 의사결정에서 시민은 자기 주장을 관철하려고 하기 보다 자기 주장과 이해를 다른 주체의 주장과 이해에 비추어 조정하고 사회적 합의를 형성하려고 노력하여야 한다.

둘째로, 참여적 의사결정은 참여만이 아니라 숙의를 중요시하는 시민참여라는 점에서 특징이 있다. 이런 측면에서 보면 참여적 의사결정은 숙의민주주의(Deliberative Democracy)와 밀접한 관련이 있다. 요컨대 참여적 의사결정은 피상적인 민주주의 방식에 의한 의사결정이 아니라 충분한 검토와 논의 토론을 거쳐 참여자들의 민주적 선택을 통해 의사결정이 이루어진다는 점에 특징이 있다.

4. 합의 형성적 참여로서의
참여적 의사결정

　　참여적 의사결정은 숙의과정을 핵심적인 의사결정의 계기로 삼는 동시에 합의에 의한 의사결정을 지향한다. 즉 사회구성원 간의 합의형성(Consensus Building)을 통하여 갈등을 예방하거나 해결하고 공공의사결정을 해나간다는 것이 기본적인 방향이다. 따라서 참여적 의사결정에서는 합의형성을 위한 여러 가지 협상기법 등이 동원된다.

　　이러한 합의형성의 방법론은 숙의의 방법론과는 사뭇 다르다. 숙의과정은 공동체의 공공선을 위하여 참여주체의 선호변경을 위한 논의를 전개하는데 초점을 두는데 비해 합의형성과정에서는 참여주체의 고정된 선호 하에서 각 참여주체에게 가장 중요한 이해관계를 지킬 수 있게 하면서 각 참여주체에게 실질적으로 덜 중요한 이해관계를 양보하게 하여 합의를 형성해 나가는 것을 기본 방법론으로 한다.

2. 공공정책과
   참여적 의사결정

1. 논의의 배경

이 장의 목적은 공공정책과정에서의 참여적 의사결정이 왜 필요한
지에 대해서 알아보는데 있다. 원래 참여적 의사결정은 정책분석을
위한 방법론적 도구로서 1990년대 초반 피터 딜레온(Peter deLeon)
(1990; 1997), 프랭크 피셔(Frank Fischer)(1993, 2003), 그리고 존 드라
이젝(John Dryzek)(1990) 등에 의해 제시되었다.

그 출현배경은 정책결정을 위한 정보나 지식을 제공하는 정책분
석이 정책엘리트의 기술적(실증주의적) 과학적 방법들에 의해 독점
됨으로 실제 정책의 내용이 사회(시민) 가치를 제대로 반영하지
못할 뿐만 아니라 정책실패의 중요 원인이 되고 있다는 자성에
있었다.

듀이(Dewey)의 실용주의, 참여적 민주주의 이론, 그리고 하버마
스(Habermas)의 비판철학 특히 그의 '이상적 구술상황'(ideal speech
situation) 개념에 철학적 바탕을 두고 있는 참여적 의사결정은, 입법
과정이나 행정절차에 있어서 청문 또는 공청회등과 같은 형식적
시민참여가 아닌 그들의 삶에 영향을 미치는 공공정책의 형성과
결정과정에 대화적 민주주의(Dryzek, 1990)라는 방법을 통해 직접적
으로 참여할 수 있는 방법과 조건을 고안함에 목적을 둔다.

이런 방법과 절차의 고안으로 궁극적으론 정책형성에 있어서 절차적 합리성을 증진시킴과 동시에 정책형성과정에 정책사안과 관련된 광범위한 의견을 포함시킴으로서 내용적으로 보다 개선된 정책을 생성함으로 현대 정책학의 창시자라 할 수 있는 라스웰(Lasswell)이 제시한 정책분석(또는 정책학)의 원래 목적인 '사회의 민주화'에 기여함을 의도한다.

오늘날 우리사회에 있어 이러한 참여적 의사결정에 대한 필요성은 최근 공공정책과정을 둘러싼 상황변화에서 찾을 수 있을 것이다. 정부에 의해 마련된 여러 공공정책들의 집행과정을 보면, 이들 정책들의 대상이 되는 시민들이나 사회단체들이 자신들의 이익이나 추구가치, 또는 정부정책들에 내재된 문제점들과 관련하여 자신들의 독자적 목소리를 내고 있으며, 이로 인해 정책의 시행주체, 해당정책의 대상이 되는 시민들, 그리고 시민단체들 간의 갈등이 심화되고 있다.

정부의 공공정책 표류현상은 공공정책의 수립에 필요한 자원으로서 다양한 가치, 이해, 그리고 정책문제에 대한 해석들이 사회에 산재해 있음에도 불구하고 이러한 것들이 실제 공공정책의 형성이나 결정과정에서 반영되지 못한 것에 의미한다고 할 수 있다.

기든스(Giddens)(1991)나 벡(Beck)(1992)은 공공정책과정의 이러한 현상을 '반성적 근대화과정'(reflexive modernization) 또는 '위기사회'(risk society)의 출현 등으로 표현하고 있다. 이들에 의하면 이런 현상의 동인은 정부의 공공정책들이 이들의 대상이 되는 시민들의 가치를 반영하지 못하기 때문에 그들의 삶이나 그 삶의 터전인 사회적, 자연적 환경의 안정성을 보장하지 못한다는 시민들의 주관적 평가에 있다고 한다. 그렇기에 이들 시민들의 공공정책의 집행과정에의 관여는 정부의 정책문제에 대한 인식과 기존의 정책결정의 절차, 방법, 그리고 도구들을 전환시킴으로서 자신들의 목소리를 정책에 반영하고자 하는데 목적이 있다고 설명한다.

이렇게 오늘날 공공정책과정에서의 혼란의 원인의 하나는 기존의 정책형성과 결정에 필요한 정보를 제공했던 정책분석방법이 해당 정책과 관련된 가치나 정보 등을 폭넓게 고려하지 못한데 있다고 할 수 있다. 따라서 이런 문제를 감소시킬 방법론적 도구로서 참여적 의사결정에 대한 고려가 필요하다고 할 수 있다.

2. 공공정책과정을 둘러싼 새로운 상황

이 장에서는 참여적 의사결정의 필요성을 보다 구체적으로 알아보기 위해, 최근 공공정책과정의 상황변화와 이 상황에서 환경갈등 등의 사회갈등의 의미, 갈등의 전개과정, 그리고 그 결과 등을 구체적으로 설명하고자 한다. 이를 바탕으로 공공정책과정에서 혼란을 야기한 원인의 하나로서 기존의 정책평가와 이를 수행하는 정책전문가의 역할 등을 검토하고 새로운 공공정책 환경에서 기대되는 정책분석의 내용과 이를 행하는 전문가의 역할이 무엇인지를 알아보고 이런 역할과 관련 참여적 의사결정의 필요성을 제시하였다. 마지막으로, 새로운 정책형성과 결정의 방법론적 도구로서 참여적 의사결정의 도입으로서 기대되는 효과가 무엇인가를 경험적 연구들에 바탕을 두고 제시하였다.

최근 새만금간척사업, 경부고속전철사업, 한탄강댐건설사업 등의 대형국책사업에서 보듯, 정부의 공공정책과정을 둘러싼 상황이 변하고 있다. 정부의 정책형성과정에서 배제되었던 해당사업의 지역주민들이나 환경단체 등의 사회단체들이 정책집행을 필요로 하는 문제상황에 대해 정부의 이해와 상이한 해석을 가지고 공공정책의 집행과정에 관여하여 무엇이 문제상황인가에 대한 "사고적(ideational)" 또는 "정의적(definitional)" 갈등을 일으키고 있다. 이런 이유로 공공정책의 집행과정이 문제상황의 의미나 그 해결방법과 관련된 공공정책의 형성이나 결정과정이 되고 있으며, 더욱이 다양한 관련주체들의 관여로 정책결정을 위한 활동들이 정부내 정책결정통로 밖으로 확장되고 있다. 이처럼 정책문제에 대한 상이한 해석들 간의 갈등은 정부의 기존 정책결정수단들에 의한 영향보다는 관련주체들 간의 상호작용(interaction)에 의해 영향을 받고 있는 실정이다.

이렇게 공공정책과정에서 참가자들의 범위가 확대되고 정부의 문제상황에 대한 정의와 상이한 대안적 해석들이 나오게 됨으로써 사고적 또는 정의적 갈등이 나타나는 배경에 대하여 다양한 해석들이 이루어지고 있다. 세계화의 진전이나 급진적 개인주의의 성장 등으로 공공정책문제를 보는 시각의 변화와 사회의 민주화와 지방자치제의 실현으로 정치적 기회구조의 변화 등 거시적 시각의 해석들이 분분하다. 그러나, 기본적인 이유는 참여자들이 갖는 인식론적 근거(epistemic 또는 frame of reference: 가치, 이념, 규범 등)가 상이함으로 인한 문제상황의 의미에 대한 해석이 다르기 때문이다(강상규, 2005a).

푸코(Foucault)(1972)에 의하면 이런 인식론적 근거는 규범적 룰로서 문제상황을 이해하고 해결하는데 있어 일정한 사고패턴과 행동방향을 구축하게 한다. 한 예로 동강댐건설사업의 경우를 보면, 환경과 사회와의 관계를 보는 인식론적 근거의 차이로 건교부, 해당사업의 지역주민, 그리고 환경단체들은 동강댐 건설과 관련된 상이한 해석(담론)들을 제시하였다([표 2-1] 참조).

건교부는 현대산업주의와 실증주의(positivism)에 바탕을 두고 환경과 사회와의 관계를 이해함으로써 물은 경제발전을 위한 산업활동과 시민생활의 유지를 위한 자연자원(수자원)이며, 이는 과학과 기술을 통하여 개발하고 통제할 수 있다고 인식하고 있었다. 이런 물에 대한 인식을 근거로 할 때, 물관리에 있어서 문제는 산업화과정의 진전과 시민의 삶의 질의 향상으로 계속적으로 용수수요는 증가하고, 더불어 산업화와 도시화의 진전으로 시민들의 재산가치의 증가는 홍수방지를 필요로 하나 국토의 자연적 조건은 안정적 용수의 공급과 홍수예방을 어렵게 한다는 것이다. 그러므로 건교부의 물관리의 목적은 시민의 삶과 산업발전을 위한 용수의 안정적 공급과 시민재산을 홍수로부터 보호하는 것이고 국토의 자연적 조건을 고려할 때, 이 목적을 달성할 수 있는 최적의 정책적 수단은 동강댐과 같은 다목적 댐의 건설이었다. 이런 물관리의 목표와 관련하여 건교부는 자신의 정체성(identity)을 공익의 제공자로 인식하여왔다.

하지만 해당사업의 지역주민들에겐 댐건설예정지는 그들 삶의 터전이었다. 동강의 지형적, 지질적 조건과 과거 중앙정부의 공공정책의 집행과정에 관한 경험적 또는 지방적(local) 지식을 바탕으로 댐건설을 판단할 때, 동강댐건설은 역류, 안정성, 그리고 부채 등의 이유로 지역주민의 삶의 터전을 파괴하는 즉 생존권을 위협하는 문제로 인식되어졌다. 이런 문제인식을 바탕으로 할 때, 지역주민들은 자신들의 정체성을 정부정책에 대한 희생자로 규정할 수밖에 없었으며, 생존권의 확보와 삶의 안정성을 유지하기 위하여 공동행위를 통한 댐건설의 저지(또는 지지)에 집중할 수밖에 없었다.

지역주민들과는 별도로, 환경단체들에겐 1990년대 초반 유입된 '지속가능한 발전'이라는 새로운 인식론적 토대는 환경문제에 대한 이해의 전환을 가져오는 계기가 되었다. 환경문제는 단순히 산업화

과정에서 파생된 공해문제가 아니라 지금까지 우리 사회의 발전과정을 구조화한 가치관 즉 산업물질주의의 문제로 인식되기 시작하였다. 산업물질주의는, 이들 환경단체에 의하면, 대량생산 대량소비 사회의 구현을 목표로 하는데, 이 목표를 위하여 공급위주의 자원이용형태가 사회체제, 정치체제, 그리고 개인의 삶의 행태에 내재화되었다. 이런 인간중심적이고 자연의 지탱능력을 고려하지 않은 자원이용행태가 바로 환경문제의 주원인이라는 것이다. 이런 환경문제에 대한 이해의 전환으로 환경단체들은 자신들의 역할을 기존의 자원이용행태를 지탱하는 가치관을 변화시켜 지속가능한 사회의 구현을 위한 새로운 가치관을 정부의 정책, 산업계의 활동, 그리고 시민의 삶의 방식에 확립시켜 나가는 것으로 인식하고, 환경운동은 환경사고 후 시민저항운동뿐만이 아니라 새로운 가치관을 확립시키기 위한 가치관적 시민운동으로 인식하였다. 이런 이유로 환경단체들은 가치관적 시민운동을 이끄는 가치관적 압력단체의 역할을 수행하게 되었다. 환경단체들이 지속가능한 발전이라는 새로운 인식론적 토대를 바탕으로 동강댐건설을 바라보면, 문제는 물은 유한자원으로 이를 올바르게 사용할 때 지속가능한데, 정부는 이런 유한자원을 절약하고 효율적으로 사용하기 위한 방법들의 고려없이 단지 댐의 건설을 통하여 수자원을 계속적으로 개발하고 공급하는 데 초점을 두고 있어 물의 낭비, 더 나아가 자연의 파괴를 초래하고 있다는 것이다. 그러므로 환경단체들이 동강댐 건설사업 결정과정에 관여하게된 목적은 정부의 물관리패턴의 전환을 통한 생태계의 보전에 있었으며, 이 목적을 위한 수단은 동강댐 건설의 저지를 포함한 댐건설계획의 백지화와 댐건설계획의 원활한 수행을 위해 마련된 댐건설촉진법의 입법화 저지였다.

[표 2-1] 동강댐건설관련 갈등 당사자들의 담론들

구 분	건교부	지역주민	환경단체
인식론적 근거	현대산업/실용주의 (수자원)	경험적/지방적 지식 (지형적, 지질적 조건과 지역별 차별)	지속가능발전
문제상황 정의	물부족과 홍수	역류, 안정성, 부채	내재적, 심미적, 문화적 환경가치의 파괴
목 적	수자원공급과 홍수방지	생존권보호	환경보전
수 단	댐건설 ·	댐건설에 찬성/반대	댐건설 저지
정체성(Identity)	공익제공자	희생자	가치관적 압력단체
전략적 규범	홍수안정 vs 불안정	삶의 안정 vs 불안정	파괴 vs 보전
수자원관리 형태	공급위주		수요관리

※ 자료 : 강상규(2005), Reflexive Idea, Argumentative Struggle, and Institutional Change, p.189.

이렇듯 공공정책과정에서 해당정책에 영향을 받는 관련주체들의 다양한 해석의 출현과 이에 비롯된 정의적 갈등은 정책결정활동의 성격을 변화시키고 있다. 기존의 공공정책과정을 보면, 무엇이 문제상황인가가 정부에 의해 이미 정의되었기에 정책결정의 성격은 주로 이의 해결을 위한 최적의 수단을 찾는 기술적 문제였다. 그러나 다양한 해석들의 출현으로 정의적 갈등을 야기시킨 새로운 정책환경에선 정책결정의 성격이 이런 상이한 해석들을 어떻게 조율하여 문제상황에 대한 합의된 해석과 이의 해결방법을 도출하는가 하는 사회적/정치적 문제로 전환되었다. 하지만 이런 정책결정의 성격전환과 관련하여 노출된 심각한 문제는 정의적 갈등을 해결하고 합의된 공동의 해석이나 그 해결방법을 도출하기 위한 방법론적 도구가 결여되어 있다는데 있다. 그러므로, 상이한 문제상황의 해석들이 충돌하는 공공정책과정에서 참가자들의 논쟁과정은, 자신들만의 해석을 정당화시키고 상대방의 해석을 부정하려는 해석들 간의 '경쟁과정' 또는 헤게모니 쟁탈전이 되고 있다(강상규, 2005b).

즉, 공공정책과정에서 참가자들의 논쟁과정은 그들의 문제상황에 대한 해석을 전략적으로 전파시켜 다른 참가자나 참관자들(여론)이 문제상황을 자신들의 해석과 같이 이해하게 하고, 이들의 위치를 자신들의 해석을 지지하게 고착화시키는 과정이다. 이런 이유로, 참가자의 특정해석이 사회적으로 광범위한 승인을 획득하여 공공정책과정에서 이 해석을 지지하는 지배적 사회네트워크를 형성하였을 때, 이 해석은 공론이 되고 기타 해석들은 해당정책문제와 비연관적인 것으로 간주되어 배재되어진다.

이렇게 공공정책의 결정이 해석들간의 역학관계에 의해 결정됨으로 인해 동강댐건설사업처럼 지역주민과 환경단체가 연합하고 이들의 해석이 사회적으로 지지를 받아 공론이 되었을 경우에는 정책의 결정이 이루어지지만, 새만금사업처럼 해석들간의 역학관계가 균형을 이루고 있으면 공공정책과정에서 정의적 갈등은 지속되고 정책결정은 표류되어 진다. 더욱이 공공정책과정에서 참가자들의 상이한 해석들간의 헤게모니 경쟁은 정책의 표류만이 아니라 지역공동체의 파괴, 정부간 갈등의 심화, 그리고 정부와 시민사회와의 불신 등의 심각한 사회문제를 야기시키고 있다. 대부분의 공공정책사업에서 보듯 대상이 되는 지역공동체에 있어 주민들간의 친밀한 유대관계는 생존권에 대한 상이한 이해를 바탕으로 한 정책사업에 대한 찬반으로 인하여 적대관계로 전환된다.

예를 들어 동강댐사업의 경우, 영월주민들은 댐건설에 찬성하는 수몰민들을 경제적 보상을 노리는 투기꾼으로 치부하고 수몰민들은 영월주민과 환경단체가 댐건설반대를 위하여 동강의 생태와 관련된 정보를 왜곡하였다고 비난하였다. 이런 적대적 관계는 동강댐건설 계획의 백지화 이후에도 계속 유지되고 있다. 또한 지역의 실정을 고려하지 않은 중앙정부의 독단적 문제상황해석과 권위적 정책결정 방식에 대응하여 지자체나 지역주민에 의해 제기된 생존권과 관련된 해석들은 중앙정부(해당사업주체)에 의해 자신의 문제인식을 정당화시키기 위해 '지역이기주의'로 치부되어지고 이런 행태로 인하여 중앙정부와 지자체간의 갈등과 불신은 심화되고 있다. 정부간 갈등과 별도로, 공공정책과정에 있어서 정부와 시민단체는 자신들만의 문제상황에 대한 해석을 정당화시키고 상대방의 해석을 비판하는데 치중하여 공통된 사회발전목표를 찾기 위한 양자간 협력적 관계를 조성하는 데 실패하고 있다.

3. 공공정책분석의 새로운 의미와 참여적 의사결정

　최근 대규모 국책사업등 공공정책의 집행과 관련하여 공공정책 과정에서 정의적 갈등이 출현하고 심화되게 된 근본적 원인을 보다 구체적으로 규명해보면, 공공정책문제 자체에 내재된 복잡성, 불확실성의 증가에도 이유가 있지만, 더 큰 원인은 공공정책을 형성하는 데 바탕이 되였던 정책분석의 실패에 있다고 할 수 있다. 구체적으로 말하자면, 공공정책과정에서 정책분석이란 정책의 형성과 집행을 위한 지식을 개발하고 제공하는 활동이라고 정의할 수 있는데, 기존의 이런 정책분석을 통해 제시된 지식들(예를 들어 타당성분석이나 환경영향평가 등)이 자체의 정확성과는 별도의 사회적 '연관성'이나 '수용성'이라는 측면에서 심각한 문제를 갖고 있다는 것이다.

　현재 대부분의 공공정책의 수립과 관련된 정책분석들은 정부내/외의 전문가들에 의해 행해지며, 정책분석에 있어 이들 전문가들의 연구의 핵심은 경험적(empirical and quasi-empirical) 연구방법을-- 예를 들어, 다중회귀분석, 비용/편익분석, 수학적 시뮬레이션 모델, 시스템분석등-- 사용하여 정책수립을 필요로 하는 사회현상에 내재하는 문제의 원인과 결과간의 인과관계를 규명하는 데 있다. 이렇게 얻어진 인과관계에 관한 지식들을 바탕으로 문제가 되는 사회현상의 해결을 위한 대안이 검토되고 이 대안들의 효과가 예측되어진다. 이런 연구활동들은, 전문가들의 인지여부와 상관없이, '논리적 실증주의(logical positivism)'의 원칙에 바탕을 두고 있다고 할 수 있다. 즉, 전문가들은 가치중립적 관찰자로서 본인의 주관적 가치뿐만이 아니라 사회현상에 내재된 다양한 가치들이나 규범적 요인들을 배제하고 오로지 사실적 요소와 이들간의 관계를 규명하는데 초점을 두어야만 정책수립을 필요로 하는 사회현상에 관한 과학적인 지식을 찾을 수 있다는 것이다.

이렇게 논리적 실증주의의 원칙에 바탕을 둠으로서 정책분석과정에서 나타나는 일반적 현상의 하나는 정책분석을 하는 전문가와 사회상황과의 격리라고 할 수 있다. 즉 전문가들의 정책분석활동이 '가치-사실 분리' 원칙에 바탕을 둠으로서 특정 공공정책의 대상이 되는 시민들의 가치, 선호, 요구, 필요에 대한 고려가 배제된 체제한된 사실변수간의 인과관계를 바탕으로 하여 결정되어진 목표를 달성하기 위한 효율적이고 효과적인 '수단'을 강구하는 기술적 형태의 지식을 강구하는데 집중되고 있다. 이러한 정책분석에 의해 생산된 지식이 갖는 일반적 문제는 실제 정책분석이나 정책결정은 가치판단과 밀접한 관련을 가지나 이런 판단에 아무런 기준을 제시하지 못한다는 데 있다(deLeon, 1994; Torgerson, 1986).

예를 들어, 댐건설과 관련 용수공급량, 용수수요량, 홍수조절능력 등과 관련된 정책분석활동이 실제 댐건설과 관계된 다양한 가치들(실제 건교부와 환경단체들의 갈등의 원인이 되었던 사회발전의 목적이나 목표)과 관련하여 어떤 가치를 추구할 것인가와 관련된 판단기준이 되지 못하고 있다. 이런 이유로 많은 정책학자들은 논리적 실증주의에 바탕을 둔 전통적 정책분석활동이 가치를 배제한 과학적이고 객관적 지식의 강조로 인해 공공정책을 통해 구현하고자 하는 규범이나 가치들에 관한 논의절차 자체를 봉쇄하고 도리어 기존의 지배적 가치나 역학관계(예를 들어, 정부와 시민사회간의 관계)를 강화하는 수단으로 전락할 가능성을 우려하고 있다(Dryzek, 1990; Danziger, 1995).

전통적 정책분석의 이같은 한계의 상당부분은, 사회조합주의이론(social constructivism) 등의 후기실증주의적(post-positivistic) 이론이 설명하듯, 정책수립을 필요로 하는 사회현상들 자체에 대한 잘못된 이해에서 비롯된다. 정책분석의 대상이 되는 사회현상의 의미는 자연과학에서 탐구하는 자연현상들처럼 정형화 또는 고착화된 것이 아니라 우리의 인식론적 근거(frame of reference: 가치, 이념, 문화 등)에 의해 해석되어지고 언어체계를 통하여 표현되어진 것이다. 따라서 상이한 인식론적 근거에 바탕을 두었을 때 동일한 사회현상도 다양하게 해석되고 표현되어질 수 있다.

정책수립을 위한 사회현상을 설명하는 과학적 지식이라는 것도 실제에 있어 이 현상을 설명하는 객관적 해석이 아니라, 특정 인식론적 근거에 바탕을 둔 하나의 해석적 주장이라고 할 수 있다. 이런 연유로 공공정책과정은 참가자들의 상이한 인식론적 근거에 의해 다양하게 해석된 사회현상에 대한 주장들의 논쟁 과정이며, 정책수립을 위한 지식은 논리적 실증주의에 바탕을 둔 과학적 방법이 아니라 참가자들간의 대화적 상호작용에 의해 얻어지고, 정책결정이란 이런 논쟁을 통하여 얻어진 지식을 바탕으로 사회적으로 합의된 의미를 정책수립의 대상이 되는 사회현상에 부여하는 것이다.

정책수립을 필요로 하는 사회현상과 정책결정의 의미에 대한 이러한 이해는 정책분석의 내용의 변화와 이를 행하는 전문가의 새로운 역할을 요구한다. 기존 전문가의 역할은 사회현상과 격리된 위치에서 과학적 방법에 의해 이 사회현상에 내재된 인과관계를 규명하고 이를 바탕으로 사회현상의 의미와 이의 해결방안을 제시하는 것이었다. 하지만 사회현상이나 정책결정의 의미에 대한 이해의 변화는 전문가의 위치가 사회현상에서 격리가 아닌 이 사회현상 속으로 참여를 요구하고 있다. 이런 참여를 통한 정책분석의 핵심은 ① 어떻게 사회현상이 관련주체들의 인식론적 근거의 차이에 의해 주관적으로 상이하게 해석되어지는지, ② 이런 주관적 해석들 간에 논쟁과정은 어떠하고, ③ 이 논쟁과정에서 결과를 왜곡시키는 제도적 장애(또는 역학관계)는 무엇이며, ④ 이 논쟁과정에 관련주체들의 상이한 해석들이 공평하게 제시되고 이를 바탕으로 보다 민주적인 대화를 통하여 정책결정이 이루어지도록 하는 방법론적 절차는 무엇인가를 규명하는데 있다.

요약하면, 기존의 정책분석에 있어 전문가의 역할이 이미 설정된 목표를 달성키 위한 최적의 수단을 제시하는 것이라면, 이젠 문제상황에 대한 관련주체들의 상이한 해석들을 취합하고, 이를 바탕으로 문제상황에 대한 관련주체간 상호조사와 학습이 이루어져, 문제상황에 대한 정의와 그 해결방법에 대해 교육된(informed) 선택이 가능하도록 절차적 규칙과 메커니즘을 설계하는 것이 정책분석에 있어 주요임무라 할 수 있다.

이렇게 정책 전문가의 역할의 변화는 이를 수행할 방법론적 도구를 필요로 하는바, 이 새로운 도구에 요구되는 것은 정책의 형성과 결정단계에서 이 정책에 영향을 받는 다양한 관련주체들을 참여시켜 상이한 정보와 가치 등을 교환하고 평가 (특히 전문가와 일반시민간)

할 수 있게 대화를 활성화시킬 절차나 상황을 제공할 수 있어야 하다는 것이다. 이런 이유에서 정책 전문가의 새로운 역할을 위한 방법론적 도구로서 참여적 의사결정방법이 필요하며, 이 참여적 의사결정을 사용함으로서 정책전문가의 지위는 이제 정책과정에서 관련주체간의 '대화의 촉진자'이며 동시에 '사회학습의 촉진자'로서 기능하게 된다.

4. 참여적 의사결정의 효과

오늘날 공공정책과정에서 정의적 갈등의 출현으로 어떻게 이 갈등을 해결하고 합의된 문제정의와 그 해결방법을 도출하느냐에 대한 관심의 고조는 공공정책과정 자체의 기능에 관한 새로운 이해를 필요로 하고 있다.

위에서 언급했듯이, 정책수립을 필요로 하는 문제상황과 이의 해결방법은 우리가 사회적으로 이 문제상황을 어떻게 해석하느냐에 따라 구체화되며, 이런 해석의 방향은 그 사회에 존재하는 다양한 인식론적 근거(frame of reference)에 영향을 받는다. 이렇게 일정한 인식론적 토대에 근거하여 관련문제를 해석하고 구체화한 것을 담론(discourse)이라고 정의하는데, 특정시점 특정정책분야에 있어 지배적 담론은 이 분야의 관련정책문제의 의미와 관리수단을 제공하고 조직과 관리절차를 정비하는데 영향을 미친다. 그러므로 특정정책분야에 있어 기존의 지배적 담론에 의해 조직화된 공공정책과정의 기능은 이 담론에 내재된 문제상황의 인식과 그 해결방법을 현실화하는데 있다. 하지만 최근 공공정책과정에서 보듯 대안적 정책문제해석들과 그 해결수단이 제시됨으로 인하여 정의적 갈등이 심화되고 기존의 지배적 담론이 조직화 기능을 상실한 상황에서 공공정책과정의 기능은 문제상황의 정의와 그 해결방법을 재조직화(structuration)하고 동시에 이를 정책관리 행위에 제도화(institutionalization) 시키는 데 있다(강상규, 2005a).

이런 조직화와 제도화 기능은 공공정책과정의 사회적 학습과정, 구조화(constitutive) 능력, 제도적 능력고양(institutional capacity building) 과정이라고 다양하게 정의되는데, 실제 이런 능력은 공공정책과정에서 어떻게 정책수립과 집행에 필요한 지적 자원(지식이나 정보), 사회적 자원(신뢰적 사회관계), 그리고 정치적 자원(공동으로 정책을 수행할 수 있는 정치적 역량)을 동원하느냐의 여부에 달려있다(Healey et al., 2003).

바로 이점에서 참여적 의사결정의 효과를 기대할 수 있다. 즉, 공공정책과정에 다양한 관련주체들의 참여와 이들 간의 대화를 촉진시킬 수 있는 조건과 절차를 마련함으로써, ① 참여자들의 다양한 가치와 견해를 정책형성과정에 포함시킴으로서 정책문제와 관련된 주제의 범위를 규정할 수 있으며(달리 표현하면, 갈등의 소지를 사전에 예방하며), ② 참가자들 스스로 자신들의 주관적 견해와 상이한 견해가 있음을 인지하여 문제상황에 대한 이해의 폭이 확장됨(상호적 사회학습)과 동시에 자신의 견해를 수정할 수 있는 가능성이 증대하고, 또한 상대방 입장에 대한 이해의 증가는 서로간의 신뢰를 증진시킬 수 있으며, ③ 이런 사회학습과 신뢰관계를 바탕으로 정책수립의 대상이 되는 문제상황에 대한 정의와 해결방안에 대해 교육된 선택을 할 수 있다. 더욱이 시민들이 자신의 삶에 영향을 미치는 공공정책과정에 참여하여 자신의 입장과 견해를 피력하고 정책결정에 영향을 미칠 기회가 주어짐으로 ④ 정부의 정책결정과정에서의 소외감이 줄며, 달리 표현하면, 정부에 대한 신뢰가 증가하고,

⑤ 정부의 정책결정과정의 투명성과 책임성이 증대되고, 종국적으로 ⑥ 참여민주주의의 정착화에 기여할 수 있다. 이런 의미에서 피오리노(Fiorino)(1990)는 참여적 의사결정의 효과를 수단적, 내용적, 그리고 규범적 효과로 구분하여, 공공정책과정에 시민들의 참여로 인하여 갈등을 해소하고 신뢰를 구축함으로 정책형성과 집행을 원활히 하고, 내용적으로 보다 개선된 정책결정을 내릴 수 있으며, 건강한 민주사회를 구축하는데 기여할 수 있다고 주장한다.

이런 참여적 의사결정의 기대 효과들은 실제 참여적 의사결정이 공공정책과정에 활용된 사례들에 대한 연구들에 의해 검증되어지고 있다. 참여적 의사결정이 활성화된 미국에 있어서, 공공정책과정에 이 방법이 활용된 실제 사례들에 관한 연구들은(Kathlene and Martine, 1991; Sabatier and Brasher, 1993; Fischer, 1993), 참여적 의사결정방법으로 인하여 정책수립과 관련된 보다 광범위한 정보를 취득할 수 있고, 참여자들의 정책수립을 필요로 하는 문제상황에 대한 정책지향적 학습을 고취시키고, 정책결정과 관련하여 개인의 이기적 경제이익의 추구를 극복하고 공익에 대한 시민들의 책임감을 고양시킬 수 있다고 제시하고 있다.

렌(Renn)과 그 동료 연구자들에(1993) 의하면, 참여적 의사결정에 의하여 시민들의 정책결정과정에 참여를 증진함으로서 정책대안들에 내재된 기술적/정치적 측면들에 대한 학습과 이들 대안들과 이 대안들에 의해 기대되는 결과에 대해 시민들 자신의 가치와 선호도에 바탕을 두고 평가하고 토론할 기회를 증진시킴으로서 공공정책과정의 민주화에 기여한다고 한다. 15개 중소도시의 도시재개발계획 수립과정에 참여적 의사결정을 활용한 결과에 대한 베리(Berry)와 그의 동료들의 연구는(1993), 참여적 의사결정이 시민들의 참여를 증진시킴으로 시민들의 그들 삶의 터전인 도시에 대한 애향심을 고취시키고, 정부행정의 정당성을 증가시키며, 정부조직의 권위가 강화된다고 주장한다. 또한, 공공정책결정과정에 참여적 의사결정이 이용된 239개의 실제사례에 대한 베얼리(Beierle)와 케이포드(Cayford)(2002)의 최근 연구에 의하면, 이 정책결정방법의 활용으로 시민의 다양한 가치에 보다 상응하는 내용적으로 개선된 정책을 생산할 수 있으며, 갈등의 해결, 정부와 시민들 간의 신뢰관계의 증진, 그리고 정책문제에 대해 시민의 이해를 높히는데 도움을 주고 있다고 한다.

하지만 이러한 긍정적 효과에도 불구하고 공공정책과정에서 참여적 의사결정이 활성화 되지 못하는 이유에 대해서 베얼리(Beierle)와 케이포드(Cayford)는 아직도 공공정책과정을 주관하는 정부부처가 공공정책의 결정을 기술적인 문제로만 인지하여 기존의 정책결정방법에 의존하고 있으며, 시민의 참여를 정책결정에 있어서 혼란을 야기하는 장애물로 생각하고 있기에 참여적 의사결정은 기존정책결정방법의 최소한의 보조방법으로 인지하고, 더욱이 어떻게 시민들을 정책과정에 참여시킬지 그 방법에 대한 이해가 결여되어 있는데 있다고 설명한다.

3. 참여적 의사결정을
위한 기초 분석

1. 참여적 의사결정 방법의
선택 시 고려사항

참여는 그 자체로 민주적 수단으로 활용될 수 있지만, 다양한 목소리를 정책결정과정에 반영하고 참여자로부터 전문지식과 새로운 대안을 마련한다는 점에서 정책적 효과 측면에서도 많은 장점을 갖고 있다. 하지만, 잘못 계획된 참여방식이 적용되었을 경우 혹은 의사결정 과정에서 참여 자체에 강조점을 주는 경우, 자칫 정책결정의 지연과 비효율성을 수반하는 경우도 있다. 따라서 참여적 의사결정의 성패여부는 대상별, 시기별로 어떤 참여방법을 적용하느냐에 달려있다.

참여방법의 설계 및 디자인은 과학이라기보다는 예술에 가깝다라고 한다. 공공정책의 의사결정과정에서 참여의 방법을 적용할 때 고려되는 몇 가지 특성을 살펴보기로 하겠다.

1. 참여적 의사결정 방법 선택 시 고려하는 주요 특성

우선, 기존 제도나 법령내 의사결정절차(Institutional decision-making procedures and statutory frameworks)를 확인하여야 한다. 예를

들어, 공공사업의 경우, 환경영향평가를 수행하도록 규정되어 있고 갈등관리기본법에서 제시한 주민 및 이해관계자 참여에 대한 규정을 이해하고 실행하여야 한다. 기존의 주민 및 이해관계자 참여 제도를 무시하고 이와 별개의 독립된 참여적 의사결정 과정을 진행하는 것은 향후 문제를 유발할 가능성이 높다. 따라서 기존 제도나 법령에서의 참여적 의사결정 절차에 대해 명확히 숙지하여야 한다.

둘째, 문제의 복합성 및 불확실성(Complexity, uncertainty and indeterminacy)에 대한 파악이 중요하다. 공공정책 및 사업 진행 시 발생할 수 있는 갈등과 예기치 못한 위험에 대한 분석이 필요하다. 문제의 복합성 및 불확실성에 대한 사전분석을 통해 이에 대한 준비와 대비책을 마련해야 한다.

셋째, 문제의 경과와 배경(History of the issue)에 대한 분석이 필요하다. 공공정책을 둘러싼 문제를 명확히 분석하여야만 그에 맞는 논의를 진행할 수 있기 때문이다.

넷째, 문제에 대한 대중의 인식(Public perceptions of policy)을 파악하여야 한다. 일반인들의 문제에 대한 이해도가 떨어지거나 직접 참여적 의사결정 과정에 참여하는 당사자들이 그에 대한 이해가 떨어진다면, 참여적 의사결정과정 첫 단계에서 학습 및 정보제공을 위한 과정이 상대적으로 많이 강조되어야 한다.

다섯째, 공공정책에 대한 참여적 의사결정에 소요되는 시간과 예산(Time and costings)을 명확히 해야 한다. 제한된 시간과 예산을 가지고 장시간 소요되거나 예산이 많이 소요되는 참여적 의사결정을 진행할 수 없기 때문이다. 모든 공공정책의 의사결정과정에서 여유 있고 충분한 시간과 예산이 지원된다면 가장 효율적인 방법으로 참여적 의사결정을 적용할 수 있지만, 그렇지 못하다면 계획된 시간과 비용에 맞춘 참여적 의사결정을 선택해야 한다.

여섯째, 지리적 범위와 지방색(Geographical scale and national variations)에 대한 파악이 있어야 한다. 광역단위나 한 지방에 국한된 사업이나 정책에 대해서 전 국민이 참여하는 의사결정 방법을 택할 필요는 없다. 또한, 지역적 특색을 고려하는 것도 중요한 요소가 될 수 있다.

2. 참여 단계별 고려사항

공공정책에서의 참여적 의사결정은 장기간이 소요되는 복잡하고 어려운 과정이다. 따라서 각각의 단계별로 체크리스트를 준비하여 확인하는 것이 중요하다.

의사 분석(Decision analysis) 단계

첫째, 참여적 의사결정에서 결정할 의사가 무엇인지 명확히 한다. 결정할 의사가 무엇인지를 명확히 하지 않는다면 참여적 의사결정을 통하여 내려지는 결론이 불분명한 경우가 발생할 수 있다.

둘째, 참여적 의사결정 단계를 3~4 단계로 구분하여 각 단계별로 결정하고자 하는 목표를 분명히 한다. 또한, 각 단계별로 결정된 사항에 대한 이해관계자의 수용성을 확인하는 과정이 필요하다. 각 단계별 결정사항에 대한 수용성이 미진할 경우 다음 단계로 진행하지 않고, 문제의 원인을 파악하여 다시 전 단계를 반복 실시하는 것이 중요하다.

셋째, 이해관계자 및 일반 국민의 참여가 필요한지, 필요하다면 어떤 목적인지를 분명히 한다. 정책의 성격 및 유형에 따라 참여하는 이해관계자가 달라질 수 있다. 또한, 이해관계자 참여의 목적이 정책의 효율성을 위한 것인지, 추후에 발생할 수 있는 갈등을 미연에 방지하는 것인지 아니면 참여자체에 의미가 있는 것인지를 명확히 구분할 필요가 있다.

주민 참여 계획(Public participation planning) 단계

첫째, 의사결정과정의 각 단계에서 주민/이해관계자의 참여를 통하여 이룩하고자 하는 것이 무엇인지를 분명히 한다. 각 단계별로 참여의 목적과 단계에서 확인하고 얻고자 하는 목표는 구분되어야 한다.

둘째, 이해관계자(internal and external)를 확인한다. 참여 계획 단계에서 가장 중요한 것은 이해관계자를 파악하는 것이다. 하지만, 모든 이해관계자가 참여적 의사결정에 참여할 수는 없다. 따라서, 참여적 의사결정에 직접적으로 참여할 수 있는 이해관계자는 선별하고, 직접적 참여기회를 갖지 못하더라도 매체(예를 들어, 인터넷이나 전화, 설문 등)를 통하여 간접적으로 참여할 수 있는 방법도 고려되어야 한다.

셋째, 의사결정 과정의 각 단계에서 사용될 수 있는 방법과 기술들을 확인하고 다양한 참여자의 욕구를 고려한다.

넷째, 사용될 수 있는 방법/기술들을 계획과 연결시킨다.

실행계획(Implementation planning)

각각의 시민참여 활동 실행계획을 세운다. 실행계획은 각각의 참여적 의사결정 방법에 따라 달라진다. 예를 들어, 합의회의의 경우,

수개월간의 조정위원회와 예비모임을 계획하고 본회의에 임하게 된다.

[표 2-2] 합의회의 사전모임 계획 및 일정

1차 조정위원회	•기획 내용 검토, 조정위원 역할 정리, 주제와 이해관계가 있는 집단 목록 작성. (시민패널 촉진자 선정), 자료집 준비 검토.	본회의 6개월 정도 전
공청회	•주제와 관련해 이해관계가 있는 집단들을 중심으로 공청회를 개최할 수도 있다.	
시민패널 모집	•해당 주제에 대한 합의회의 개최 사실과 시민패널 모집을 알리는 광고(중앙과 지방 일간지에).	
2차 조정위원회	•전문가패널 후보 명단 작성 및 접촉, 시민패널 선정.	
1차 예비모임	•시민패널 소개, (촉진자 소개), 기초 지식 제공, 주요질문 선정, 전문가패널 구성에 대한 제안(시민패널).	2~3개월 전
3차 조정위원회	•주요 질문 검토, 주요 질문에 답변할 전문가 추천.	
2차 예비모임	•주요 질문에 대한 토론, 세부 질문사항 정리, 추천된 전문가패널 구성 승인.	1개월 전

3. 참여적 의사결정의 단계별 목적 및 적용

① 학습(education) 및 정보제공(information provision)

어떤 문제가 발생했고, 어떤 문제가 발생하는지 등의 단순한 사실을 알리는 목적으로 특별한 메커니즘을 이용하지 않고 다양한 매체를 통한 전달방법이다.

② 정보제공(information provision) 및 의견수렴(feedback)

일반인 및 이해당사자를 대상으로 의사결정 주체가 어떤 문제의 제안이나 관련 질문에 대해 대상자로부터 의견을 구하는 과정이다.

③ 참여(Involvement)와 협의(consultation)

다양한 형태의 방법을 통해 참여자가 주어진 장소에 함께 모여 대면을 통해 의견을 주고받는 행위로 전문가나 일반인들 상호간에 이루어지는 커뮤니케이션 행위이다.

④ 숙의적 참여(deliberative involvement)

일정기간 일반인과 이해당사자, 혹은 전문가가 정책 형성과 의사 결정에 영향을 줄 수 있는 내용을 심도 있는 토론과 숙의를 통하여 결정하는 행위이다.

[그림 2-2] 공론화 단계별 진행 과정에 따른 참여 방법

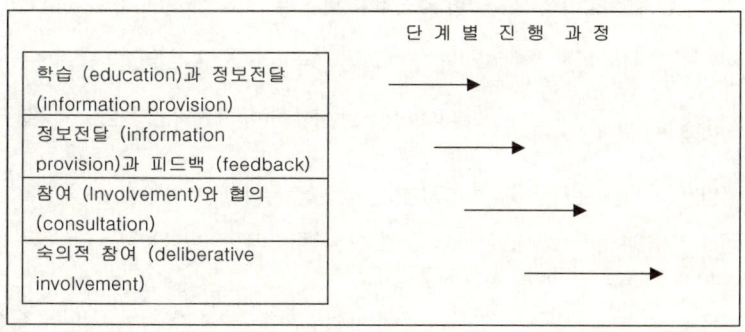

2. 참여적 의사결정 단계와 적용

　일반적으로 효율적인 참여적 의사결정방법을 적용하기 위해서
전체 과정을 5단계로 나누어 추진한다.

　1단계는 준비단계로 참여적 의사결정의 운영원칙을 확립한다.

　2단계에서는 의사결정 방식을 선정하고 참여적 의사결정으로
논의할 대상영역을 정한다.

[표 3-2] 단계별 참여적 의사결절 추진역할 및 임무

단 계	역 할	임 무
1단계	사전 준비	의사결정 운영 원칙 확립, 신문 및 방송 통한 의사결정 활동 홍보
2단계	예비 조사	의사결정 방식 선정, 논의 대상영역 선정
3단계	참여적　의사결정 진행	참여자 선정, 숙의적 의사결정 방식 활용, 사회적 확산
4단계	논의 결과 평가	논의 결과 평가, 사회적 수용성 확인
5단계	결론 도출 및 평가	결과의 종합 및 검토, 정부 보고, 언론 발표

　3단계에서는 본격적 참여 과정으로 이해관계자, 전문가, 일반시
민이 체계적 틀 속에서 숙의를 통해 논의를 실시하는 단계이고

　4단계는 참여적 의사결정을 통해 도출된 결론을 평가하고 사회적

수용성을 확인한다.

5단계에서는 전 단계들을 통해 도출된 참여적 의사결정 결과를 종합적으로 검토하고, 이를 정부에 보고한다.

1. 1단계 : 사전 준비 단계

참여적 의사결정방법 운영 원칙 확립

참여적 의사결정을 주체하는 기관은 먼저, 공론화에 대한 운영 원칙을 설정한다. 논의 시작단계에서의 운영원칙 설정은 참여적 의사결정 과정을 통하여 도출되는 결과에 영향을 미친다. 예를 들어, 참여적 의사결정 기본원칙(정보 및 절차의 투명성, 의사결정과정의 공평성, 이해당사자 및 일반국민 참여, 논의의 심사숙고성)들을 의사결정 진행 과정에 어떻게 전달할 수 있는지, 어떠한 방법론들을 적용했을 때 기본원칙들을 철저히 지킬 수 있는 것인지, 논의 과정중 발생할 수 있는 위험(risk)이나 불확실성(uncertainty)은 어떠한 것들이 있고 이를 사전에 발견해내고 최소화 할 수 있는 방법은 어떠한 것들이 있는지를 사전 검토하는 절차를 갖는다.

참여적 의사결정에 대한 운영 원칙 확립과 동시에 의사결정 과정을 통하여 도달하고자 하는 목표 설정도 중요하다. 의사결정을 통해 달성하고자 하는 목표를 무엇에 두느냐에 따라, 의사결정의 방향 설정이나 적용 가능한 참여 방법이 달라지기 때문이다. 다수 사람들의 참여에 그 목적을 둘 경우, 참여와 참여를 통한 사회적 학습 자체에 비중을 두는 참여적 의사결정 방식이 채택될 수 있지만, 참여적 의사결정을 통하여 합의된 최적의 안을 도출하는 것이 목적이 되었을 때는 합의형성에 필요한 방법론들이 적용되기 때문이다. 따라서 참여적 의사결정 과정을 통해 도달하고자 하는 목표 달성에 적절한 참여방법 설정(Fitness-for-purpose)은 참여적 의사결정의 핵심과제라 할 수 있다.

참여적 의사결정 활동 홍보

참여적 의사결정 활동에 대한 홍보는 공공정책의 공론화에 대한 대중적 관심을 유도하기 위해 필요하다. 공공정책에 대한 일반 대중들의 관심을 유도하고, 일반인들의 참여를 유발함으로써 일반인들의 다양한 의견을 들을 수 기회를 많이 가지는 것 또한 중요하다.

여러 방송매체 및 인터넷을 활용하여 참여적 의사결정에 대한 여론을 확산하고, 공개회의를 통하여 참여적 의사결정에 대한 소개와 추후 진행될 의사결정 과정에 대해 일반 시민들에게 설명함으로써 시민들의 관심과 참여를 유도할 수 있다. 또한 공개회의는 참여적 의사결정 과정의 투명성을 드러내는 주요한 지표가 될 수 있다. 공개회의를 통하여 일반인이 생각하는 새롭게 전개될 공공정책의 문제점을 발견할 수 있다.

국가단위의 공공정책의 경우, 공개회의를 지역을 순회하며 개최하게 된다면, 중앙단위에서 이루어지는 참여적 의사결정의 단점을 극복하고 전국적 이슈로의 확산을 기할 수 있다. 1단계를 마친 참여적 의사결정 진행 주최에서는 그동안의 활동에 대해 워크숍 등을 통하여 일반시민에게 알리고, 1단계에 대한 평가를 실시한다. 이러한 평가 절차는 다음단계에 적용할 방법론을 재검토할 수 있는 기회를 제공하고 1단계에서 추진한 의사결정 과정에 대한 사회적 수용성을 확인할 수 있다.

2. 2단계 : 예비 조사 단계

참여적 의사결정 방식 선정

최근 국내·외에서는 의사결정과정에서의 참여방법에 대한 많은 연구가 이루어져왔다. 특히, 공공정책과 관련한 참여적 의사결정 방법에 대해서 영국, 스웨덴 등 서구 유럽을 중심으로 많은 연구와 논의가 진행되어왔고, 실제로 이를 적용하고 있다. 하지만, 이론적 연구를 토대로 실질적 참여적 의사결정 과정에 적용했을 때 많은 어려움에 직면하게 됨을 외국의 사례를 통하여 볼 수 있다. 이러한 이유로 어떠한 방식의 참여적 의사결정 방법을 선택할 것인가는 공공정책 의사결정의 성패를 좌우한다. 참여적 의사결정 방식 선정에 있어서 고려하여야 할 사항은 다음과 같다.

- 어떻게 이해당사자와 일반국민이 가장 적절하고 효율적으로 참여적 의사결정 각 단계에 참여할 수 있는가?
- 참여적 의사결정 단계에서 적용할 여러 방법론을 어떻게 운영하고 정책결정 실행과정에 반영할 수 있을 것인가?
- 국민 및 이해당사자를 바탕으로 한 참여적 의사결정 방식을 통하여 나온 결론을 어느 정도 신뢰하고 적절하다고 평가할 수 있는가?

또한, 참여적 의사결정 방식 선정과 관련된 다음과 같은 구체적인 선택기준이 마련되어야 한다.

[표 2-4] 참여적 의사결정의 구체적인 선택기준

• 참여의 목적은?	정보전달, 협의, 숙의적토론, 참여자체
• 참여하는 범위는?	지역, 광역, 국가

• 참여적 의사결정을 통하여 찾아내고자 하는 것은?	문제발견, 대안 발견, 결과에 대한 평가, 최적의 안 도출
• 의사결정 과정에 참여하는 참여자의 폭은?	개인, 소그룹, 그룹 전체

위의 질문들에 대한 분석을 토대로 각 단계별로 적용할 참여방법에 대한 논의가 전문가를 중심으로 진행되어야 한다. 그러나 참여적 의사결정을 진행하는 과정에서 발생하는 여러 사항과 가변요소를 고려하여 다양한 방법들을 유연하게 적용할 필요가 있다.

일반적으로 교육, 정보제공, 의견수렴, 협의, 숙의적 참여방식이 의사결정 과정에 모두 포함되어야 한다. 참여적 의사결정 과정은 이러한 다양한 수준의 참여방법이 적절하게 활용되었을 때 효율적 성과를 기대할 수 있다. 일반적으로 일방향성 커뮤니케이션을 통한 낮은 수준의 참여방식은 의사결정 초기단계에 문제에 대한 대중의 인식을 확산하고 공공정책에 관한 문제 및 관심을 유도하기 위해 활용할 수 있는 방법이며, 양방향성 커뮤니케이션을 통한 높은 수준의 참여방식은 2단계 참여방법 적용단계에서 심도 있게 활용될 수 있는 방식이다.

논의 대상 영역의 선정

참여적 의사결정을 진행하는 주체에서는 논의의 대상을 명확하게 규정지어야 한다. 예를 들어, 방사성폐기물 처분에 관한 참여적 의사결정을 실시한다고 가정해 보자. 방사성폐기물의 정의와 분류에서부터 기 발생한 방사성폐기물뿐만 아니라, 추후 원자력발전소 가동으로 인해 발생할 모든 방사성폐기물량에 대한 분석을 토대로, 각각의 방사성폐기물을 어떻게 안전하게 저장할 것인지, 중장기적으로 어떠한 처분방식이 타당한 것인지에 대한 논의 대상을 선정하고 논의를 추진하는 것이 바람직하다.

외국의 경우에도 같은 방사성폐기물 처분에 관한 참여적 의사결정을 실시하고 있지만, 각 국가에서 시행하고 있는 참여적 의사결정 방법에서 논의 대상은 확연히 구별된다. 영국의 경우는, 저준위 방사성폐기물을 제외한 모든 방사성폐기물의 관리정책에 대해 참여적 의사결정 방법이 진행되고 있고, 캐나다는 고준위폐기물에 한정하여 참여적 의사결정 방법을 진행하고 있다. 독일은 고준위폐기물 중에서도 부지선정방식에 대한 참여적 의사결정을 진행하였다. 자칫 논의 대상의 확대나 축소는 참여적 의사결정 과정을 어렵게 하거나 그 의미를 축소케 할 가능성이 있다.

참여적 의사결정의 주체 및 대상에 대한 논의도 함께 이루어져야 한다. 참여적 의사결정 과정에 누가 참여하며, 참여적 의사결정 과정을 누구에게 알리고, 누구를 대상으로 할 것인지에 대한 영역을 결정한다. 참여적 의사결정에 참여하는 대상은 각기 다른 지식을 갖고 의사결정 과정에 참여하게 된다. 따라서 과학, 기술, 사회경제, 윤리 분야 등에 전문지식(specialist knowledge)을 갖고 있는 전문가나 이해관계자, 그리고, 경험이나 일반적 상식으로 문제를 인식하고 판단하는 일반지식(lay knowledge)을 갖고 있는 시민이나 일반인들에 대한 구분은 이들을 어떤 방식으로 참여시키느냐, 혹은 참여과정에서 어떤 역할을 할 수 있는지에 도움을 준다.

3. 3단계 : 참여적 의사결정 추진

참여자 선정

1단계에서 일반 시민을 대상으로 일반인들이 이해하고 있는 공공 정책에 대한 의견과 견해를 수렴하는 과정이라면, 2단계에서는 이해 관계자 및 전문가, 시민대표가 체계적 참여 및 토론 방식을 통하여 숙의적 여론을 형성하는 단계라 할 수 있다. 따라서 이 단계에서의 참여자 선정은 무엇보다 중요하다. 또한 참여자 선정기준을 설정하고, 숙의적 토론방식에 참여하는 소수의 이해관계자나 전문가는 각 집단을 대표할 수 있는지에 대한 검증 작업이 필요하다.

숙의적 참여방식 적용

90년대부터 선진국을 중심으로 기존의 참여방식이 안고 있는 문제들을 극복하는 새로운 방식의 참여기법이 활용되었다. 대표적 예가 시민배심제(citizens' jury), 합의회의(consensus conference), 공론 조사(deliberative opinion poll), 프래닝셀(planning cell)이다.

시민배심제, 합의회의, 공론조사 플래닝 셀 방식은 전문가와 일반 시민이 함께 참여하는 숙의적 참여방식으로 정책 결정 과정에서 활용할 수 있는 방법들이다. 3단계에서 진행되는 참여적 공론화 과정은 공론화의 사회적 확산을 위해 TV중계나 인터넷 매체 등을 활용하여 공개적으로 진행하는 것이 바람직하다. 실례로 서구에서 여러 차례 적용되었던 공론조사는 지역 및 국가 방송사에서 생중계 하는 사례가 많다.

4. 4단계 : 논의 결과 평가 단계

3단계에서는 다양한 다수의 참여자들이 함께 참여적 의사결정 방식을 통하여 충분한 대화와 토론을 실시한다. 하지만, 진행 과정 중 발생할 수 있는 여러 위험요소를 사전에 충분히 예측하고 분석해서 원활한 진행이 이루어 질 수 있도록 준비되어야 한다.

4단계에서는 참여적 의사결정을 통하여 논의된 내용에 대해 전문가의 검토가 필요하고, 특히 일반인들에게 공개하여 일반시민들의 의견을 수렴하는 작업, 즉 평가의 단계를 거쳐야만 한다. 중간평가를 통하여 사회적 수용성이 낮다고 판단될 때에는 문제의 원인을 분석하고, 잘못 적용되었던 사항에 대해 다시 적용할 수 있는 유연성 확보가 필요하다. 중간 평가 과정을 거치고 않고, 바로 결과를 도출하고 정부에 보고하고 발표했을 때는 결과의 내용에 대한 사회적 수용성이 낮을 가능성이 높고 이는 또 다른 사회 갈등을 일으킬 소지가 있다.

5. 5단계 : 결과 도출 및 평가

3단계, 4단계에서는 전문가 및 이해관계자, 일반 시민을 대상으로 하는 숙의적 토론방식 등 다양한 형태의 참여 방법을 적용하였지만, 5단계에서는 그동안 논의된 결론을 검토하고 최종 합의사항을 도출하는 작업이 진행되고, 도출된 합의사항을 정부에 보고한다.

각기 다른 방식의 논의 과정을 통하여 도출된 안이 몇 가지로 구분될 경우에는 이 중 하나의 안을 도출하는데 필요한 기술적 분석

방법을 적용하게 된다. 예를 들어, 다기준분석(Multi-criteria analysis)은 논의를 통하여 도출된 몇 개의 안에서 최적의 안을 찾아내는 방법들이다. 다기준분석은 개인들의 가치가 다원화되고 의사결정에 영향을 미치는 주제들의 수가 증가하는 상황에서 공공부문의 의사결정을 해결하기 위한 방안으로, 상충적이고 다양한 척도로 측정된 평가기준을 통해 추출된 대안 중 최적의 대안을 추출하는 데 용이한 장점을 가지고 있다.

공공정책에 대한 참여적 의사결정 방법은 다양한 형태의 참여 기법과 방식을 적용함으로써 다양한 계층의 일반인을 포함, 이해관계자, 전문가가 개인 혹은 그들이 속해있는 집단의 의견을 전달하고, 숙의적 토론을 통해 서로 다른 의견을 조율하여 합의에 이르는 과정이다. 참여적 의사결정 설계 시 중요한 것은 정형화된 형식의 틀에 맞춰서 디자인하는 것보다 유연(flexible)하면서도 결론에 대해서는 열려있는 자세가 필요하다.

4. 참여적 의사결정의
유형과 적용

1. 시민참여(Public Involvement)의 다양성

1. 시민참여의 유형분류

공공기관의 정책 및 사업 등과 관련하여 지속가능한 발전을 강구하고 그 과정에서 발생할 수 있는 갈등을 예방하기 위하여 여러 나라에서 다양한 시민참여방법들이 연구·적용되어 왔다. 그러한 참여방법들은 참여의 주체나 방법 및 효과의 면에서 서로 상이한 것으로서 공공기관이 실시하려는 정책이나 사업의 특성에 따라 보다 효과적인 방법을 선택하는 것은 매우 중요하다.

이 장에서 제시하는 유형들은 미국, 영국, 덴마크, 호주 등을 중심으로 공공갈등의 예방 및 해결을 위하여 사용되어 온 결과 일반적인 형식을 갖추게 된 것들로서 참여적 의사결정 방법을 설계하는 데 하나의 지표가 될 수 있을 것이다. 그러나 이러한 참여의 방법들은 매우 다양하며 정형화된 틀이 요구되는 것은 아니다. 또한 이를 사용하는 공공기관의 목적에 따라 여론의 확인, 정책이나 사업의 결정, 구체적인 방법의 선택 등과 같은 상이한 논의를 위해 이용될 수 있는 것으로서 실제로 동일한 유형의 방법이 상이한 목적으로 사용된 예도 흔히 발견된다. 그러므로 이러한 참여방법들은 다양한 기준으로 유형화할 수 있다.

[표 2-5] 목적 및 구성원에 따른 시민참여 유형 분류

시민참여의 유형	목 적			예 시
1. 일반적 시민참여 • 최광의의 참여적 의사결정 중 협의의 참여적 의사결정을 제외한 참여의 유형 • 갈등영향 분석 후 참여적 의사결정 방법이 이용될 사안으로 판단된 사안에는 단독으로 적용될 수 없음	(1) 학습 및 정보제공을 목적으로 하는 참여 • 정보제공·교육을 목적 • 일반시민의 의견수렴 기회는 없거나 매우 적음			전단, 팜플렛, 홍보책자, 비디오테이프 등의 자료배포 뉴스자료 배포 대중매체에의 광고 인터넷 웹사이트 운영 공공장소에의 자료전시
	(2) 정보제공 및 의견수렴을 목적으로 하는 참여 • 정보제공·의견수렴(숙의없는)을 목적 • 일반시민의 의견반영의 기회는 적음			오픈하우스(Open House) 운영 공청회 여론조사
2. 참여적 의사결정 • 협의의 참여적 의사결정 유형 • 공공의사결정에 실질적으로 영향을 미침 • 보장된 숙의과정을 포함	(1) 여론확인을 목적으로 하는 참여 • 시민적 여론에 대한 숙의 • 숙의 후 도출된 여론이 정책에 반영됨			포커스 그룹 공론조사
	(2) 정책에 대한 숙의를 목적으로 하는 참여 • 정책의 형성을 목표로 숙의 • 숙의 후 도출된 결과가 정책에 반영됨 • 반드시 합의를 목적으로 하지는 않음	① 이해관계자 참여 • 정책에 영향을 받는 이해 관계인이 참여 • 협력적으로 문제 해결		시나리오 워크숍 규제협상 협력적 의사결정(CPS) 라운드 테이블 시민자문위원회
		② 이해관계를 배제한 일반시민의 참여 • 모든 시민에 영향을 미치는 사안 • 사회적 목표로서의 공공선의 추구		시민배심제 플래닝 셀 합의회의

[표 2-5]는 현재까지 각국에서 활발히 사용되어 오고 있는 시민참여 방법들을 중심으로, 그 성질 상 가장 보편적으로 사용되는 목적에 따라 그리고 그것이 가지는 구성원적 특징에 따라 분류한 것이다. 이는 여러 가지 시민참여방법들의 성격을 이해하고 각 상황에 따라 적절한 참여방법을 선택하거나 또는 새로운 참여방법을 설계하는 데 도움이 될 수 있을 것이다.

2. 공공기관의 갈등관리에 관한 법률(안)에서의 적용

"공공기관의 갈등관리에 관한 법률(안)"에서 규정하는 "참여적 의사결정"은, 시민들의 참여를 통해 그 의사가 공공정책 및 사업에 실질적으로 반영될 수 있는 방법들을 의미한다. 그러나 이에 이르지 않는 참여방법들, 즉 최광의의 참여적 의사결정 방법에 속하는 학습 및 정보제공을 목적으로 하는 참여, 정보제공 및 의견수렴(feedback)을 목적으로 하는 참여도 갈등관리에 있어 매우 중요한 의미를 가진다. 이러한 참여방법들은 공공정책 및 사업의 계획수립으로부터 전개 및 실행에 이르는 전 과정에서 일반시민들의 실질적인 참여를 뒷받침하는 방법으로 널리 사용될 수 있다.

따라서 이러한 참여방법 또한 시민참여의 유형에 포함하여 살펴보기로 한다. 그러나 이러한 방법만으로는 일반시민이 공공정책 및 사업에 실질적인 영향을 미치기 어렵기 때문에 갈등영향분석을 통해 참여적 의사결정방법이 필요한 사안으로 판단된 경우에는 이러한 유형에 속하는 방법들로 참여적 의사결정 방법을 대체할 수는 없다.

2. 시민참여 유형

1. 일반적인 시민참여(Extensive Engagement)

공공기관이 정책이나 사업을 설명하기 위해 필요한 정보를 제공하거나 정책을 형성함에 있어 일반 시민의 의견을 수렴할 필요가 있을 때 이용될 수 있는 방법으로서 정책 및 사업의 계획 수립단계나 집행단계에 걸쳐 다른 참여방법들과 결합하여 다양하게 이용될 수 있다.

학습 및 정보제공을 목적으로 하는 참여

일반 시민들이 공공정책 및 사업의 내용에 관하여 전반적으로 인식할 수 있도록 관련 정보를 제공하고, 그 이해를 돕도록 교육하는 것을 목적으로 하는 참여의 방법이다. 이는 공공기관이 일방적으로 시민들에게 교육 및 정보를 제공하는 것이므로, 공공기관과 시민간의 상호적인 의사소통은 일어나지 않는다. 그 결과 일반 시민이 정책이나 사업에 영향을 미칠 수 있는 기회는 부여되지 않는다.

[표 2-6] 학습 및 정보제공을 목적으로 하는 참여방법의 특징

참여 방법	특 징
전단, 팜플렛, 홍보책자, 비디오테이프 등의 자료배포	• 많은 수의 시민 대상 • 가능한 짧고 간단하게 작성 • 단정적 문구, 형식 지양
뉴스자료 배포	• 대중매체의 파급력 이용 • 논란이 있는 사안의 경우 대담, 토론 형식의 기사 유용
대중매체에의 광고	• 논점이 간단한 경우 효과적 • 많은 비용 요구됨
인터넷 웹사이트 운영	• 시간, 장소에 제한 없이 이용 가능 • 접근능력없는 일반 시민 배제될 위험
공공장소에의 자료전시 (Information Centers and Field Offices)	• 시민들의 왕래가 잦은 장소에 설치 • 높은 교육효과 • 지역적 사안에 적합

정보제공 및 의견수렴(feedback)을 목적으로 하는 참여

일반시민들에게 관련 정책이나 사업에 관한 정보를 제공하고 그 의견을 수렴하는 것을 목적으로 하는 방법으로서 공공기관과 일반시민 간에 의사소통이 일어나기는 하지만 그것이 일방적인 구조에 머물러 있어 관련문제에 관한 협의나 숙의가 일어나지는 않는다.

[표 2-7] 정보제공 및 의견수렴을 목적으로 하는 참여방법의 특징

참여 방법	특 징
오픈 하우스 운영	• 전시장에 직원 상주 • 의견수렴 카드 비치
공청회	• 공개포럼 • 숙의과정 없는 의견수렴
여론조사(Opinion Surveys)	• 전화, 우편, 웹사이트 등 다양한 매체 활용 • 많은 수의 시민을 대상으로 할 수 있음 • 비교적 단순, 피상적 의견수렴

보통의 경우 정책이나 사업의 기본적인 계획이 결정되어 있고, 그 전개과정에서 공공기관의 재량이 부여된 경우 일반 시민들의 의견을 수집하고자 하는 목적으로 사용되며, 수집된 의견이 정책이나 사업에 직접 반영될 여지는 크지 않다.

2. 참여적 의사결정(Intensive Engagement)

학습, 정보제공 및 의견수렴을 목적으로 하는 일반적인 참여방법들이 일방적인 의사소통 구조를 가지고 있는 데 반하여, 참여적 의사결정 방법들은 모든 참여자 간에 대면적인 상호의사소통을 보장하고 있다.

공공기관, 전문가, 이해관계인, 일반시민 간의 토론, 논쟁 및 반박 과정을 포함하는 상호학습을 통해 정책의 질을 향상시키고 민주적 정당성을 확보하는 것을 목적으로 한다. 공공기관은 시민참여에 의한 집중적인 숙의과정을 거쳐 형성된 논의들을 정책과정에 실질적으로 반영하여야 하며, 그것은 참여과정을 이용하는 공공기관의 목적, 정책의 성격 및 단계에 따라 상이한 모습으로 나타날 수 있다.

또한 참여적 의사결정 방법들은 지식, 경험, 지위, 자원 등이 서로 다른 다양한 참여자 간의 숙의과정을 보장할 수 있도록 계획된 참여 방법으로서 특히 일반시민들에게 객관적인 논의가 가능할 수 있도록 충분한 정보를 제공하는 과정은 중요한 의미를 가진다. 참여의 방법들은 매우 다양한 것으로서 정형화된 틀이 요구되는 것은 아니다.

여론 확인을 목적으로 하는 참여

시민참여에 의한 집중적인 숙의과정을 거쳐 일반시민들의 견해를 확인하고 이를 공공의사결정에 실질적으로 반영하는 것을 목적으로 하는 참여방법으로서 참여자 간의 숙의과정을 거쳐 심층적인 의견이 제시된다는 점에서 참여적 의사결정 방법에 속하지 아니하는 일반적인 여론조사 방법과 차이를 가진다. 다만 숙의과정을 거쳐 도출된 의견은, 그것이 논쟁을 통해 선호의 변화를 가져왔을 수도 있고, 결과적으로 합의안을 도출하기도 하지만, 참여자들이 스스로 공동의 합의안을 형성하거나 정책권고안을 마련하기 위해 의도적으로 노력하지는 않는다는 점에서 정책에 대한 합의를 목적으로 하는 참여방법들과 구별될 수 있다.

이에 해당하는 참여의 유형으로는 포커스 그룹(Focus Group), 공론조사(Deliberative polling) 등이 있다.

① 포커스 그룹(focus group)

포커스 그룹은 심층적인 여론을 확인하기 위하여 특정한 주제에 대해 소그룹 형태로 행해지는 토론을 말한다. 공공기관의 목적에 따라 적합한 대상자를 의도적으로 선택하여, 심층적 의견을 수집하기 위하여 자료를 제공한다. 공공정책과 관련하여 정책의 수립 시에 관련 문제에 대한 여론을 확인하기 위한 목적으로 사용되는 것이 일반적이다.

[표 2-8] 포커스 그룹 절차와 적용

의의/특징	• 심층적인 여론을 확인하기 위하여 특정한 주제에 대해 소그룹 형태로 행해지는 토론 • 공공기관의 목적에 따라 적합한 대상자를 의도적으로 선택 • 심층적 의견을 수집하기 위하여 자료제공 • 공공정책과 관련하여 정책의 수립 시에 관련 문제에 대한 여론을 확인하기 위한 목적으로 사용되는 것이 일반적이지만, 정책의 내용이나 방법을 선택하기 위한 목적으로 구성되어 단일의 안을 제시하는 경우도 있음	
절차	사전 준비단계	• 주최기관은 운영위원회를 구성 • 토론주제 선정(5~6개로 한정) • 참여자 선정(6~12인)
	토론회의 계획단계	• 회의 시간 결정 • 회의 장소 마련 • 기본 규칙, 의사진행 순서 결정
	토론단계	• 참여자 소개 • 사회자의 주제에 대한 설명 • 토의(질문, 답변) • 토의 내용은 반드시 기록
	토론 이후의 단계	• 운영위원회에 의한 보고서 작성
평가	• 숙의를 통한 심층적 의견조사 • 여론조사에 비해 비용효과적 • 대표성 확보의 어려움 • 시간적 제한으로 피상적 논의의 위험	
적용	• 조직화되지 않은 일반시민의 견해 확인 용이 • 주어진 시점에서의 견해조사를 목적으로 하므로 복잡한 기술적 문제, 가치의 문제에는 적합하지 않음	

② 공론조사(Deliberative polling)

과학적 확률표집을 통해 대표성을 가지는 시민들을 선발하여 정보를 제공하고 이에 대해 토론하게 한 후 참여자들의 의견을 조사하는 참여방법이다.

[표 2-9] 공론조사의 절차와 적용

의의/특징		• 통상적인 여론조사 방법이 시민들의 피상적인 의견을 조사하는 데 그치는 단점을 보완하기 위하여 숙의과정을 결합 • 충분한 정보제공과 심도 깊은 토론을 통해 개인의 의견과 선호를 변화시킬 수 있고 이러한 변화는 결과적으로 질 높은 합리적 의견을 도출할 수 있으며, 이를 공공의사결정에 반영하는 것을 목적 • 중앙정부, 지방정부, 언론사, 교육기관 등의 공공기관이 주최
절차	기준조사	• 여론조사기관을 통해 무작위선발 • 2000~3000인에 대한 의견조사
	토론참가자 선정	• 기준조사대상자중 200~300인 정도 선정 • 성별, 연령, 거주지역 등 고려
	토론회 준비	• 주제에 대한 찬·반 견해를 가진 전문가 선정(토론자들에게 제공될 자료 준비)
	토론회 개최	• 소그룹활동(15~20인) 및 전체활동을 통해 질문내용 선정 • 전체토론회(전문가 패널 포함)
	의견조사 및 발표	• 기준조사와 동일한 질문에 대한 의견조사 • 분석 및 결과 발표
평가		• 대표성 확보 용이 • 숙의를 통한 질적 의견조사 • 많은 시간과 비용 • 많은 수 참여로 숙의과정의 어려움
적용		• 전국적·지역적 사안에 모두 적용 가능 • 가치의 문제·이해관계의 문제 모두 가능 • 여러 가지 대안이 선택 가능한 복잡한 공공정책의 문제로서 일반 시민들이 그에 관한 지식, 정보, 이해가 부족한 경우 가장 적합

정책에 대한 합의를 목적으로 하는 참여

전문가가 아닌 보통의 시민들이 공공기관, 전문가, 이해관계인, 다른 일반시민 등과의 숙의과정을 통해 정책결정에 실질적으로 참여하는 방법이다.

참여의 주체가 되는 보통 시민들이 정책이나 사업에 특별한 영향을 받는 이해관계자로서 참여하는 방법과 자신의 이해관계를 떠나 사회의 공공선을 추구하는 일반시민으로서 참여하는 방법으로 구분할 수 있다.

① 이해관계 있는 시민의 참여
• 시나리오 워크숍(Scenario Workshop) : 주로 지역 차원에서의 개발 또는 지속가능한 발전에 관한 전망과 실천계획을 수립하는 것을 목적으로 하는 토론회로서 미리 주어진 시나리오를 바탕으로 상이한 역할 그룹 간의 대화와 토론을 유도하는 것을 특징으로 한다. 일반시민이 지역의 전문가로서 참여하기 때문에 갈등의 예방에 효과적이지만, 그러한 이유로 지역적 한계를 가진다.

[표 2–10] 시나리오 워크숍(Scenario Workshop)

의의/특징		• 주로 지역 차원에서의 개발 또는 지속가능한 발전에 관한 전망과 실천계획을 수립하는 것을 목적으로 하는 토론회 • 지역주민, 공무원, 기업, 전문가 등의 대표자 참여 • 미리 주어진 시나리오를 바탕으로 상이한 역할 그룹간의 대화와 토론을 유도
절차	워크숍 이전단계 (시나리오 작성)	• 주관기관에서 의제설정 • 운영위원회 구성 • 워크숍 참여자 선정(각 그룹 4~6인) • 시나리오 작성
	워크숍 1일차 (공동의 전망 수립)	• 각 그룹별 시나리오 작성 • 전체 토론회에서 공동의 전망 수립
	워크숍 2일차 (공동의 실행계획 수립)	• 공동의 전망을 4개의 주제로 구성 • 참여자들을 4개의 주제별 그룹으로 나눔 • 주제별 실천계획 수립 • 전체토론회에서 공동의 실천계획 수립
	워크숍 이후 단계	• 공동의 전망과 실천계획을 공공기관에 전달
평가		• 일반시민이 지역의 전문가로 참여 • 갈등 예방에 효과적

적용	• 지역적 한계
	• 다양한 유형의 기술과 방법에 대한 평가 및 선택을 필요로 하는 전반적인 정책이나 발전계획 등
	• 1991년 덴마크에서 처음으로 시도한 시민참여방법으로서 이후 "도시 생태계(Urban Ecology)", "미래의 도서관(The Library of the Futher)", "교육의 미래(The Future of Education)"를 주제로 수차례 개최되었으며[1], 1993년 영국 등 4개국의 4개 도시들에서 "미래의 지속 가능한 도시"를 주제로 하여 개최[2].

•규제협상(Regulatory Negotiation) : 규제기관이 공식적인 정책결정에 들어가기 이전에, 규제로 인해 영향을 받는 이해관계자들과의 상호논의와 협상을 통해 규제내용에 대한 합의를 도출하고 이 과정을 통해 작성된 정책대안을 규제기관이 수용하는 규제정책의 결정방식이다. 규칙제정 초기단계부터 일반시민들이 행정기관과 동등한 지위로 참여하게 되므로 참여의 효과가 매우 큰 방법이지만, 일반시민들이 이익의 대표자로서 참여하여 협상과 타협을 통해 합의를 이루는 것을 목적으로 하므로 타협하기 어려운 가치의 갈등이나 첨예한 국가의 정책적 문제에는 적용할 수 없는 한계를 가진다.

[표 2-11] 규제협상(Regulatory Negotiation)

의의/특징		• 협상에 의한 규칙제정(Negotiated Rulemaking)이라고도 지칭
		• 환경단체 등과 같은 공익을 추구하는 집단의 대표, 일반인도 신청을 통해 협상에 참여 가능
		• 행정기관과 대등한 지위에서 상호 논쟁을 통한 합의
절차	협상전 단계	• 협상주제, 참여자 및 주관자 선정
		• 협상 위원회 설립 공고(관보 등)
		• 추가적으로 협상에 참여하기를 원하는 이해관계인들의 신청 및 추천 방법 고지

---

1) 덴마크 기술위원회 인터넷 사이트(http://www.tekno.dk/) 참조

2) 영국에서 개최된 시나리오 워크숍에 관한 자세한 내용은 김두환, 시나리오 워크숍, 과학기술·환경·시민참여(참여연대시민과학센터, 2002)에 수록된 글 참조

	협상 단계	• 제정될 규칙과 관련된 것으로 판단한 주제들을 상호 논의하고 그와 관련된 규칙에 관해 합의에 도달하도록 노력 • 사인인 이해관계인들은 행정기관의 대표자들과 동일한 권리와 책임 • 협상의 원활한 진행을 위하여 조력인(Facilitator) 선임 가능 • 협상과정은 대개 4~개월에 걸쳐 진행
	협상 이후의 단계	• 협상 위원회가 규칙안에 대해 합의에 도달하게 되면, 그에 관한 보고서를 행정기관에 송부 • 행정기관은 협상 위원회의 보고서를 토대로 규칙제정안을 작성하고 이는 관보에 공고되어 일반적인 규칙제정절차에 따라 의견제출 과정을 거치게 됨
평가		• 참여자들이 대표하는 이익에 대한 절충과 타협을 통해 합의를 이루는 것을 목적(다원주의적 참여모델로서의 한계) • 규칙제정 초기단계부터 행정기관과 동등한 지위로 참여(참여의 효과 큼)
적용		• 지역 및 전국을 대상으로 하는 규칙 모두에 적용 가능 • 협상될 문제들이 가치에 관한 갈등이나 첨예한 국가적 정책에 관한 갈등을 포함하는 경우에는 적용될 수 없음 • 협상에 참여할 중요한 이해관계인이 쉽게 정해지고 그 수가 제한적인 이익갈등에 적합

• 협력적 의사결정(CPS ; Collaborative Problem Solving) : 협력적인 대면적 상호작용을 통해 개인 및 그룹간의 지식, 사고 및 경험을 공유함으로서 공공의사를 결정하는 방법이다. 1980년대 이래로 미국에서 다수 당사자가 관련된 복잡한 갈등 특히 환경 및 공공정책의 분야에서 광범위하게 이용되어 왔다. 환경단체나 일반시민 등이 공공기관과 동일한 권한을 가지고 참여하는 것으로서 참여의 효과가 큰 방법이지만 타협을 통해 합의에 이르지 못할 위험도 존재한다. 또한 조직화되지 않은 이해당사자들이 참여하기 어려운 단점이 있다.

[표 2-12] 협력적 의사결정(Collaborative Problem Solving ; CPS)

의의/특징		• 협력적인 대면적 상호작용을 통해 개인 및 그룹간의 지식, 사고 및 경험을 공유함으로서 공공의사를 결정하는 방법 • 1980년대 이래로 미국에서 다수 당사자가 관련된 복잡한 갈등 특히 환경 및 공공 정책의 분야에서 광범위하게 이용 • 공공기관, 환경단체, 일반시민 등을 포함한 이해관계 있는 당사자들이 모두 참여하고 그들 모두가 동일한 결정의 권한을 가짐(참여의 효과 큼)
절차	준비절차	• 참여자 선정(가능한 한 모든 이해관계인 참여) • 중립적 조력인 선정 • CPS 절차의 결정
	CPS 절차	• 문제의 정의와 분석 • 문제해결방안의 제안과 평가 • 해결방안의 결정
	실행	• 도출된 해결방안을 실행
평가		• 환경단체나 일반시민 등이 공공기관과 동일한 권한을 가지고 참여하여 숙의과정을 통해 정책이나 사업에 관한 문제를 결정하는 것으로서, 그 참여의 효과가 매우 큰 방법 • 장래의 갈등 예방 • 합의에 도달하지 못할 위험 • 조직화되지 않은 이해당사자들의 참여 어려움
적용		• 뚜렷한 이해관계인이 존재하는 문제에 적용 가능 • 합의에 이르기 어려운 가치의 갈등에는 적용 곤란 • 이익의 갈등에 관한 문제가 적합

• 라운드테이블(Round tables) : 특정 사안에 대해 이해관계를 가지는 그룹, 전문가, 공공기관이 원탁에 함께 모여 토론을 통해 합의를 도출하는 방법으로서, 라운드(round)라는 명칭은 그 모임(table)의 누구도 지휘자(head)가 되지 않으며 토론에 참여하는 모든 사람이 결정에 대한 동등한 권한을 가진다는 의미를 가진다. 구체적인 도시계획 및 지역계획에 이용될 수 있으며 정치적, 사회적 문제에도 적용가능하다.

[표 2-13] 라운드테이블(Round Tables)

의의/특징		• 특정 시안에 대해 이해관계를 가지는 그룹 및 전문가들이 함께 모여 토론을 통해 합의에 이르는 방법 • 라운드(round)라는 명칭은 그 모임(table)의 누구도 지휘자(head)가 되지 않는다는 의미에서 비롯 • 토론에 참여하는 모든 구성원 즉, 공공기관, 일반시민, 환경단체 등이 결정에 대한 동등한 권한을 가짐 • 목표는 특정한 문제에 관해 토론하고 해결방안에 관해 합의에 이르는 것
절차	준비절차	• 자문단(consultants) 선정 : 참여자 선정, 회의 진행 등의 역할 • 참여자 선정(대개 20인 정도로 구성, 가능한 한 모든 이해관계인 포함, 소수의견이 고려될 수 있도록 노력) • 회의장 좌석배치(원탁을 중심으로 상이한 견해를 가진 구성원이 함께 토론할 수 있도록 배치)
	전문가 프레젠테이션	• 문제의 설명 • 기술적 정보제공 • 1시간 정도 소요
	원탁회의	• 브레인스토밍 • 참여자들이 각자 종이에 아이디어를 적고 이를 진행자가 플립차트에 붙여 그룹의 견해를 함께 모음 • 각 제안에 대한 토론과 평가를 거쳐 합의안 도출
평가		• 환경단체나 일반시민 등이 공공기관과 동일한 권한을 가지고 참여하여 숙의과정을 통해 정책이나 사업에 관한 문제를 결정하는 것으로서, 그 참여의 효과가 매우 큰 방법 • 모든 중요한 이해관계 있는 그룹이 참여하지 못할 경우 공정하지 못한 결과를 도출할 위험이 존재
적용		• 구체적인 도시계획 및 지역계획에 이용될 수 있으며 정치적, 사회적 문제에도 적용가능 • 합의에 이르기 어려운 가치의 갈등에는 적용 곤란 • 이익의 갈등에 관한 문제가 적합

• 시민자문위원회(Citizens' Advisory Committee) : 지역적 관심을 불러일으키는 문제에 관하여 논의하기 위하여 이해관계인 및 일반시민들이 정기적으로 가지는 토론모임이다. 시민자문위원회는 시민들이 공동의 노력을 통해 문제의 해결을 추구하고 합의에 도달하지

않더라도 상호간에 상이한 의견을 확인하고 다양한 의견을 공공기관에 전달하는 것을 목적으로 한다. 시민들의 견해를 공공기관에 직접 전달하는 것으로 효과적인 시민참여방법에 해당한다.

[표 2-14] 시민자문위원회(Citizens' Advisory Committee)

의의/특징		• 지역적 관심을 불러일으키는 문제에 관하여 논의하기 위하여 이해관계인 및 일반시민들이 정기적으로 가지는 토론모임 • 반드시 합의를 목적으로 하지 않음 • 공동의 노력를 통해 문제의 해결을 추구하고 합의에 도달하지 않더라도 상호간의 상이한 의견을 확인하고 다양한 의견을 공공기관에 전달한다는 데 목적
절차	참여자 선정	• 공공기관이 일반시민과 이해관계인을 선정(이해관계 있는 개인이나 그룹의 자발적 참여 가능) • 공공기관은 여러 견해를 대표하는 시민의 참여를 확보해야 함
	운영위원회 선정	• 위원장, 부위원장, 간사 등을 포함하는 운영위원회 구성 • 운영위원회 구성원은 특별한 자격을 요구하지 않으며 적극적이고 활동적인 시민이면 가능
	회의 준비	• 의사일정 마련 • 시민위원들에게 제공될 정보자료 준비
	회의 개최	• 참여자들의 소개 • 주제 발표 • 토론 후 결론 도출
평가		• 일반 시민들이 토론을 통해 도출된 공동의 의견을 공공기관에 직접 전달(효과적인 참여의 방법) • 대표성 확보의 어려움(자발적으로 구성되거나 일정부분 공공기관의 의도에 영향을 받을 가능성이 존재하므로 일반시민들의 의견을 제대로 반영하지 못할 위험) • 참여자 선정과 정보제공의 투명성을 확보하는 것이 성공의 중요한 요소
적용		• 지역적 문제에 효과적 • 포괄적인 계획의 문제나 구체적인 방법의 문제 등 다양한 정책 영역과 관련된 문제들에 모두 적용 가능

② 이해관계를 배제한 일반시민 참여

• 시민배심제(Citizens Juries) : 선별된 시민들이 중요한 공적 문제에 관하여 전문가가 제공하는 지식과 정보를 바탕으로 4~5일간의 숙의과정을 거쳐 결론을 도출하고 이를 정책권고안으로 제출하는 시민참여 방법이다. 시민배심원은 지역사회 및 의제와 관련된 일반 시민의 인식과 성향을 반영할 수 있는 표본수집을 통해 선별된다.

[표 2-15] 시민배심제(Citizens Juries)

의의/특징		• 이해당사자가 아닌 일반시민의 의견을 공공정책에 반영하고 사회적으로 중요한 공적 문제에 대한 여론을 형성하는 것을 목적 • 시민 배심원단은 일반적으로 18~24인으로 구성되며 일반대중을 대표하는 역할을 수행 • 계획 및 준비기간으로 3~4개월이 소요되고 숙의과정에 해당하는 청문절차(hearing)는 4~5일에 걸쳐 진행
절차	의제설정	• 시민배심원단이 숙의과정을 거쳐 답변하게 될 질문들을 의제로 구성
	자문위원회 구성	• 의제에 대한 다양한 관점을 가진 개인으로 구성 • 배심원들에게 그들의 역할, 답변해야 할 의제, 증인채택 등에 관해 조언 • 시민배심제 운영을 돕는 직원들(staff)이 공정하게 임무를 수행할 수 있도록 감독
	배심원단 구성	• 무작위로 전화설문 • 시민 배심원의 풀(pool) 구성(관련 의제에 대한 추가정보를 받기로 동의한 응답자 200~300인) • 지역사회 및 의제와 관련된 일반시민의 인식과 성향을 반영할 수 있는 표본수집을 통해 배심원단 선별
	증인채택	• 의제에 관해 지식있는 개인 • 자문위원회의 도움을 받아 상이한 관점과 견해를 반영할 수 있는 증인 채택
	청문(hearing)	• 배심원단의 질문 • 증인 답변 • 토론 후 의제에 대한 답변 도출
	정책권고안 발표	• 공개포럼을 통해 정책권고안 발표

평가 절차	• 임무수행에 대한 평가 • 최종 보고서 작성	
평가	• 숙의과정을 강조한 참여적 의사결정 방법 • 일반 시민들이 공공정책의 결정에 참여하여 학습과 토론을 통해 사회적 목표로서의 공공선을 추구 • 제한된 인원의 참여로 대표성 확보 어려움	
적용	• 사회 구성원 간에 견해의 대립이 있고 문제에 대한 여러 가능한 해결방안 중 하나나 일부를 선택할 필요가 있는 경우 유용한 해결방법 • 지역사회 또는 국가 전체가 영향을 받는 문제에 관한 주제가 적합 • 미국의 제퍼슨 센터는 1974년 국가의료보건계획에 관한 시민배심제를 실시한 이래 조세개혁, 폐기물관리, 수질문제, 생명윤리의 문제 등에 관한 시민배심제 프로그램 개최	

• 플래닝 셀(Planning Cell) : 플래닝 셀은 약25명 정도의 무작위 선발된 시민들이 주어진 계획이나 정책 문제들에 대해 숙의 과정을 통해 해결안을 제시하는 시민참여방법으로서 독일에서 유래하였으며, 독일어 명칭은 "Planungszelle"이다. 시민배심제와 유사하지만, 시민패널이 단순히 무작위로 선발되고, 복수의 토론회(Cell)가 동시에 혹은 순차적으로 운영된다는 점에서 차이가 있다.

[표 2–16] 플래닝 셀(Planning Cell)

의의/ 특징	• 약25명 정도의 무작위 선발된 시민들이 주어진 계획이나 정책 문제들에 대해 숙의 과정을 통해 해결안을 제시하는 시민참여방법 • 시민배심제와 유사하지만, 시민패널의 선발이 무작위로 이루어지며(이점에서 시민배심제 보다 숙의가 강조됨), 대개 여러 팀(Cell)이 동시에 또는 순차적으로 진행된다는 차이를 가짐 • 여러 가능한 선택의 여지가 존재하는 문제에 대해 단기간에 결정을 내릴 필요가 있는 사안에 유용	
절차3)	준비단계	• 운영위원회(Organizational Committee) 구성(프로그램과 스케줄 결정, 시민 패널 선발, 전문가와 이해관계인 선정 등의 전반적인 준비 및 진행) • 회의 촉진자 선정

절차4)		• 시민 패널 선발(관련 지역에서 무작위 선발된 약25인) • 전문가 및 이해관계인 선정(상이한 견해에 대한 균형 유지 필요)
	제1단계	• 강의, 현장방문, 비디오자료 및 문서자료 등을 통해 상이한 대안에 대한 정보습득 • 전문가 및 이해관계인 그룹의 상이한 견해학습
	제2단계	• 소그룹 토론(5인 정도) 및 전체토론을 통한 해결 방안의 도출
	제3단계	• 도출된 해결방안에 대한 평가를 통해 최종 합의안 도출 • 이는 권고안의 초안으로 작성됨
	보고서 작성 및 배포 단계	• 회의 촉진자는 플래닝 셀이 종료한 후 대략 2개월 이후에 시민보고서 초안을 토대로 시민보고서를 작성 • 플래닝 셀 참여자들은 토론을 통해 작성된 시민보고서를 검토 • 토론 후 확정된 최종 보고서 작성 • 공공기관, 언론, 이익단체 등에 배포
평가		• 참여자들은 모든 시민을 대표하며, 특정한 이해관계를 대표하지 않음 • 소수의 참여자들을 통한 심층토론과 적극적 참여가 가능 • 상이한 지역적, 사회적 그룹간의 불평등, 불공정이 주된 문제가 되는 갈등의 경우, 무작위 선발된 참여자들이 정당한 협상자로서 인식될 수 없기 때문에 플래닝 셀을 적용하기 어려움
적용		• 가능한 선택방안이 다수 존재하는 갈등에 유용 • 단지 찬반의 선택이 필요한 경우에는 적합하지 않음

• 합의회의(Consensus Conference) : 선별된 일반시민들이 특정 주제에 관하여 전문가들에게 질문하고, 답변을 평가하며 토론을 통해 의견을 수렴하고 그 결과를 기자회견을 통해 발표하게 되는 일종의 시민포럼이다. 합의회의에서는 전문가가 아닌 일반시민들이 회의의 전체과정을 이끌어 가는 주된 역할을 수행한다.

---

3) Peter, C. Dienel, ortwin Renn, Planning Cells : A Gate to "Fractal" Mediation, Fairness and competence in Gtizen participation, Kluwer Academic Publishers 참조

4) Peter, C. Dienel, ortwin Renn, Planning Cells : A Gate to "Fractal" Mediation, Fairness and competence in Gtizen participation, Kluwer Academic Publishers 참조

[표 2-17] 합의회의(Consensus Conference)

의의/ 특징		• 선별된 일반시민들이 특정 주제에 관하여 전문가들에게 질문하고, 답변을 평가하며 토론을 통해 의견을 수렴하고 그 결과를 기자회견을 통해 발표하게 되는 일종의 시민포럼 • 종래 유전공학, 생명공학과 같은 과학기술적으로 논쟁이 되는 주제를 다루어 왔으며, 오늘날 환경적, 사회적으로 관심을 불러일으키는 다양한 주제들이 그 대상이 됨 • 전문가가 아닌 일반시민들이 회의의 전체과정을 이끌어 가는 주된 역할을 수행 • 공공정책에 관해, 일반시민, 전문가, 정책결정자 간의 대화를 개방함으로써, 사회구성원간의 지식과 인식의 차이를 좁히고, 토론을 통해 도출된 일반시민의 의견이 정책결정 과정에 영향을 미칠 수 있도록 하는 것을 주된 목적으로 함
절차5)	조정 위원회의 구성	• 회의의 독립적이고 공정한 진행을 감독(대개 3~5인으로 구성) • 각 위원들은 가능한 한 합의회의의 주제에 대해 전문적인 지식 보유(상이한 견해간의 균형 확보) • 본회의 개최 6개월 전에 본회의 준비를 위한 1차 조정위원회 개최(합의회의의 기획내용 검토, 회의의 주제와 관련된 자료 준비)
	전문가 명부 작성	• 시민패널들이 질문을 하고 주제에 관한 정보와 답변을 제공하게 될 전문가들의 명부 작성(이 명부를 토대로 이후에 구성될 시민패널들은 실제 회의에 참석하게 될 전문가를 선택) • 과학적, 기술적 전문가 뿐 아니라 사회적, 윤리적 분야에서 식견 있는 인물도 포함
	시민패널 구성	• 신문이나 방송을 통해 지원 광고 • 조정위원회는 선별과정을 거쳐 시민패널을 구성(대개 10~16인의 시민들이 성별, 연령, 교육수준, 직업, 지역 등과 같은 사회·인구학적 특성을 고려하여 선별)
	시민패널의 예비모임	• 선별된 시민들은 본회의에서의 역할을 충분히 수행하기 위하여 미리 주제에 관한 이해를 도울 수 있는 자료를 제공받고 주말에 개최되는 2회의 예비모임을 개최 • 1차 예비모임에서 본회의에서 제기될 8~10개의 질문과 전문가 패널 구성 • 2차 예비모임에서, 본회의에서 제기될 최종적인 질문 결정
	본회의	• 대개 3일에 걸쳐 진행 • 시민패널, 전문가 패널이 모두 참여 • 언론과 일반 방청객들에게 공개

	• 본 회의 첫째 날에는 시민패널이 제기한 질문에 대해 전문가 패널이 전문가적 견지에서 답변을 제시 • 다음 날 시민패널은 전날의 답변 중 불명확한 부분에 대해 다시 질문을 하고 전문가들은 이에 답변을 하는 방법으로 토론이 진행 • 시민패널의 최종 보고서 작성 • 전문가 패널에 의해 검토(기술적 오류에 한함) • 기자회견을 통해 발표
평가	• 전문·기술적 견해를 나타낼 기회가 없었던 일반 시민들의 의견을 수렴할 수 있는 방법을 제공 • 합의회의에 참여하는 시민패널은 지원자 중심으로 구성되기 때문에 대표성의 면에서 매우 취약
적용	• 국가적 차원에서 주로 개최되지만 지역적 차원에서의 논의도 가능 • 사회 구성원 전체에 영향을 미치는 가치의 문제가 관련된 갈등이 주된 논의의 대상 • 전문적 지식을 제공받은 일반시민의 의견이 반영될 필요가 있는 정책과 관련된 사안, 논쟁의 여지가 크고, 복잡하며 기술적인 사안, 사회 구성원 간의 견해의 대립이 있는 사안, 사회 구성원에게 중요한 영향을 미치는 정책과 관련된 사안, 공론화가 필요한 사안, 일반시민에게 보다 많은 정보를 제공할 필요가 있는 사안에 효과적으로 적용 가능 • 덴마크, 영국을 중심으로 많은 국가들에서 유전공학, 유전자조작식품, 식물생명공학, 인간게놈프로젝트 등의 사회성 짙은 과학기술적 문제들이 합의회의를 통해 다루어졌고[6], 우리나라에서도 유네스코 한국위원회 주최로 '유전자조작 식품'과 '생명복제'에 관한 합의회의가 개최[7]

---

5) Participatory Methods Toolkit; a Practitioner's manual 참조

6) 세계 각국에서 개최된 합의회의에 관한 자세한 내용은 김명진, 이영희, 합의회의, 과학기술·환경·시민참여(참여연대시민과학센터, 2002)에 수록된 글 및 미국 로카연구소 웹사이트(http://loka.org/pages/worldpanels.htm) 참조

7) 유네스코 한국위원회 웹사이트(http://www.unesco.or.kr) 참조

3. 참여적 의사결정 방법의 적용

1. 참여적 의사결정 방법들의 특징

현재 세계 각국에서 이용되고 있는 많은 참여방법들은 참여의 주체나 방법 및 효과의 면에서 서로 상이하다. 따라서 공공기관이 정책이나 사업과 관련하여 참여적 의사결정방법을 이용하고자 하는 경우 시민참여방법의 적용목적, 참여의 대상인 갈등이나 문제의 성격과 내용, 참여주체의 성격과 범위, 공공기관이 지원할 수 있는 인적, 재정적 능력 등을 고려하여 적절하고 효과적인 방법을 선택해야 한다.

또한 현실적으로 공공정책이나 사업과 관련하여 발생되는 문제들은 가치, 이해관계, 사실인식의 차이로 인한 갈등들이 복합적으로 작용하고 있는 경우가 많고 관련 이해관계인들도 매우 다양한 양상을 보이기 때문에 위에서 살펴본 시민참여방법들 중 어느 하나가 유일하게 적절하고 효과적인 방법이 될 수는 없는 것이고 많은 경우 이들 방법들이 서로 단점을 보완하면서 함께 적용되거나 사안에 따라 변형되어 적용될 필요가 있다. 나아가 이들 방법과 함께 일반적인 유형의 참여방법들이 적절하게 사용되어야 함은 물론이다. 위에서 살펴 본 다양한 시민참여방법들의 절차 및 특징을 간략히 비교해 보면 다음과 같다.

[표 2-18] 참여적 의사결정 방법별 특징 개관

참여 모델	절차 개요	특징	참여자 성격	장점	단점	작용
포커스 그룹	토론 → 의견확 인 → 보고서 작 성	• 자유로운 형식 의 소규모 토론 모임 • 주제에 대한 참 여자들의 의견 확인	공공기관에 의한 의도적 선발(다양 성, 균형성 고려)	• 직구적으로 드러나 지 않은 보통시민 의 견해 확인 • 특정 문제에 대한 질적 의견 수렴에 용이	• 소수의 참여자로 인한 낮은 대표성 • 일반시민의 결과 수용도 낮음	• 모든 유형의 갈등에 폭넓은 작용 • 보통시민의 선충적 의견 확인
공론조사	기존조사 → 토 론회 → 의견조 사 → 발표	• 여론조사와 숙 의과정의 결합	대표성 있는 일반 시민	• 참여자의 대표성 확 보 • 지식과 정보가 제 공된 시민에 의한 질적 의견조사	• 다수의 참여자로 인한 낮은 심사숙 고성 • 낮은 비용효율성	• 전국, 지역적 범위 모 두 작용 가능 • 가치갈등, 이익갈등 모 두 작용 가능 • 대안 선택 기능한 복 잡한 문제
시나리오 워크숍	시나리오작성 → 공동의 전망 수립 → 공동의 실행계획 수립 → 공공기관에 전달	• 일반시민이 지역 전문가로 참여	이해관계자 대표 (공공기관, 기술전 문가, 업계, 일반 시민의 대표자)	• 일반시민의 역할 증 시(다른 이해관계 자 대표와 대등한 역할)	• 합의의 어려움 • 비용효율성 낮음	• 지역적 갈등 • 가치갈등, 이익갈등 모 두 작용 가능 • 미래예측이 어려운 복잡한 문제로서 다 양한 유형의 선택 가 능한 대안이 존재

규제협상	협상 → 합의	정부대표와 이해관계자들이 협상으로 규칙 제정	이해관계자 대표 (환경단체 등 공익단체, 일반시민도 포함)	• 공익단체 및 일반 시민이 정부대표와 동등한 지위에서 참여(참여의 효과 큼) • 갈등예방 • 우호적 관계 유지	• 조직화되지 않은 개인의 참여 어려움 • 타협으로 문제해결(가치갈등에는 부적합)	• 전국, 지역적 범위 모두 적용 가능 • 이익갈등 • 이해관계개인이 뚜렷하고 수가 제한적인 경우 적용적인 가능
CPS	문제의 정의 및 분석 → 해결방안의 제안 및 평가 → 해결방안가 → 의 결정	정책이나 사업에 영향을 받는 이해관계개인들이 참여적으로 문제해결	이해관계자 대표 (환경단체 등 공익단체, 일반시민도 포함)	• 공익단체 및 일반시민이 정부대표와 동등한 지위에서 참여(참여의 효과 큼) • 갈등예방 • 우호적 관계유지	• 조직화되지 않은 개인의 참여 어려움 • 타협으로 문제해결(가치갈등에는 부적합)	• 전국, 지역적 범위 모두 적용 가능 • 이익갈등 • 참여적 해결방안 색 필요한 경우
라운드 테이블	준비절차 → 전문가 프레젠테이션가 → 원탁회의	특정한 문제에 관해 참여자들이 동등한 위치에서 참여적으로 문제해결	이해관계자 대표 (공공기관, 일반시민, 환경단체 등)	• 공익단체 및 일반 대표 민이 정부 대표와 동등한 지위에서 참여(참여의 효과 큼) • 갈등예방 • 우호적 관계유지	• 조직화되지 않은 개인의 참여 어려움 • 타협으로 문제해결(가치갈등에는 부적합)	• 전국, 지역적 범위 모두 적용 가능 • 이익갈등 • 참여적 해결방안 색이 필요한 경우
시민자문위원회	정보 제공 → 토론 → 결론도출	도출된 시민의 견을 공공기관에	이해관계개인, 시민 대표 (샘반 견해)	• 정책반영 기능성 큼	• 대표성 확보의 어려움	• 지역적 갈등 • 이익갈등, 가치갈등 모두

유형	진행방식	참여자	목적	한계	특성(장점)
시민배심제	정보제공 → 숙의(질의, 답변) → 결론도출 → 정책권고안발표 / 충분한 정보를 학습한 일반시민의 대표자가 정책을 결정하여 직접 전달	일반시민(대표성 확보한 시민대표)	일반시민에 의한 정책결정 / 문제에 대한 면밀한 검토 / 사회적 목표로서의 공공선 추구	결정에 대한 일반 시민의 수용성 확보 어려움	두 작용 가능 / 견해가 다른 개인이나 그룹 간의 합의도출
플래닝 셀	준비단계 → 정보학습 → 권고안 초안작성 → 최종보고서 작성 → 공공기관에 전달 및 배포 / 충분한 학습한 일반시민의 대표자가 정책을 결정	일반시민(무작위 선별된 대표)	일반시민에 의한 정책결정 / 문제에 대한 면밀한 검토 / 사회적 목표로서의 공공선 추구	소수참여로 인한 낮은 대표성 / 결과에 대한 시민 전체의 수용성 확보 어려움	전국적, 지역적 갈등 모두 작용 가능 / 가치갈등 / 복잡하고 논쟁적 문제에 대한 구체적 선택 필요시
합의회의	전문가 패널의 지식이 필요한 사안에 대해 일반 시민이 학습 후 결론 도출 / 정보제공 → 숙의(질의, 답변) → 결론도출 → 기자회견으로 정책권고안발표	일반시민(지원 후 선별된 시민)	과학기술적 정보제공 / 공공선 추구	소수참여로 인한 낮은 대표성 / 결과에 대한 시민 전체의 수용성 확보 어려움 / 지원자 참여로 대표성 낮음	전국적, 지역적 갈등 모두 작용 가능 / 가치갈등 / 일반시민의 과학기술적 인식, 공론화 필요시 / 복잡·기술적인 논쟁적 사안

2. 참여적 의사결정 방법의 유형별 적용 예

원인에 따른 유형별 적용

① 지식의 차이가 원인인 갈등

공공정책이나 사업과 관련된 행위자들이 가지거나 신뢰하는 지식이 서로 상이하여 발생할 수 있는 갈등의 유형이다.

방사성폐기물의 안정성에 관한 인식의 차이, 새만금 간척사업에 있어서의 경제성평가와 담수호수질에 대한 평가의 차이, 서울외곽순환도로의 교통량예측 등의 차이에서 비롯된 갈등을 예로 들 수 있다. 이러한 유형의 갈등은 관련 행위자들이 상대방의 지식을 경청하고 이해함으로써 그 차이를 좁혀 합의된 지식에 도달하면 해결될 수 있다.

과학기술적 전문지식에 관하여 전문가와 일반시민의 지식의 차이로 인한 갈등의 문제(즉, 일반시민이 전문적인 지식을 결여한 경우)는, 공공기관이 정보가 수록된 전단, 홍보책자 등의 인쇄물을 배포하거나 신문, 라디오, TV와 같은 언론매체 이용, 인터넷 웹사이트 운영, 오픈하우스(Open House) 운영 등을 통해 일반시민들에게 정책이나 사업과 관련된 정보를 제공함으로써 일정 부분 해소될 수 있다.

그러나 위험성 평가, 환경평가, 경제성 평가 등이 포함된 복잡한 사안의 경우, 전문가들의 견해가 서로 상이한 경우가 있고, 이러한 견해에 터잡아 공공기관과 일반시민, 환경단체 간 갈등이 심화되는 경우도 존재한다. 이러한 경우 시민참여를 통한 갈등의 해결은 전문가가 아닌 일반 시민들이 대립하는 전문적 견해에 관해 균형 있게 학습하고 대화와 토론을 통해 합리적인 의견을 제시할 수 있을 것을 요건으로 한다.

시민배심제, 플래닝셀, 합의회의는 일반시민이 전문가들의 상반된 견해를 듣고 토론을 통해 합의된 견해를 도출하는 것으로서 이러한 유형의 갈등에 효과적으로 작용할 수 있다. 즉, 시민배심제는 대표성을 확보할 수 있도록 선별된 시민들이 중요한 공적 문제에 관하여 전문가가 제공하는 지식과 정보를 바탕으로 4~5일간의 숙의과정을 거쳐 결론을 도출하고 이를 정책권고안으로 제출하는 시민참여 방법이다. 이 과정에서 상반된 견해를 가진 전문가들이 시민들에게 정보 및 견해를 제공하고 이에 대해 시민들이 비판적 질문을 던지고 서로 토론함으로써 합리적인 의견을 도출해낼 수 있게 된다.

미국의 제퍼슨센터에서는 수질문제, 생명윤리의 문제 등이 시민배심제를 통해 효과적으로 다루어진 바 있다. 플래닝셀은 이와 유사한 방법이지만, 시민패널이 무작위로 선발된다는 점에서 숙의과정을 강조한 참여방법이 된다. 또한 합의회의는 선별된 일반시민들이 특정 주제에 관하여 전문가들에게 질문을 하고, 답변을 평가하며 토론을 통해 의견을 수렴하고 그 결과를 기자회견을 통해 발표하게 되는 일종의 시민포럼으로서, 유전공학, 생명공학과 같은 과학기술적으로 논쟁이 되는 주제가 그 대상이 될 수 있다.

② 이해관계의 차이가 원인인 갈등

이해관계의 갈등은 한정된 자원을 관계자들 사이에 어떻게 분배하는 것이 좋으냐에 대한 차이에서 기인하며 공공정책 및 사업과 관련하여서는 대개 지역주민들의 이주 및 직간접적인 보상의 문제와 결합하여 나타난다. 예컨대 새만금간척사업의 경우에는 갯벌의 상실로 피해를 받는 어민들과 간척사업을 통해 지역발전의 활성화를 기대하는 전북도민 간에 이해의 갈등이 존재하였다.

이러한 유형의 갈등은 공공사업에 영향을 받는 시민들의 이해관계의 정도에 따라 상이한 참여방법이 활용될 수 있다. 즉, 어떤 공공사업장이나 시설물이 입지하게 될 지역에 근접한 거주주민이 없거나 사업이나 시설물에 대한 염려가 심각한 정도에 이르지 않은 경우에는 그에 대한 정보 및 교육 제공의 방법으로 충분할 수 있지만, 위험시설물·혐오시설물 등이 입지하게 될 지역 근처에 거주주민이 존재하고 이들이 다른 지역의 주민들보다 많은 경제적·정신적·육체적 피해를 입을 염려가 큰 경우에는 이들의 의견이 실질적으로 반영될 수 있는 참여방법을 활용하여야 한다. 이때 일반시민들은 공공선을 추구하는 시민의 대표자가 아니라 자신의 이해관계를 대표하는 자로 참여하여 공공기관 및 다른 이해관계인들과 적절한 주고-받기를 통해 갈등을 해결하게 된다. 협력적 문제 해결(CPS ; Collaborative Problem Solving), 라운드테이블, 시민자문위원회, 규제협상 등이 이에 해당한다.

CPS와 규제협상은 공공정책이나 사업에 영향을 받는 모든 이해관계 있는 개인이나 그룹의 대표자들이 직접 참여하여 상대방의 견해를 경청하고 공동의 염려, 바램 및 이해관계를 확인한 후 가능한 모든 이해관계인들의 이익을 충족시킬 수 있는 해결방안을 토론을 통해 모색해 나가는 것으로서 미국에서 환경분쟁 등과 같은 공공분쟁의 영역에서 널리 사용되고 있다. 라운드테이블은 원탁을 둘러싸고 모든 참여자들이 동등한 지위에서 토론에 참여하는 것으로 자유롭고 창의적인 숙의를 강조하는 참여방법이 된다.

또한 시민자문위원회는 지역적으로 논란이 되는 문제에 관하여 일반시민, 이해관계인 등이 참여하여 토론을 통해 공동으로 문제를 해결하는 것으로, 공공기관의 주관 하에 참여자들이 결정되기는 하지만, 그 구성원이 균형적으로 투명하고 공평하게 구성된다면 지역주민들 스스로 문제를 해결하는 효과적인 수단이 될 수 있다.

한편 문제가 된 사안에 대해 시민들의 의견이 다양하게 분화되어 있고, 그 중에서도 일부 시민단체나 이익단체의 주장이 너무 커서 이러한 조직에 포함되지 않은 보통의 시민들의 이해관계 및 의견을 확인할 수 없는 경우가 존재할 수 있다. 이 때에는 공청회, 여론조사 등의 방법을 통해 일반시민들의 견해를 확인하고 질적인 의견수렴을 위해 포커스 그룹을 활용하는 것도 효과적이다.

③ 가치나 이념의 차이가 원인인 갈등

가치의 갈등은 신념, 종교, 문화 등의 차이에서 비롯되는 것으로 공공정책 및 사업과 관련하여 정당성의 문제로 나타난다. 즉, 가치는 옳고 그름을 판단하는 기준이라고 할 때 이를 둘러싼 갈등은 누가 또는 무엇이 옳고 그르냐에 대한 결정에 따라 해결될 수 있다. 그러나 이에 대한 결정은 이해관계의 갈등과는 달리 당사자간의 타협으로 이루어질 수 없다. 따라서 가치의 갈등의 경우 시민참여의 목적은 참여자들이 자신의 이익 보다는 공공선을 염두에 두고 대화를 통해 자신의 주장을 개선함으로써 공동의 해결방안을 모색한다는 데 있다. 이 때 시민배심제, 플래닝셀, 합의회의는 시민들의 학습과 숙의를 통해 문제를 해결하는 방법들로서 효과적인 도구가 될 수 있다.

그러나 이들 방법은 단지 소수의 참가자들만이 회의에 참석하여 결정을 내리기 때문에 일반시민들이 자신들이 직면하고 있는 첨예한 갈등의 문제에 대한 답안으로 수용하기 어렵다는 문제가 있다. 이러한 문제를 보완하기 위해 공론조사를 고려해 볼 수 있다. 즉, 공론조사는 대표성을 가지는 시민들을 선발하여 정보를 제공하고 이에 대해 토론하게 한 후 참여자들의 의견을 조사하는 방법으로서 일반시민의 의견을 조사하는 여론조사에 공공선을 염두에 둔 숙의과정을 결합시킨 것으로서 이를 통해 변화된 개인의 의견과 선호를 도출하게 된다.

④ 장래전망의 차이가 원인인 갈등

공공정책은 현재의 사실을 기초로 하여 미래를 예견하고 그에 따른 실천계획을 수립함으로써 마련되는 것으로 일반시민들에게 직간접적으로 많은 영향을 미치게 된다. 오늘날과 같은 복잡한 사회 속에서 미래는 다양한 구성원들의 행위가 서로 영향을 미쳐 이루어져 나가는 것이고 특히 일반시민의 역할은 미래의 중요한 변화요인이 된다. 따라서 계획수립단계에서의 일반시민의 참여는 지역 전문가로서의 시민적 경험과 의견을 반영하여 합리적인 계획을 수립함과 동시에 장래에 발생할 수 있는 갈등의 해소에 효과적으로 작용할 수 있다.

시나리오 워크숍은 일반시민들이 공공기관, 업계, 전문가 등과 함께 지역의 전문가로 참여하여 토론을 통해 공동의 전망과 실천방안을 수립하는 것으로서 장래 전망의 차이에서 비롯된 갈등의 해결에 적절히 이용될 수 있다.

의사결정 대안의 확정성에 따른 유형별 적용

① 선택지가 분명한 사안에 대한 갈등

방사성폐기물처리장, 쓰레기처리시설 등과 같이 인근 주민에게 건강상 위험의 문제가 제기되는 시설이나 간척지, 댐, 도로 등과 같이 지역주민의 물질적, 정신적 피해가 문제되는 시설들의 입지와 관련된 사안의 경우에는 시설물이 위치한 지역 주민들이 중요한 이해당사자로서 참여할 필요가 있다. 특히 그 위험성이나 피해에 대한 심각성이 크면 클수록 자연생태계의 보존 등과 같은 가치의 문제 보다는 지역 주민들의 이해의 문제가 크게 부각되므로 시민참여의 방법을 적용하는 경우에도 지역주민의 대표성을 가지는 참여자를 포함시키는 것이 가장 중요하다.

따라서 CPS, 라운드테이블, 시민자문위원회 등을 통하여 대표성 있는 지역주민들을 조기에 참여시켜 그 의사를 실질적으로 반영하는 참여방법이 진행되어야 한다. 또한 이러한 시설물의 위험성을 평가하는 데는 과학기술적 전문지식이 요구되는 경우가 많으므로 주민들에게 균형 잡힌 정보 및 학습을 제공할 필요가 있다. 이러한 경우 오픈 하우스(Open House)를 통해 주민들에게 정보를 제공하고 불안감을 해소시킬 수 있도록 질문에 답변을 제공하며, 조직화되지 않은 평범한 주민의 의견이 수렴될 수 있도록 의견조사지를 제공하여 주민의 신뢰를 얻는 것도 중요하다. 또한 이러한 시설물들은 그 계획부터 완공에 이르기까지 대개 장기간을 요하므로 각 단계별로 주민들에게 팜플렛, 전단 등을 통해 지속적인 정보를 제공하는 것도 갈등의 예방에 효과적인 방법이 될 수 있다.

② 대안을 창조적으로 제시하여야 하는 사안에 관한 갈등

현재의 사실을 가지고 미래를 예측함으로써 공공정책을 수립하여야 하는 경우 시나리오 워크숍을 통해 창조적인 대안을 마련할 수 있다. 일반시민들은 지역의 전문가로서 참여하여 독창적인 대안을 제시할 수 있고 공무원, 전문가 등과의 숙의를 통해 공동의 전망으로 수렴하여 정책에 반영할 수 있다.

또한 여러 이해관계가 대립되는 사안의 경우에도 CPS나 라운드테

이블을 통해 창조적인 대안을 마련할 수 있다. 즉, 이들 방법은 최선의
해결방안을 얻기 위해 참여자들이 브레인스토밍을 통해 독창적인
아이디어를 제시하고 제시된 안에 대한 토론을 통해 하나의 해결방
안을 제시하는 것으로서 대안을 창조적으로 제시하여야 하는 사안에
효과적으로 적용될 수 있다.

지역적 범위와 관련된 유형별 적용

① 지역적 갈등

지역차원의 갈등은 주민들이 문제의 사안에 대해 비교적 많은
관심과 지식을 가지고 있는 경우가 많으며, 특히 위험시설, 혐오시설
의 입지와 관련된 갈등의 경우에는 그 심각성에 대한 인식이 매우
크다. 따라서 지역차원의 갈등의 경우에는 인터뷰, 전화, 공청회,
오픈 하우스(Open House) 등과 같은 직접적인 정보제공과 학습을
통해 주민의 이해와 신뢰를 확보할 필요가 있다.

시나리오 워크숍은 지역전문가로서의 주민이 참여하는 갈등해결
방법이며, CPS와 라운드 테이블은 특정 시설의 입지와 관련된 갈등
의 이해당사자로서의 주민이 참여할 수 있는 방법이 된다. 또한
합의회의, 플래닝 셀, 시민배심제는 과학적 지식이나 전문적 견해가
필요한 경우 주민들에게 학습기회를 부여하고 토론을 통해 해결방안
을 모색하는 참여방법이다.

② 전국적 관련성을 가지는 갈등

전국적 차원의 갈등은 대개 관련자들의 수가 많으므로 정보제공
및 학습 목적의 참여방법을 활용하는 경우 그 비용효율성의 문제를
고려하게 된다. 따라서 대체로 우편, 전화, 웹사이트 운영 등을 통한

정보제공 및 학습 방법이 이용될 수 있으며, 심각한 사안의 경우에는 여러 개의 전시장, 오픈 하우스(Open House), 공청회 등의 방법이 고려될 수 있다.

뚜렷한 이해당사자가 존재하거나, 그 대표자 선정이 용이한 경우에는 라운드테이블이나 CPS 과정을 통해 문제를 해결할 수 있을 것이지만, 가치의 갈등의 경우에는 일반시민의 숙의과정을 통한 참여방법에 해당하는 합의회의나 시민배심제, 플래닝 셀이 이용될 수 있다. 그러나 이러한 방법들은 실제로 참여하는 시민의 수가 매우 제한적이므로 이들의 견해가 전국 차원의 일반시민의 견해로서 수용되기 어렵다는 문제점을 가진다. 한편 공론조사는 대표성 있는 시민들이 참여하는 숙의적 여론조사 방법으로서 전국적 차원의 사안에서 이용될 수 있다.

이해관계인의 범위에 따른 갈등의 유형

① 핵심적 이해관계인이 존재하는 갈등

공공정책이나 사업과 관련하여 특별히 큰 영향을 받는 개인이나 집단이 존재하는 갈등으로서 위험시설, 혐오시설의 설립지에 인접한 지역주민이 정신적, 신체적, 물질적 피해를 입거나, 댐이나 도로의 건설, 간척지 개발 지역 주민이 생활터전을 잃게 되는 경우가 이에 해당한다. 이러한 경우 시민참여는 갈등의 해결에 중점이 두어져야 하고 그 과정에 핵심적 이해관계인들이 모두 포함되어야 한다.

정책 및 사업의 시행자인 공공기관은 포커스 그룹과 같은 소그룹 토론을 통해 이해관계인들의 염려와 심층적 의견을 파악하고, 다양한 방법들을 통해 필요한 정보를 제공하는 데 노력해야 한다. 충분한 정보 및 교육이 제공되고 주민들의 의견이 수렴되면, 이해관계자들

이 모두 포함된 시민자문위원회, CPS, 라운드테이블 등을 통해 공공
의사결정이 이루어질 수 있다.

② 전 지역적 이해관계를 가지는 갈등

지역개발과 같이 전 지역민이 이해관계를 가지는 문제의 경우에
는 지역주민 전체를 대표하는 시민의 참여가 필요하다. 이 때의
시민참여자는 지역주민의 이해관계를 대표하는 자로서 공공기관,
업계, 전문가 대표자와 대등한 지위에서 정책형성에 참여하게 된다.
시나리오 워크숍은 이러한 유형의 갈등에 적절한 방법이 된다.

③ 전국적 이해관계를 가지는 갈등

공공정책이나 사업이 특정한 개인이나 지역에 특별히 중한 영향
을 미치지 않고 전국의 국민 모두에게 영향을 미치는 유형의 갈등으
로서 자연생태계 보존, 유전자조작식품 개발제한 등과 같은 문제가
이에 해당한다. 이러한 문제는 지속가능한 발전을 위해 필수적인
문제들이지만, 일반시민들의 현재의 삶에 급박한 변화를 가져오지
않기 때문에 모든 국민들이 동일한 정도의 관심과 염려를 가지지
않는다. 현재로서는 환경단체, 시민단체를 중심으로 일부 활동적인
국민들이 큰 관심을 가지고 전국적 이해관계를 대표하여 행위하고
있으며, 그 공론화를 위하여 시민배심제, 플래닝 셀, 합의회의 등이
유용하게 이용될 수 있다.

그러나 오늘날 경제의 발달과 교육수준의 향상으로 가치 및 원칙
의 문제에 대한 국민적 관심이 높아지고 있고 환경에 대한 염려도
확대되고 있는 바, 이미 문제에 대한 국민적 논의가 충분히 이루어지
고 있는 사안이거나 대기오염, 수질오염 등의 문제와 같이 위험이

현재성을 띄는 결과 전국적으로 큰 관심과 염려가 두어지는 사안의 경우에는 공론조사, 포커스 그룹 등을 통해 심층적 여론을 확인하고 정책결정에 반영할 필요가 있다.

5. 참여적 의사결정의 설계

1. 참여적 의사결정 방법의 채택과 설계

1. 참여적 의사결정의 타당성 분석

참여적 의사결정방법을 채택하기 위해서는 먼저 그러한 채택의 타당성을 검증할 수 있는 사전검토가 필요하다. 모든 공공갈등이 다 참여적 의사결정으로 예방될 수 있는 것은 아니다. 이 사전검토 단계에서 수집된 정보와 분석자료 등은 향후 참여적 의사결정방법의 설계와 운영에 매우 긴요한 자료가 되기 때문에 이 단계의 정보수집과 분석은 소홀히 생각해서는 안 되며 최선을 다하여야 한다. 바람직하기는 참여적 의사결정방법의 채택 여부에 대한 결정이 이루어지기 전에 갈등영향분석이 행해지는 것이 좋다.

만약 갈등영향분석이 행해지지 않았다고 하면 참여적 의사결정방법의 타당성에 대한 판단을 위하여 ① 이미 드러났거나 잠재적인 갈등의 원인 ② 갈등을 악화 또는 완화시킬 수 있는 다양한 변수에 대한 동향분석 또는 시나리오 플래닝(Scenario Planning) ③ 참여적 의사결정방법의 성공가능성과 성공조건 ④ 갈등의 경과나 역사적 요인 ⑤ 이해관계자나 관련된 시민사회단체 또는 사회계층이나 집단 등에 대한 정보수집과 그에 대한 분석이 이루어지는 것이 바람직하다.

갈등영향분석 또는 그에 갈음하는 참여적 의사결정 채택을 위한 사전분석에는 가능한한 주관 행정기관이 아닌 다른 행정기관,학계, 산업계,시민사회단체,언론 등의 다양한 시각이 반영되도록 하는 것이 바람직하다. 동질적 그룹 만에 의한 평가는 갈등의 다양한 국면을 모두 파악하기 힘들게 할 것이기 때문이다.

참여적 의사결정의 채택과정에서 신중히 검토하여야 할 중요한 사항으로서 갈등의 시점(Timeline)이 있다. 갈등이 이미 심화된 단계 보다는 아직 갈등이 발생하지 않거나 첨예화되지 않은 단계에서 참여적의사결정이 성공적일 가능성이 높다. 갈등 당사자들이 이미 어떠한 입장을 천명하거나 갈등사안이 정치적 이슈로 비화한 이후에 는 참여적 의사결정은 이미 상당한 제약조건을 안고 출발하는 것이 므로 그만큼 성공가능성이 약화될 수밖에 없다.

2. 참여적 의사결정방법 채택의 근거

참여적 의사결정방법을 채택하는 것이 타당성이 있다고 판단되 면 참여적 의사결정방법의 채택과 그 결과의 집행을 위한 근거를 마련하는 것이 필요하다. 대부분 이 근거는 관련된 당사자들 간의 동의나 합의를 구하는 것으로 마련될 수 있을 것이다. 관료적인 결정만으로 참여적 의사결정방법을 채택하기 보다는 이해관계자의 합의에 의해 이 방식을 채택하도록 하는 것이 향후의 논의를 위해 훨씬 바람직하다.

협의체 등 합의를 위한 논의기구의 구성과 스케줄, 의사결정방법이나 진행방법 등(ground rule)에 대해 미리 합의를 하고 그 결과에 대한 구속력이나 집행방법 등을 미리 합의해 두는 것이 필요한 경우도 있다. 그러나 관련 당사자들이 어떠한 태도로 임하는가에 따라 합의의 구체화정도나 합의사항의 범위 등을 탄력성 있게 결정해 나갈 필요가 있다.

3. 참여적 의사결정의 설계

참여적 의사결정방법을 채택하기로 하였다면 어떠한 종류의 참여적 의사결정방법을 활용할 것인가 하는 점에 대해 심도있는 검토를 해야 한다. 합의회의나 시민배심, 시나리오워크숍, 규제협상 등 비교적 정형화되어 있는 참여적 의사결정방법을 채택하는 경우에는 이러한 검토의 부담이 완화될 수 있다. 그러나 정형화된 방식을 채택한다고 하더라도 구체적인 갈등사례에 가장 적실한 의사결정방법을 안출하기 위한 노력이 있어야 할 것이다.

갈등사례 마다 구체적인 문제상황이 다르기 때문에 하나의 정형적인 방안을 그대로 모방하여 채택한다는 것에는 상당한 위험부담이 있다. 따라서 기본적으로 참여적 의사결정방법의 활용을 위해서는 참여적 의사결정방법 활용을 위한 설계가 있어야 한다.

참여적 의사결정방법의 종류는 수를 헤아릴 수 없을 만큼 많다. 사실 전형적인 참여적 의사결정방법은 없는 것으로 치부하는 것이 갈등관리를 위해 가장 적절한 태도라고 할 것이다.

참여적 의사결정방법의 설계에 있어서 가장 중요한 것은 가장 적당한 설계자 또는 설계팀에게 설계를 맡겨야 한다는 것이다. 갈등관리전문가와 갈등현안에 대해 이해가 깊은 사람이 팀을 이루어 설계를 진행하는 것이 바람직할 것이다.

참여적 의사결정방법의 설계에 있어서 검토되어야 할 가장 본질적인 사항은 다음과 같다.

① 주재자
② 참여자의 범위
③ 사실관계의 확인과 숙의(deliberation)과정
④ 합의도출의 여건 조성
⑤ 합의의 집행을 위한 고려
⑥ 합의의 시한
⑦ 숙의나 합의를 위한 협의체의 구성

2. 참여적 의사결정의
주재와 조정

1. 주재자

참여적 의사결정의 성패에 가장 큰 영향을 미치는 사람은 의사결정을 주재하는 주재자이다. 그러므로 어떤 사람을 주재자로 선정하는가 하는 것이 매우 중요하다. 참여적 의사결정을 설계하면서 먼저 누가 주재자로 선정되는 것이 바람직할까 하는 점을 염두에 두어야 한다. 주재자 선정방법이나 절차를 어떻게 하더라도 참여적 의사결정을 설계한 운영주체는 주재자에 대한 확고한 대안을 가지고 있어야 한다.

주재자는 중립적인 인물이어야 한다. 다만 한국 사회에서는 단순한 중립성있는 인물로서는 주재의 역할을 완수하기 힘든 경우가 많다. 그러므로 가능하면 주재자는 지역사회의 신망있는 사람으로 하는 것이 좋다. 전국적인 사안이라면 그 분야에 전국적인 신망을 얻고 있는 사람을 주재자로 선정하는 것이 바람직할 것이다. 참여적 의사결정의 성공여부는 참여자의 신뢰도에 좌우되는 경우가 많기 때문에 관련 당사자들이 모두 신임할 수 있는 중립적인 인물을 주재자로 선정하여야 한다.

한편 주재자는 참여적 의사결정이나 협상 등에 대한 식견이 있는 사람이어야 한다. 협상의 성공조건이나 커뮤니케이션기술에 대한 기본적인 이해가 있는 인물이어야 한다. 만약 그러한 인물이 마땅히 구해지지 않으면 주재의 역할을 맡기기 전에 충분한 오리엔테이션 기간을 가져서 이러한 부분에 대한 소양을 갖추도록 하든지 아니면 촉진자(facilitator) 등 주재자를 보조하는 사람이 주재자를 돕도록 하여야 할 것이다.

전문가로서의 능력은 보좌받을 수 있으나 주재자의 인품이나 성격은 보좌받을 수 없다. 따라서 성급한 성격의 소유자나 편벽된 사고를 하는 사람, 사안에 대해 지나치게 주관이 뚜렷한 사람 등은 주재자로서 적당하지 못하다. 주재자로서 가장 중요한 덕성은 다른 사람의 말을 들어 줄줄 알고 다른 사람의 심정에 동조할 줄 아는 것이다. 또한 균형감각과 판단력도 없어서는 안 된다. 대체로 주재자는 법률적 지식이 있는 사람이 좋지만 법률적 판단 만을 앞세우는 사람은 적절하지 않다. 참여자들의 입장이나 법적 지위 보다는 참여자들의 관심이나 이해에 더 깊은 관심을 기울일 줄 아는 사람이 주재자가 되는 것이 좋다.

주재자는 의사결정을 주관하는 기관의 입장을 충분히 이해하는 사람이 좋으나 당해기관의 입장을 맹종하는 사람은 적당하지 않다. 참여자들의 입장을 균형있게 살피고 공정하고 객관적인 판단을 할 수 있는 사람이어야 한다.

주재자나 후술하는 촉진자 등 중립적 입장에서 참여적 의사결정 전반을 돕는 전문가들의 역할은 참여적 의사결정의 성공을 위해 매우 긴요하기 때문에 이들 전문가를 양성하기 위한 국가적 노력이 필요하다. 정부는 장차 충분한 경험을 가진 전문가 네트워크를 구축하도록 노력하여야 할 것이다. 미국의 경우 1991년 대통령의 행정명령으로 정부 소속 변호사들이 ADR 훈련을 받을 것을 명하는 행정명령을 발하여 정부측 전문가의 훈련과 양성을 시도한 바 있다.

2. 조정 또는 합의촉진을 위한 인력

주재자만으로 조정 또는 합의 촉진을 수행할 수도 있으나 경우에 따라서는 주재자를 도우면서 조정 또는 합의과정을 순조롭게 이끌 전문적인 인력이 필요할 수 있다. 이들도 역시 중립적인 입장에 서있어야 하지만 주재자 보다는 좀더 자유롭게 참여자 사이의 의사소통을 돕고 전문적인 견해를 피력하고 전문적인 역량을 발휘할 수 있다. 경우에 따라서는 특히 의견이 대립되는 일부 참여자들 사이의 합의촉진 만을 위해 이러한 전문인력이 활용될 수도 있다.

이들을 촉진자(facilitator)로 지칭할 수 있는데 이들은 전문적인 커뮤니케이션기술과 협상기술을 보유하고 있어야 한다. 전문적인 lawyering skill을 익힌 법률전문가가 이러한 역할을 하기에 적당하지만 우리나라의 경우 lawyering skill 훈련을 전문적으로 받은 인력이 드물고 이들은 매우 비싼 노동력이기 때문에 활용하기가 쉽지 않다.

우리나라의 여건상 이러한 전문적 훈련을 받은 인력을 교육을 통해 배출하는 것도 한가지 방법이며 장기적으로는 법률가의 재교육과 법학교육의 개혁을 통해 문제를 해결해 나가야 할 것이다. 이들은 갈등사안에 대한 평가자, 조언자. 협상가, 합의서초안작성자로 기능하면서 참여자나 참여자그룹의 관심이나 이해관계를 분석하고 그 이해관계의 우선순위를 결정(prioritizing)하고 평가하여 참여자가 자신의 협상대안이 무엇인가를 발견할 수 있도록 도와준다.

촉진자(facilitator)는 복수를 선정할 수 있으나 너무 많으면 오히려 혼란을 초래할 수도 있다는 점이 감안되어야 한다. 촉진자 또는 주재자는 평가적(evaluative) 기능, 촉진적(facilitative) 기능, 변혁적(transformative) 기능을 담당할 수 있다.

평가적 기능에 충실한 주재자나 촉진자는 사건에 대한 냉정한 평가와 합의에 실패할 경우의 당사자의 부담 등에 대한 평가를 통하여 합의의 성립을 촉진해 나간다. 촉진적 기능을 수행하는 중립적 주재자 또는 촉진자는 주도권을 참여자에게 주고 그들을 돕는데 주력한다. 변혁적 기능에까지 나아간 주재자나 촉진자는 적극적으로 참여자들 사이의 관계변화를 도모하여 합의에 이르도록 애쓴다. 촉진자 또는 주재자가 어떤 기능에 치중할 것인가 하는 것은 상황에 따라 다르며 촉진자나 주재자는 담당사안에서 자신의 기능과 역할에 대한 청사진을 나름대로 가지고 있을 것이 권고된다.

3. 참여자의 선정과
협의체의 구성

참여자의 선정

참여적 의사결정에 누구를 참여시킬 것인가를 구상하는 것은 참여적 의사결정의 성패를 좌우할 정도의 중요성이 있다. 기본적으로 숙의민주주의 방식에서는 사안에 대해 상이한 목소리를 낼 수 있는 모든 관련자를 참여하도록 하는 것이 바람직하다. 소수자일지라도 사안에 대해 다른 의견을 가진 자는 적극적으로 찾아내어 참여시키는 것이 이상적이다. 그러나 현실적으로 모든 관련자를 참여시킬 수는 없기 때문에 갈등의 예방을 위해서 반드시 의견이 반영되어야 할 관련자나 관련그룹을 찾아내어야 한다. 이것은 갈등영향분석의 가장 중요한 부분이기도 하다.

참여자를 어떠한 선정기준에 의해 선정할 것인가 하는 것이 매우 중요한데, 갈등사안의 성격에 따라 다소 다르다. 기본적으로 전문성이 강조될 필요가 있는 경우가 있고 대표성이 강조될 필요가 있는 경우도 있다. 이해관계대표성이 강조될 필요가 있는 경우가 있는가 하면 공익대표성이 더 중요한 경우도 있다. 공론조사나 시민배심, 플래닝 셀, 합의회의 등의 경우에는 이해관계대표성에 대한 고려보다 참여자들의 공익대표성이 강하다. 그러나 우리나라에 보편적으로 발생하는 갈등사안의 해결을 위해서는 대개는 전문성과 이해관계대표성 그리고 공익대표성이 조화를 이루도록 하여야 할 것이다.

공익대표성을 가진 사람들은 전반적인 숙의와 합의과정에서 마치 운동경기에서의 심판의 역할을 할 수 있는 사람들이어야 한다. 신뢰성에서 흠이 없고 균형감각을 갖춘 인물이 적당하다. 한편, 전문성을 가진 사람들의 주된 역할이 숙의과정에서 참여자의 학습과 숙의를 돕는 것이라고 하면 그들은 반드시 합의과정에 참여할 필요는 없다. 그러나 전문성을 가진 사람들이 합의과정에 참여하였다는 사실이 합의안의 신뢰성을 높여줄 수도 있다는 점에서 이 문제에 대해서는 사안의 성격에 따라 신중한 접근이 필요하다.

합의과정에 참여하는 사람들은 자신이 속한 집단 내에서 합의할 수 있는 권한을 가진 사람이면 가장 좋다. 그러나 실제로 합의권한을 가진 사람을 합의과정에 참여하는 것이 어렵다면 합의권한을 가진 사람과 가장 가깝게 의사소통할 수 있는 사람이거나 협상의 전권을 위임받은 사람을 참여시켜야 한다.

참여자의 선정에 있어서 가능하면 참여자 상호간의 관계도 염두에 둘 필요가 있다. 참여자들 상호간에 지속적 인간관계가 유지되는 관계라면 합의과정에서 극단적인 이견을 보이는 것은 자제할 것이며 합의에 도달하기 용이할 것이다. 그러나 서로 불신감이 큰 경우에는 차라리 아무 관계없는 사람이 나을 수도 있다.

얼마나 많은 사람을 합의과정에 참여시킬 것인가 하는 것도 중요한 이슈이다. 대개 이익대표성을 중심으로 합의를 이루어야 할 경우에는 인간적 유대관계를 형성할 수 있는 정도의 숫자로서 원활한 커뮤니케이션에 애로가 없는 15인 이내가 바람직하다고 한다. 그러나 어느 정도의 규모가 적당한가 하는 것은 채택하는 참여적 의사결정방법의 성격에 따라 차이가 많다.

참여자를 중간에 교체하거나 추가로 참여시키는 경우는 가급적 지양하여야 한다. 대표성의 교체로 참여자가 바뀌는 경우에는 추가 참여자가 숙의와 합의과정에 장애가 되지 않도록 정보의 격차를 줄이기 위한 노력을 게을리 해서는 안 될 것이다.

참여자에게 공통적으로 요구되는 요건으로는 참여자의 투명성, 도덕성, 균형감각 그리고 정치적 중립성이다. 참여자는 다른 의견에 대한 수용성이 높고 독단적이지 않은 사람이어야 한다. 모든 의견의 성립가능성을 인정할 수 있고 다른 의견을 존중할 줄 아는 사람이 좋다. 가능하면 정치적 입장이 강한 사람은 참여시키지 않는 것이 좋다. 부득이 정치적 입장이 있는 사람을 참여시키더라도 현실정치와 깊은 연관을 가지지 않은 인물을 선택하여야 한다. 전·현직 정치인 그리고 정치지망생은 참여시키지 않는 것이 좋다. 정치적 입장이 협상에 연루되면 합의에 이르기 어렵기 때문이다.

참여자의 참여의지도 중요하다. 숙의와 합의과정에서 결석이 잦으면 곤란하기 때문이다. 특정 기일 이상 결석한 참여자의 의결권을 제한하는 조치 같은 것도 깊이 검토될 필요가 있다.

시민배심 및 공론조사 등의 경우에는 참여자는 무작위로 선정되는 것이 원칙이다. 그러나 우리 사회에서 무작위로 선정된 참여자의 결정이 갈등을 예방할 수 있는 유권적인 결정으로 받아들여질 수 있기 위해서는 숙의민주주의에 대한 이해와 그에 대한 신뢰가 사회 전반에 뿌리내려야 한다고 본다.

협의체의 구성

참여자가 선정되면 참여자들 사이의 협의체를 어떻게 구성할 것인가 하는 것이 문제된다. 전문가의 협의체와 협상대표자 협의체를 달리 구성하거나 분과위원회를 두는 등 복수의 협의체를 구성하는 경우도 있다. 복수의 협의체를 구성하는 경우 협의체 상호간의 의사소통이 원활할 수 있도록 가교 역할을 할 기구나 인물을 두어야 하고 결정권 등에 대해 명확히 해두어야 한다. 협의체 마다 주재자나 촉진자를 두되 그들 사이에 긴밀한 협조관계가 유지될 수 있도록 배려하여야 한다.

대표참여자

특정 그룹을 대표할 사람을 선정하는 것은 참여자 선정에서 가장 유의할 부분이다. 대표성이 분명하지 않은 사람이 합의과정에 참여할 경우 합의의 실효성이 문제가 되기 때문이다. 그러므로 실질적인 대표성이 있는 인물을 대표자로 참여시켜야 한다. 대표자는 법적 대표성 만 가지는 것으로 불충분하며 실질적으로 자기가 속한 그룹의 지배적 견해를 반영하는 인물이 되도록 배려하여야 한다. 문제는 대표성에 변동이 있는 경우다. 만약 설계 당시에 대표성의 변동이 감지되면 미리 그 부분에 대해 명시적인 합의를 해두든가 아니면 복수의 대표자를 참여시키든가 하는 등의 대책을 강구해야 한다. 대표자의 교체로 인한 기존 참여자와 신규참여자의 정보의 격차를 줄이기 위한 별도의 노력이 있어야 한다.

대표자가 숙의과정에 참여하고 합의를 진행하는 동안 대표자와 그가 속한 그룹의 지배적 견해 사이에 정보상의 격차나 의견차이가 발생하지 않도록 노력하여야 한다. 대표자가 숙의과정이나 합의과정을 통해 자신의 의견이 달라진 만큼 그가 속한 그룹의 의견도 달라질 수 있게 노력하도록 촉구하여야 한다. 또 대표자의 신뢰성이 문제되는 경우나 대표자가 소속된 집단의 의견을 하나의 의견으로 모으기가 어려운 경우에는 복수의 대표자를 참여시키는 방안도 검토할 필요가 있다.

시민단체

많은 경우 시민사회단체의 참여가 필요한 경우가 있다. 환경문제를 둘러싼 갈등과 같은 경우에는 시민단체가 마치 이해관계당사자인 것 같은 기능을 하는 경우가 있는데, 시민단체는 가능하면 공익대표로서 기능하도록 하는 것이 좋다. 시민단체가 이익대표성이 지나치게 강한 경우에는 중립적인 입장에 있는 시민사회단체를 참여시켜 시민단체의 공익대표기능이 훼손되지 않도록 할 필요가 있다.

시민단체의 참여는 합의의 객관성과 신뢰성을 높이는데 기여한다. 시민사회단체는 전체 참여적 의사결정과정에 대한 공정한 중립자로 기능하는 것이 바람직하다. 그러므로 가능하면 그 지역사회에서 명망있는 시민사회단체를 참여시킬 필요가 있다. 시민사회단체는 문제제기자로서 보다 합의형성의 촉진자, 공익대변자로서 기능할 수 있도록 선정단계와 오리엔테이션 단계에서 충분히 강조해 둘 필요가 있다.

전문가

전문가는 대개 숙의과정에서 중요한 역할을 수행한다. 그러나 전문적 견해도 다양할 수 있으므로 숙의과정을 주도할 전문가는 합의과정에서 중요한 비중을 차지하는 이익대표자나 공익대표자에게 신뢰를 줄 수 있는 공정하고 객관적인 인물로 선정하여야 할 것이다.

전문가들은 자기 분야에 전문성만 있어서는 안 되고 마치 촉진자와 같이 커뮤니케이션 기술이 뛰어나고 갈등해결이 어떠한 과업인가 하는 점에 대해 어느 정도 이해가 있는 사람을 선정하여야 한다. 사실 확인이 쟁점이 되는 사안의 경우 전문가를 의견을 달리하는 그룹들 모두에게서 신뢰받는 사람으로 선정할 필요도 있다.

또한 전문가는 자신의 전문적 식견을 쉬운 말로 설명할 수 있어야 하고 이미 합의내용이 될 사안에 대한 선입견이 없는 사람이 좋다.

행정기관의 역할

숙의와 합의과정에서 행정기관은 참여자 중의 하나로 참여할 수 있을 뿐이다. 물론 참여적 의사결정 전 과정은 주관 행정기관의 협조로 운영해 가는 것이지만 주재자가 선정된 이상 의사결정 과정을 주도하려고 하는 인상을 주거나 특정한 대안을 추진하려고 하는 듯한 인상을 주어서는 안 된다. 행정기관의 그러한 태도는 참여적 의사결정 전과정의 신뢰성을 떨어뜨리고 참여자나 시민단체의 반발을 불러일으킬 가능성이 크다.

4. 의사결정을 위한
숙의 또는 학습

숙의과정 개요

숙의(deliberation)는 갈등의 대상이 되는 사안을 둘러싼 쟁점을 정확히 파악하여 불필요한 논쟁점을 제거하고 논의되어야 할 쟁점을 분명히 하는데 목적이 있다. 그러므로 숙의과정은 사실관계(fact)에 대한 정확한 인식, 쟁점의 바른 파악 등을 위한 것이고 사안과 관련한 비현실적 기대와 편견이 제거되는 것을 지향한다.

그러므로 사실관계가 너무나 명백한 경우에는 숙의과정이 대폭 생략될 수도 있다. 주목할 것은 대부분의 갈등은 사실관계에 대한 인식이나 해석의 차이에서 비롯되기 때문에 사실관계에 대해 공통의 인식을 하게 되면 갈등해소의 실마리를 찾게 되는 경우가 많다. 그러나 사실관계의 해석에는 사람들의 가치관이나 세계관이 투영되므로 이것은 반드시 쉬운 작업은 아니다.

숙의과정에는 문제되는 사안에 전문성을 갖춘 사람들의 역할이 매우 긴요하다. 그러한 전문가들은 또한 참여자로부터 신뢰를 받고 있어야 한다. 한편 숙의과정은 고도의 커뮤니케이션 기술(communication skill)을 갖춘 전문가(주재자 또는 촉진자)에 의해 진행될 필요가 있다. 숙의과정에서 주재자나 촉진자는 참여자들이 사실관계에 대한 인식에서 공감대를 형성할 수 있도록 사실관계를 설득적으로 구성해서 제시할 수 있도록 하여야 한다. 이를 위하여 숙의의 대상이 되는 이슈의 선정이 매우 중요하다. 숙의가 불필요하거나 그러한 숙의로 인해 오히려 합의를 어렵게 할 사항을 숙의의 대상으로 삼아서는 안 된다.

또한 참여자의 전문성의 정도나 인적 구성 등으로 보아 가장 적절한 숙의의 방식이 무엇인가 판단하는 것이 중요하다. 현장방문이나 해외의 사례 등에 대한 확인이 유용한 방안이 될 수도 있다. 우리나라의 경우 참여자들이 장시간의 토론에 익숙하지 못한 것이 보통이므로 이러한 현실을 고려하여 가장 적절한 숙의방식을 찾아보아야 할 것이다. 주재자는 토론이 쟁점을 벗어나지 않도록 늘 유의하여야 하며 토론이 늘 초점을 유지하여 단시간에 토론이 종료될 수 있도록 애써야 한다.

숙의과정에서 토론은 반드시 필요한 것이지만 토론이 지나치게 논쟁적으로 진행되는 것은 피하여야 한다. 숙의과정은 학습과정이라고 보고 참여자 모두가 자신의 인식이 잘못된 것일 수 있다는 것을 전제할 필요가 있다.

숙의를 위한 오리엔테이션 및 학습

숙의 또는 학습과정에 참여하는 참여자들은 토론과 커뮤니케이션을 위한 오리엔테이션을 가질 필요가 있다. 많은 사람들은 합의형성적 대화 보다는 논쟁적 대화에 익숙해 있고 대화와 협상에 필요한 기본적인 태도에 대한 인식이 결여되어 있기 때문에 이 부분에 대한 안내가 필요한 경우가 많다.

숙의과정은 다양한 관점을 가진 참여자들의 토론과정이 중심이지만 토론에 앞서 참여자가 설명회, 교육, 홍보 등을 통해 사안에 대해 충분히 알 수 있는 기회가 주어져야 한다. 주재자는 참여자들이 숙의를 위한 토론과정에 들어갈 수 있을 정도로 사안에 대한 이해가 깊어졌는가를 예의 관찰할 필요가 있다.

사실관계의 조사

숙의를 위하여 사실관계에 대한 인식이 참여자들 사이에 상이한 경우 사실관계 자체에 대한 조사 및 확인이 요구되는 경우가 있다. 이 경우 행정기관이 가진 정보는 충분히 공개되어야 한다. 사실관계의 조사는 참여자와 이해관계그룹의 신뢰를 받을 수 있는 방법과 절차에 의해 진행되어야 할 것이며 방법과 절차의 채택은 참여자들의 합의에 의해 이루어져야 할 것이다. 조사를 행할 전문가의 선정에 있어서도 참여자 합의를 거치거나 기타 객관성을 확인할 수 있는 방법으로 해야 한다.

인터넷의 활용

선진외국에서는 숙의과정에서 커뮤니케이션이나 의견수렴을 위해 인터넷을 활발히 활용하는 경우가 많다. 참여자 사이에서 인터넷을 적절히 활용한다면 시간을 절약할 수 있을 것이며 신속하고 광범위한 의사소통을 하는데도 도움이 될 수 있다. 장시간 토론에 익숙하지 않은 참여자를 위해 인터넷의 활용은 훌륭한 숙의의 보조수단이 될 수 있다.

숙의에 참여한 사람들과 일반관련자 사이의 이해격차

숙의 과정이 진행되면서 사실관계에 대해 참여자와 참여자 아닌 일반 이해관계자 및 국민 일반의 이해격차가 발생할 수 있다. 어떤 갈등 사안의 경우, 이러한 이해격차를 줄이기 위한 노력이 매우 중요한 경우가 있다. 대표참여자들의 경우에는 이러한 정보격차를 메우기 위한 별도의 노력을 기울여야 한다. 신속한 의사소통과 홍보 등이 이해격차를 방지하기 위한 주요 방법이다.

5. 의사결정에서의 합의과정

합의도출을 위한 여건 조성

합의를 도출하기 위한 관건 중 가장 중요한 것은 행정기관의 신뢰성과 일관성의 유지라고 할 수 있다. 행정기관의 입장이 변화했을 경우 누구보다도 참여자들이 먼저 이를 알아야 할 것이고 변화를 정당화할 충분한 사유가 제시되어야 한다.

다음으로 합의가 성립되기 위해서는 참여자들이 서로 협상력이 비슷하다고 느낄 수 있도록 하여야 한다. 협상력에 격차가 발생하는 것으로 인식되면 열등한 참여자는 합의안에 동의하기 힘들게 된다.

또한 합의안이 뜻대로 되지 않아도 참여자는 서로를 비방하여서는 안 된다. 이것을 담보하기 위해 미리 이 점에 대해 상호 합의를 하고 참여적 의사결정절차를 시작하는 것이 좋다.

합의는 시한을 설정하고 진행하는 것이 좋다. 시한이 없으면 합의는 무한정 미뤄질 수 있기 때문이다. 합의의 대상이 되는 쟁점은 분명하게 정의될 수 있도록 하여야 하며 쟁점의 숫자는 복수로 제시되는 것이 좋다. 하나의 쟁점만이 존재할 경우 참여자 사이에 상호 양보할 것이 없어서 합의도출이 어렵게 된다. 의견을 달리하는 당사자 사이의 합의는 결국 서로 하나 씩 양보함으로써 이루어지는 것이 보통인데 일방이 양보 만 하고 양보 받는 것이 없으면 합의에 도달하기 어렵기 때문이다. 또한 합의 대상인 쟁점에 대한 정의에 있어서 가급적 신념이나 가치체계와의 관련을 피하는 것이 좋다. 신념이나 가치체계와 관련된 쟁점은 합의가 매우 어렵기 때문이다.

최종합의안이 마련되면 경우에 따라서는 최종합의안이 과연 수용성이 있는가 점검해 볼 필요성이 있다. 특히 대표자가 교체되었다든가 또는 특정 참여그룹 내에 이견이 팽팽히 대립하고 있다든가 하는 경우에는 합의안의 수용성에 대한 점검이 반드시 필요하다.

BATNA

합의를 성공시키기 위해서는 참여자들에게 bottom line을 가지고 협상에 임하게 하기 보다는 BATNA(a Best Alternative To a Negotiated Agreement)를 주지시키는 방법이 유용하다. 즉, 주재자나 촉진자는 협상이 실패했을 경우 각 참여자나 참여자의 그룹이 얻을 수 있는 가장 좋은 대안이 무엇인가 냉정하게 생각해 볼 수 있도록 하고 그것과 협상안을 비교하도록 하는 것이다. 만약 BATNA가 좋아 보인다면 협상은 결렬될 것이지만 협상안 보다 BATNA가 못하다고 판단되면 참여자들은 협상테이블로 돌아오게 된다.

지위 보다는 이해관계 중심의 접근

합의의 성공을 위해서는 참여자나 참여그룹의 법적 지위가 어떠한가를 검토하는 접근 보다는 서로의 이해와 관심이 무엇인가를 검토하는 접근이 더 유용하다. 그를 위해서 참여자 및 참여그룹의 이해와 관심에 대한 정밀한 분석이 필요하며 참여당사자들의 관심과 이해의 우선순위를 매기고 그에 따라 협상에서 주고받을 것을 구상해

보는 것이 필요하다. 법적으로 어떤 위치에 있는가 하는 것을 분석하는 것은 협상을 진전시키는데는 도움이 되지 못하는 경우가 많다.

이스라엘과 이집트의 중동 분쟁시에 시나이 반도를 둘러싸고 이스라엘은 시나이 반도 일부를 점령하기를 원했고 이집트는 시나이 반도의 반환을 주장했다. 이스라엘은 자국의 안전에 관심이 있었으므로 시나이반도 점령을 원했고, 이집트는 식민시대 이후 주권침해는 용납하기 어렵다는 것이 주된 관심사였다. 결국 서로의 목표와 관심을 충족시키는 방향으로 협상이 이루어져서 이스라엘은 시나이 반도에서 철수하되 이집트는 시나이반도의 상당부분을 비무장하도록 하는 선에서 협상이 이루어졌다.

비밀유지와 홍보

참여적 의사결정의 과정 가운데 숙의과정은 공개되고 홍보되는 것이 유리한 점이 많다. 참여대표자와 참여하지 않은 관련자 사이의 이해격차를 줄이기 위해서도 그러하며 사회 전반적으로 사안에 대한 인식이 높아지는 것이 갈등해결 방안을 모색하는데 도움이 되기 때문이다. 따라서 숙의과정은 방청객 등에게 공개하고 그 내용을 적극 홍보할 필요가 있다.

그러나 합의과정은 합의 자체만을 위한다면 공개되지 않는 의사소통이 긴요한 측면이 있다. 참여자나 참여자의 그룹이 공식적으로 밝힐 수 없는 관심사나 이해가 있고 진정으로 원하는 것이 공식적으로 원하는 것과 차이가 있을 수 있기 때문이다. 그러므로 합의과정에서의 의사소통에 대해서는 비밀유지를 하는 것이 합의를 위해 도움이 된다.

합의방식

숙의민주주의의 정신에 가장 부합하는 합의방식은 만장일치방식이라고 할 수 있다. 그러나 실제로는 만장일치가 어렵기 때문에 합의방식을 어떻게 정해 두느냐하는 점에 대해서도 진지한 검토가 필요하다. 과반수 합의는 기본적으로 대의제의 방식으로서 갈등예방에는 반드시 효과적이지 못한 경우가 있을 수 있다. 가급적이면 만장일치로 합의하고 부득이한 경우 열등적 소수를 배제한 합의방식이 채택될 수 있을 것이다(예컨대 3/4 이상의 동의 등) 만장일치가 아닌 경우에는 미리 합의방식에 대한 동의를 받아두어야 할 것이다.

합의를 위한 인센티브(incentive)

합의는 참여자 사이에 상호양보를 통해 이루어지는 것이 보통이다. 그런데 만약 어떤 참여자가 일방적인 양보를 하여야만 합의가 이루어지는 경우 그 참여자의 양보를 얻어내기 위해서는 별도의 인센티브가 필요할 수 있다. 특정지역에 혐오시설을 건설하는 경우가 바로 이러한 경우에 해당한다. 이러한 경우에는 합의를 위하여 인센티브를 제시할 필요가 있다. 이 경우 어떠한 인센티브를 제공하여야 합의가 성립할 수 있을 것인가 하는 점에 대한 신중한 검토가 필요하다.

신뢰형성을 위한 노력

숙의와 합의를 위해서 참여자 사이의 신뢰형성이 필요하다. 신뢰형성을 위해 별도의 워크숍을 한다든지 하는 특별대책도 있을 수 있고 인간적 대화를 증진시켜 인간적 공감대를 형성하고 신뢰를 쌓아나갈 수도 있다. 합의에 있어서 신뢰는 매우 중요한 것이다.

합의안의 승인(ratification)

참여자들이 그들의 합의 내용을 그들이 소속한 집단이나 단체의 구성원들에게 승인을 받아야 할 경우가 있다. 원칙적으로 승인절차는 필요하다고 보지만 사전에 위임이 분명히 이루어지고 합의안에 대한 이견이 없을 것으로 예상되는 경우에는 승인과정이 생략되거나 단순화될 수도 있다. 주재자나 촉진자는 대표자들이 합의안에 대하여 그들이 대표하는 단체나 집단의 승인을 얻을 수 있도록 협조하여야 한다.

6. 합의 이행을 위한 조치

합의를 해도 합의가 이행되지 않으면 아무 소용이 없다. 따라서 합의를 한 경우 합의 집행을 위한 조치를 동시에 히야 한다. 합의에 구체적인 법적 구속력을 부여하거나 합의를 토대로 하는 행정결정이나 법규제정 등이 이루어지도록 하는 것이 그러한 조치에 속한다. 또한 이행을 위해 각 참여주체들의 의무사항을 구체화하여 합의문에 명시하는 것도 방법이며 합의 위반시의 손해배상액을 미리 예정해 두는 것도 하나의 방법이 될 수 있다.

합의의 공식화과정에서도 주재자나 촉진자가 중요한 역할을 해야 한다. 주재자와 촉진자는 합의 이후에도 감시그룹을 구성하여 이행을 감시하면서 집행과정이 원만하게 진행되도록 협조한다. 만약 이행과정에서 의견 불일치가 발생하는 경우 참여자들을 재소집하여 초기의 합의 의도를 환기시키는 등의 조치를 취한다.

그러나 무엇보다도 합의를 이행하기 위해 이행방법의 수용성은 면밀히 검토해야 한다. 참여적 의사결정에는 성공했으나 합의의 이행방법이 특정 당사자에게 지나치게 가혹하거나 비현실적이라면 합의는 이행되기 어려울 것이다. 그러므로 합의의 이행방법이 타당한지 살펴보고, 그 수용성을 합의 전에 점검해야 한다.

7. 우리나라 참여적 의사결정의
문제점과 개선방향

방법론적 성숙도의 제고

우리나라에서도 국가나 지방자치단체, 연구단체와 시민단체 등에서 참여적 의사결정을 시도한 사례가 점차 축적되어 가고 있다. 그러나 아직 우리나라에서 시도되고 있는 참여적 의사결정은 사례에 따라 다르지만 방법론적으로 충분히 성숙되지 못한 경우가 많다. 특히 중립적 제3자를 활용하여 갈등을 해결하는 데 있어서 적극적이지 못하며 기술적이지 못한 것으로 판단된다. 전문적인 갈등관리자가 많지 않은 때문이기도 하다.

앞으로 참여적 의사결정의 설계와 시행 등에 있어서 전문성을 높이고 방법론적인 완성도를 제고해 나가야 할 것이다.

행정기관의 신뢰성 확보

우리나라의 참여적 의사결정의 운용에 있어서 공통적으로 지적되는 난점은 행정기관에 대한 신뢰성의 문제이다. 공공의사결정에 참여한 당사자들은 늘 정부의 저의에 대한 불신감을 떨쳐 버리지 못한다. 참여와 합의에 의해 문제를 해결하자고 하면서도 정부는 나름대로의 저의를 가지고 그것을 관철하려고 한다고 믿는다. 이러한 불신감, 정부의 객관성과 중립성에 대한 회의를 불식시키는 것이 우리나라의 참여적 의사결정의 중요한 성공요인이 된다.

신뢰성을 확보하기 위해 정부기관은 늘 투명하게 정보를 공개하고 객관적인 입장을 견지하여야 한다. 미리 갈등사안에 대한 심도있는 검토를 통하여 문제해결의 원칙을 세우고 그 원칙을 소신있게 관철해 나가려는 태도를 가져야 한다. 그러나 정부의 해결책을 강요하고 어떻게든 그것을 관철시키려고 해서는 안 된다. 그러한 느낌도 주지 않도록 조심하여야 할 것이다.

참여적 의사결정 활용의 시기적 적절성

우리나라의 참여적 의사결정은 상당수가 이미 갈등이 표면화된 이후 그 절차가 시작된다. 그러나 이미 갈등이 표면화되고 이해당사자의 대립적인 입장이 표명된 상태에서 참여적 의사결정방법을 활용하여 성공하는 것은 그만큼 어렵다고 할 것이다.

참여적 의사결정방법을 적시에 채택하는 것이 합의도출에 매우 중요한 의의가 있다고 본다. 그러므로 갈등이 표면화되기를 기다릴 것이 아니라 갈등영향분석을 통하여 예상되는 갈등에 대해 미리 참여적 의사결정방법을 채택하여 절차를 개시할 것이 요망된다.

시민사회단체의 역할

우리나라의 참여적 의사결정에는 시민사회단체가 거의 빠지지 않고 참여하고 있다. 이것은 그것 자체로서 어떠한 긍정적 또는 부정적 평가를 내릴 사항은 아니라고 본다. 그러나 참여한 시민사회단체가 어떠한 역할을 하는가 하는 것이 매우 중요하다. 상당부분

시민사회단체가 스스로 이해당사자로 기능하고 있는 것을 발견할 수 있는데, 시민사회단체의 역할인식이 변화될 것이 요망된다. 앞에서 언급한 것처럼 시민사회단체가 갈등을 야기하고 문제를 제기하기보다 건설적 대안을 찾고 합의를 형성하기 위한 주도적 참여자가 되어야 한다.

시민사회단체는 이해당사자로서가 아니라 공익을 대표하고 참여적 의사결정의 전 과정에 대해 객관적이고 공정한 평가를 할 수 있는 운동경기의 심판과 같은 역할을 맡아주면 좋을 것이다.

중립적 제3자의 역할

우리나라의 참여적 의사결정과정에서 중립적 제3자의 역할이 아직 합리적으로 자리잡지 못하고 있다. 주재자가 충분히 중립적이도록 하여 의사결정과정 자체에 대한 참여자와 일반 국민의 신뢰도를 제고할 필요성이 있으며 주재자나 촉진자의 기술적,전문적 활동이 두드러지도록 하여야 한다. 주재자나 촉진자의 선정에서부터 이러한 점이 깊이있게 검토될 필요성이 있다.

현장확인을 통한 학습 또는 숙의

우리나라의 참여적 의사결정과정에서의 또 하나의 특징은 현장 실사나 현장견학이 매우 유용하게 활용되고 있다는 점이다. 실제로 이러한 현장확인이 편견을 제거하고 사안에 대한 객관적 이해를 촉진하는데 효과적인 사례가 있었다. 향후의 참여적 의사결정의 설계에 있어서도 이러한 측면이 고려되어 현장확인을 적극 활용하는 것이 필요하다. 다만 현장확인은 실사과정의 객관성과 주재자나 촉진자의 중립성에 대한 의심이 없을 때 더욱 큰 효과를 본다는 사실을 간과해서는 안 된다.

참여자의 선정

우리나라의 참여적 의사결정 과정에는 지방의회 의원 등 정치적 성향이 짙은 인사들도 참여하는 경우가 적지 않다. 그러나 이처럼 정치적 성향이 있는 사람들을 참여시키는 것이 다소간의 위험 부담이 있다는 것을 간과하여서는 안 될 것이다. 물론 정치인은 절대로 참여적 의사결정과정에 참여하여서는 안 된다고 할 수 없다. 그러나 자칫 공공갈등이 정치분쟁으로 비화하면 갈등의 해결이 요원하게 될 가능성이 있다는 점을 잊어서는 안 될 것이다.

일반참여자에 대한 존중

우리나라의 참여적 의사결정에서 나타나는 또 하나의 특징은 숙의민주주의의 본래의 취지와는 달리 전문가에 대한 의존과 일반 참여자에 대한 존중의 결여라는 현상이다. 숙의민주주의의 본래의 취지에 따르면 결정의 주체는 전문가가 아니라 일반 참여자이다. 일반참여자가 결정의 주체가 아니라 설득의 대상으로 취급된다면 참여자들은 의사결정절차의 객관성에 대해 의심을 가질 수 있고 갈등해결을 어렵게 만들 수 있다. 또한 일반 참여자의 의견이 전체 논의과정에서 존중되는 분위기 하에서 절차가 진행될 것이 필요하다.

성숙한 시민의식과 공동체 문화

우리나라에서 참여적 의사결정이 성공하기 위해서는 시민의식의 성숙과 공동체문화의 함양이 긴요하다고 본다. 국민은 대화와 타협 그리고 양보와 호혜에 익숙하지 못하며 오히려 선동에 취약한 모습을 보인다. 이러한 문제를 해결하기 위하여 공화주의적 시민의 덕성을 함양하기 위한 교육과 홍보 등의 조치가 이루어져야 할 것이다.

충분한 논의의 장 마련

참여적 의사결정이 성공하기 위해서는 충분한 시간을 들여 참여자가 가지고 있던 모든 의견이 제시되고 걸러지는 것이 바람직하다. 시한을 정하지 않고 대화를 하는 것은 합의 자체의 성립을 어렵게 하지만, 반대로 충분하지 못한 논의는 설익은 합의를 만들어내거나 합의 자체를 어렵게 만든다. 설익은 합의는 집행과정에서 문제를 야기하기 마련이다. 그러므로 충분한 시간을 들여 숙의와 합의를 진행할 필요가 있다.

숙의와 합의의 과정은 인내와 끈기를 가지고 진행하여야 한다. 그러나 우리 국민은 아직 장시간의 회의에 익숙하지 않기 때문에 집중력을 유지하면서 충분한 논의를 할 수 있도록 하기 위해서는 다차원의 배려가 필요하다. 또한 일반 시민들의 경우 회의시간을 내는 것도 쉽지 않은 것이므로 주재자 측으로서는 숙의와 합의가 가능할 수 있는 시간 확보에 심혈을 기울여야 할 것이다.

참여적 의사결정의 제도적 뒷받침

현재 까지 이루어진 우리나라에서의 참여적 의사결정은 법적,제도적 뒷받침이 충분하지 않은 가운데 진행되었다. 현재 공공기관의 갈등관리기본법의 입법이 추진 중에 있고 이 법안에서 참여적 의사결정의 제도화가 시도되고 있으므로 이 법이 입법된다면 참여적 의사결정의 제도적 기반이 비로소 마련된다고 할 수 있다. 그러나 이 법은 일반법의 성격을 가지는 것이므로 개별 행정영역에서 발생하는 갈등 문제에 대응할 수 있는 더 구체적이고 실효적인 참여적 의사결정제도가 개별 행정영역에서 형성되어야 한다. 예컨대, 건설교통행정영역에서 혐오시설설치와 관련되는 참여적 의사결정이 그 사안의 특성에 맞게 표준화된 형태로 제도화될 필요성이 있다.

6. 참여적 의사결정 사례

1. 서울외곽순환고속도로 사패산 구간 건설사례[8]

1. 사업의 개요

사업의 일반현황

서울외곽순환도로는 수도권의 교통난 완화와 지역간의 이동성을 제고시키기 위한 경기지역의 종합교통망 사업의 일환으로 진행 중이며, 총 연장 127km 중 1단계로 퇴계원~판교~안양~일산 구간의 91.0km는 1993~2001년에 개통하였으며, 2단계인 일산~퇴계원 36.0km는 1996~2006년을 목표로 추진중이었으나, 사패산 구간의 건설에 따른 불교계와 환경단체의 반대민원이 발생하였다.

사패산 통과구간은 2단계 일산~퇴계원의 사업구간에 포함되어 있으며, 북한산 국립공원의 북쪽 끝부분에 위치한 사패산을 통과하는 노선으로서 민간자본을 유치하여 서울고속도로주식회사가 BTO 방식으로 건설하여 준공시 소유권은 국가에 귀속되고 민자회사에서 30년간 운영하는 방식으로 건설되고 있다.

---

8) 권영인, 2004, SOC사업 추진상의 사회적 갈등해소방안, 교통개발연구원

[표 2-19] 사패산 통과구간 노선개요

구 분	내 용
사업자	서울고속도로주식회사(LG건설 등 9개사)
사업기간	2001.6~2006.6(변경전)
노선거리	4.6km(터널 4.0km, 왕복 8차로), 일산~의정부~퇴계원 36km
추진방식	BTO(준공시 소유권 국가귀속, 30년간 운영

사업의 추진연혁

서울외곽순환도로 사업은 1989년 서울시에서 기본설계 및 타당성 조사를 하면서 시작되었다.

사패산이 포함된 2단계 구간은 1989~1991년 동안 기본설계와 타당성 조사가 이루어졌으며, 1996년 3월에 민자유치대상사업으로 지정되었으며, 1996년 4월~1998년 6월에 실시설계가 이루어졌으며, 2001년 6월에 공사가 착공되었다. 그러나 공사의 착공이후에 불교계와 환경단체의 건설반대 운동으로 2001년 11월 29일에 공사가 중단되었고, 2003년 12월에 노무현 대통령의 불교계 대표의 면담이후에 공사재개가 이루어졌다.

[표 2-20] 연도별 사업추진연혁

- '89. 9~'91. 3 : 외곽순환도로 기본설계 및 타당성 조사(서울시)
- '96. 3. 2 : 민자유치대상사업 지정(재정경제부)
- '96. 4~'98. 6 : 실시설계(한국도로공사)
- '98. 4. 16 : 북한산 국립공원 통과노선 관련 공청회(세종문화회관)
- '98. 4~'01. 7 : 국립공원지역 환경영향평가 협의(건교부)
  - 9개 노선대안 검토결과 현 노선으로 확정
  - 국립공원 구간 4.6Km는 터널(연장 4.0Km)로 통과키로 확정
- '01. 6. 30 : 공사착공
- '01. 7. 11 : 환경부의 환경영향평가 협의 통과

- '01. 7. 16 : 환경부 장관 면담
- '01. 8~11 : 불교계 서명운동, 건설반대홍보, 기자회견, 불교대책위 출범, 천막농성, 산신기도 등
- '01. 11. 29 : 공사중지 가처분 신청서 제출 및 공사중단
- '02. 8. 14 : 국립공원 통과구간 노선조사위원회 구성
- '02. 10~'02. 12 : 노선조사위원회 조사 활동
- '02. 12. 4 : 대통령 후보 노선백지화 및 대안노선검토 공약
- '02. 12~'03. 2 : 대통령직 인수위원회 검토
- '03. 4. 14 : 수락산, 불암산 터널 공사중지(불교계 요구수용)
- '03. 4~'03. 6 : 노선재검토 위원회 재검토 활동
- '03. 8. 18 : 국회 건설교통위원회 사패산 현장방문 및 공사조속재개 촉구
- '03. 12. 24 : 노무현 대통령 불교계 방문후 양해를 구하여 공사재개 발표

2. 갈등의 전개과정 및 갈등내용

설계기간 중의 갈등

사패산 구간의 구체적인 경유지역이 결정되는 과정인 실시설계의 기간 중인 1997년 11월~1998년 9월 동안 개인 및 시민환경단체인 북한산도로저지·시민연대(우이령보존회 외 23개 단체)에 의하여 5차례에 걸친 민원에 의하여 북한산국립공원 구간의 통과노선을 의정부 구간으로 우회하여 달라는 요청이 있었고, 1998년 4월 16일에 개최된 공청회에 의하여 설계노선을 최적노선으로 정하는 결과를 가져왔다. 그러나 공청회의 개최시에 공청회 좌장의 중립측 인사선정요구사항에 대한 미반영을 이유로 반대측이 불참하였으며, 한국도로공사는 국민고충처리위원회의 심의결과(1개월 이내의 공청회 개최)에 의거 공청회를 실시하였다.

한편 환경영향평가 협의과정에서 환경부는 환경단체의 노선변경 요구활동과 관련하여 2001년 5월~6월 환경부, 한국도로공사, 환경단

체(우이령보존회 등 6개 단체) 합동으로 현장조사 및 협의를 추진하여 대안노선을 종합적으로 검토하여 최종적으로 실시설계노선이 최적대안임을 인정하고 2001년 7월 환경영향평가 협의결과를 회신하였다.

공사착공후의 갈등

2001년 6월에 공사가 착공되면서 의정부시 호원동에 위치한 홍법사가 도로부지에 편입됨을 사유로 불교계의 관여가 시작되었으며, 그 후 2001년 8월 25일 북한산국립공원 통과반대 성명서 발표 등 본격적인 반대운동을 하였다. 환경영향평가를 마친 사패산 입구구간의 공사를 위하여 2001년 11월에 벌목작업을 하였으나 환경단체와 의정부사암연합회는 2001년 11월 16일부터 공사추진을 저지하기 위하여 농성을 시작하였고, 천막설치 등으로 본격적인 반대활동이 이루어졌다.

시공주체인 서울고속도로(주)는 2001년 12월 11일에 공사방해금지 등 가처분신청을 하여 2002년 1월 30일 위반 시 회당 100만 원씩 지급결정을 받았으며 환경단체는 철수하였다. 그러나 불교계는 2002년 2월 13일 송추농성현장을 북한산 회룡사 제2선원으로 선포하고 북한산살리기 1,000일 정진 등의 반대활동을 전개하여 공사재개가 어렵게 되자, 시공사 관계자가 2002년 2월 18일 공사재개를 위한 현장확보를 위하여 농성장에 진입하는 과정에서 비구니 스님 3인의 입원사건이 발생하였다. 이를 계기로 삼보일배 등 불교환경연대 대표 등과 조계사에서 종단주도로 신도 약 5천 명의 참석하에 법불교도 결의대회개최 등 종단으로 확대되게 되었다.

갈등의 내용

서울외곽순환도로 사패산 구간의 갈등은 사업의 시행으로 인한 자연환경훼손과 불교의 수행환경훼손으로 대별될 수 있으며 좀더 세부적으로는 다음과 같이 구분된다.

① 사패산 구간의 최적노선대안

사패산 구간의 노선대안은 실시설계시에 제시된 사패산을 통과하는 기존 노선과 국립공원 외곽을 우회하는 노선, 의정부 외곽을 우회하는 노선 등 3개 노선으로 대별된다. 환경단체 및 불교계는 자연환경 및 사찰수행환경 훼손방지를 위하여 노선 변경이 불가피하다고 주장하는 반면 사업 주체들은 북한산 국립공원 내 사패산과 수락산, 불암산 구간을 터널로 통과토록 계획된 현재 노선이 타당하다고 주장하였다. 환경단체 및 불교계의 주장에 대하여 사업시행자 측은 노선 대안별 산림훼손면적과 국립구간 통과구간의 거리를 산출하여 기존 노선의 우수성을 부각시켰다.

[표 2-21] 대안 노선별 비교표

구분	기존 노선	우회노선	
		국립공원 외곽	의정부 외곽
연장	25.3km	27.8km	35.3km
사업비	11,640억 원	13,340억 원(17,207)[*]	18,760억 원(22,627)[*]
산림훼손면적	1.65km²	2.12km²	2.72km²
국립공원통과구간	4.6km	7.1km	국립공원 우회

※주 : * 기 투자된 구간의 매몰비용(Sunk Cost) 3,867억 원이 포함된 공사비

[그림 6-1] 노선대안 비교도

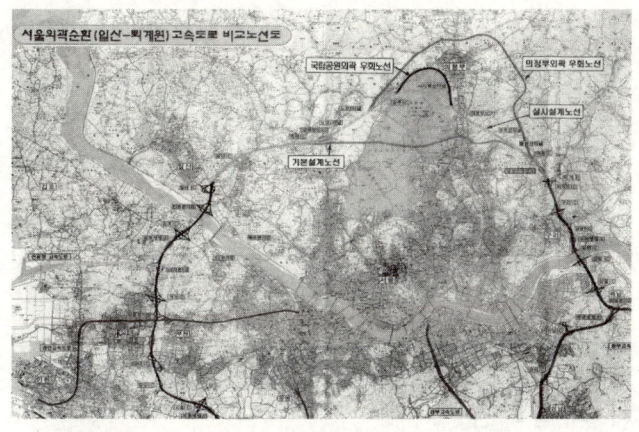

② 환경적 영향측면의 문제점

사패산 구간의 터널건설로 인하여 국립공원의 환경파괴가 심각하고 대기오염을 심화시킨다는 것이다. 구체적으로는 터널굴착으로 지하수위가 하강하여 생태계에 영향을 주고, 터널굴착 시 발생하는 오폐수와 터널공사에 따른 장비와 터널개통 후 발생하는 오염된 대기는 국립공원 주변과 서울의 북부권을 오염시킨다는 것이다. 공사시행으로 인한 산사태의 발생과 환기방식 등의 문제가 제기되는 등 가장 큰 갈등이슈 중의 하나였다.

③ 불교수행환경 훼손의 문제

사패산 터널공사의 시행으로 사찰의 철거 또는 이전 등이 발생하게 되었다. 즉 홍법사, 천인사, 보현사는 전체 부지의 토지수용으로 폐사가 되며, 청룡사, 선각사 등 총 27개의 사찰은 직간접적인 피해가 예상되며, 소음, 진동, 차량배기가스의 매연 등으로 사찰의 정상적인 기능을 수행할 수 없게 되며, 불교의 수행환경과 생활공간의 파괴가 이루어진다는 것이다.

④ 기타 제기된 문제들

이상에서 제기된 문제 이외에도 다음과 같은 문제들이 환경단체 및 불교계에서 지속적으로 제기되었다.

- 사업추진 인허가 절차상의 문제점
- 풍수지리적 측면의 문제점
- 설계기준 적용의 부적절성 등

3. 갈등의 해결과정

노선조사위원회 구성 및 운영

북한산 국립공원 통과여부로 인한 환경, 불교단체와 정부, 사업시행자간의 법적, 물리적인 분쟁과 충돌 등 상호대립하는 상황을 종결하고 상호간의 대화를 통해 사회적인 합의를 도출하고자 2002년 8월 14일 노선조사위원회의 구성, 운영을 합의하였다. 합의내용은 북한산국립공원 통과구간공사를 2002년 12월 31일까지 보류하고, 기도정진도량시설을 2002년 8월말까지 자진철거하며, 2002년 12월까지 합의안이 도출되지 않을 경우 정부가 결정하도록 하였다.

노선조사위원회는 불교계측과 사업시행자 각 6인으로 구성되어 3차례의 회의를 개최하였으나 합의 미도출상태로 운영기간이 종료되었고, 사업시행자측의 최종보고서가 건교부에 제출되었다. 이 기간 중에 대통령 선거가 시행되었으며, 노무현 후보는 선거공약으로 "2002년 12월 4일에 북한산국립공원관통 서울외곽순환고속도로"를 백지화하고 대안노선을 검토하겠다는 공약을 제시하였다.

노선재검토위원회 구성 및 운영

노무현 대통령 후보의 당선에 따라 2003년 4월 14일 불교계와 사업시행자는 건설교통부 노선재검토위원회를 구성, 운영하기로 합의하였고, 교통, 도로, 경제, 환경·생태, 역사문화 분야의 5인씩의 위원을 구성하였다. 검토대상노선은 기존제시노선 이외에 의정부 외곽노선, 북한산 국립공원외곽 우회노선의 3개 노선으로 하였고, 인근의 수락산과 불암산터널 구간의 공사를 4월 14일부터 중지하기로 하였고, 2003년 6월 5일까지 활동하였고, 6차에 걸친 회의와 2003년 7월 1일에는 프레스센터에서 국민토론회를 개최하여 국민여론을 수렴하였으나, 합의에 이르지 못한 상태로 활동이 종료되었다.

공론조사 시행추진

노선조사위원회와 노선재검토위원회의 활동에도 불구하고 합의에 이르지 못하자 2003년 7월 29일 국무회의에서는 대화와 협상을 병행하되 공론조사 방식을 총리실 주관으로 추진하기로 하였다. 공론조사는 주요 정책결정과정에서 대표성을 갖는 국민들이 참여하되 해당 이슈에 대한 충분한 정보를 제공받고, 이를 심도있게 토론한 후 참여자들의 의견을 조사함으로서 진정한 국민의사인 공론을 확인하는 조사방식이다. 그러나 객관적이고 공정한 공론조사 시행방식에 대한 합의에 이르지 못하여 시행되지는 못하였다.

기타 민원해결 관련활동

사업시행자측은 사업시행의 필요성과 효과 등에 대하여 홍보책자 700부, 홍보리플렛 3종 3만 5천 부, 홍보브로쉬 2만 부, 홍보만화책자 3천 부, 전단지 2종 20만 부, 홍보비디오 30개 등을 제작하여 지자체와 지역주민, 국회 등에 배포하였다. 아울러 사패산 구간의 건설사업의 시행이 사회이슈화에 대한 방송사 및 신문 등 언론기관 인터뷰가 24회 이루어졌다. 갈등발생에 대한 국민들의 의견수렴을 위하여 언론 기관에서 수차례의 여론조사가 시행되었으며, 인터넷 동아일보, KBS 라디오, 주간불교 인터넷 여론조사, 인터넷 법보조사 등에서 찬성은 70.3~88.0%, 반대는 12.0~29.7%의 의견이 제시되었다.

대통령과 불교계 대표의 회동

2003년 12월 22일 노무현 대통령은 조계종 종정인 법전스님을 방문하여 대선공약을 지키지 못한 것에 대하여 양해를 구하고, 2003 년 12월 24일 국정현안정책조정회의에서 당초 노선대로 공사의 재개 를 발표함으로써 사패산 구간의 공사는 재개되었다. 이와 관련하여 고건 국무총리는 역사문화환경 보전을 위한 제도개선을 추진하기로 발표하였고, 종교문화보존지구의 신설로 불교역사문화 및 수행환경 보전을 강화하고, 전통사찰보존법 적용지구를 사전환경성 검토대상 지역으로 추가하며, 도로건설계획에 불교계 전문가를 노선설계자문 위원회에 참여를 보장하는 등 불교계의 사전의견수렴과 참여확대를 하기로 하였다.

4. 평가 및 시사점

사패산 사례의 평가

사패산의 갈등은 참여정부가 해결하고자 하는 다양한 갈등들과 함께 우리사회에 발생하고 있는 갈등해결을 위한 여러 정책대안을 도출하게 되는 결과를 가져왔다. 특히 대규모의 국가재원과 장기간이 소요되는 중앙정부의 SOC 사업의 효율적인 추진과 갈등예방을 위한 관련법, 제도의 개선을 유도하는 정책의 전환을 점진적으로 가져오는 변화가 일어나고 있다. 우선 건설사업에 대한 사전용역과정을 개선하는 건설기술용역 세부시행지침이 제정되었으며, 환경을 우선하는 전략환경영향평가의 시행과 도로사업의 경우 참여적 의사결정제도의 도입이 추진되게 되었다.

① 건설기술용역 세부시행지침의 제정

사패산 터널구간 등의 갈등발생으로 인한 대규모 국책사업의 공정성과 투명성 문제제기에 대하여 국무총리실은 타당성 용역의 수행기준을 제시하였다. 즉 학계 등 외부 인력이 참여하는 공동용역 방식의 시행, 외부전문가 등의 검토회의시행, 용역조사결과의 인터넷 등 외부공개, 논의과정에 대한 회의록 작성, 용역수행기간의 충분한 확보와 용역비용의 현실화 등이 시달되었다. 이에 대하여 건설교통부는 공동용역방식은 500억 원 이상의 사업에 대하여 의무화하고, 설계자문위원회에 환경분야와 종교계를 포함하도록 하였으며, 용역결과를 발주청의 홈페이지 등에 공개하도록 개선하는 세부 시행지침이 2004년 3월에 제정되었다.

② 환경을 우선시하는 전략환경영향평가제도의 시행

사패산을 포함하여 1990년대 후반부터 지속적으로 제기된 여러 환경갈등의 개선을 위하여 개발사업의 시행초기에 사전적으로 검토하는 전략환경영향평가제도가 2005년에 도입되었다. 건설교통부는 이를 위해 "전략환경평가업무처리규정(훈령)"을 제정하였으며 차관을 위원장, 민간전문가를 부위원장으로 하고 산·학·연·관, 시민단체 등 각계의 전문가를 위원으로 하는 '전략환경평가위원회'를 구성하여 계획수립 초기부터 친환경적 추진전략과 대안마련을 위한 평가항목과 방법 등을 검토, 심의해 나갈 예정이다.

도로사업의 경우 현재 사업확정 후 실시설계단계에서 주민공람 등 공개적인 의견수렴을 하고 있어 환경 등 근본적인 문제 발생시 사업의 취소, 변경 등이 곤란 하다는 점을 감안하여 앞으로는 타당성조사, 기본설계 등 노선이나 사업이 최초로 선정되는 단계에서 사전에 환경성을 검토한 후 주민공람 등 공개적인 의견수렴을 하도록 하는 방안을 관계부처와 협의해 나가되 제도개선전에 시행상의 문제점은 없는지를 확인하기 위하여 2005년도 도로 사업 중 1~2개 사업을 선정하여 개선방안을 시범적으로 적용해 볼 계획이다.

③ 참여적 의사결정제도의 도입추진 및 시범사업시행

주요 고속도로 실시설계 추진시 주민, 관련 NGO 등 이해관계자를 적극 참여시키기로 하고, 춘천~양양간 고속도로부터 시범적으로 적용하기로 하였다. 그동안 고속도로는 실시설계 결과를 토대로 환경영향평가 단계에서 주민의견 등을 수렴하였으나, 정부(안)이 거의 확정된 이후에 뒤늦게 주민반대나 환경문제로 제동이 걸려 막대한 경제적 피해와 사회 갈등이 야기되는 것을 막기 위한 것이다. 사패산 터널과 같이 과거 2년 여간 공사중단으로 이해기관간 소모적 논쟁과 과도한 갈등으로 국민경제에 손실을 끼치는 일이 대폭 해소하기 위한 것이다.

이를 위하여 춘천~양양 고속도로는 2010년 개통할 계획으로 주민 등이 설계에 참여하는 방식으로 추진하여 주민, 지자체, NGO가 참여하는 「(가칭) 갈등예방협의회」를 구성하는 등, 지속적인 대화채널을 유지하여 주요 설계의 내용을 공유·조정하고, 시범사업을 계기로 드러나는 문제점 및 효과를 종합하여 「도로사업 국민참여형 모델」을 마련한 후 주요 도로사업까지 확대·적용할 계획이다.

사패산 갈등의 시사점 및 향후 과제

사패산 갈등의 발생과 해결과정에서 대형국책사업이 지연되거나 중단되는데 따른 사회적인 비용의 발생과 이에 대한 효율적인 대처방안의 중요성이 부각되었다. 아울러, 이러한 과정에서 갈등의 체계적인 대응 필요성이 부각되고 있으며, 이에 대한 개선의 필요성이 부각되게 되었다.

사패산 구간의 건설사업시 발생한 갈등사례를 통하여 많은 점을 시사해주고 있으며, 향후에 개선해야 할 과제들을 정리하여 보면 다음과 같다.

- 사업의 추진단계별 국민참여 기회의 부족
- 기존제도의 형식적인 시행으로 실효성 부족
- 사회적 합의도출을 위한 지침의 미비
- 갈등발생시의 중재·조정전문가의 역할 미흡
- 사업구상단계에서의 충분한 국민적 합의도출
- 정부중심, 행정우월적인 사업추진방식
- 국민의 적극적인 관심과 참여의지의 부족

2. 영월 댐건설 갈등사례[9]

1. 사업의 개요

영월댐은 1920년 하천조사사업에서 수력발전댐 후보지로 최초 거론되었다. 1960년대 일본정부 JICA자금에 의한 조사와 1970년대 미국정부의 자금지원에 의한 한미합동의 한강유역조사사업에서도 다목적댐 후보지로 거론되었다. 그러나 소양강댐과 안동댐 등의 건설로 인한 정부의 재정형편상 착수되지 못하였다. 1980년대 중반 에는 한국전력에서 수력발전댐 건설을 추진하였으나 동강에 있는 백룡동굴의 수몰문제 등으로 강원도와 이견을 보이면서 보류되는 등 이 당시에는 용수문제보다 전력생산이 주요 관심사였다.

1990년 9월 한강 대홍수시 영월, 단양지역의 침수와 서울이남의 일산제방 붕괴 등 한강 상·하류지역에 대규모 홍수가 발생되어 163명의 인명피해와 수만 명의 이재민 및 막대한 재산피해가 발생하였다. 이에 강원도 및 영월지역주민들이 홍수 방지를 위한 영월댐 조기건설을 요구하게 되었고, 정부에서는 영월 다목적 댐 건설을 추진하게 되었다.

---

9) 김선희, 2005.4, 국책사업 갈등관리사례, 국토연구원, 국토

영월댐은 강원도 영월군 영월읍에 위치한 댐 높이 98m, 홍저수량 698백만 톤 규모의 다목적 댐이다. 사업효과로는 용수공급 367백만 톤, 홍수조절 2억 톤, 발전 126백만 kwh/년 등이다. 영월 다목적댐 건설은 제3차 국토종합개발계획에 반영되고 '91~'92년 타당성조사를 거쳐 1997년 9월 약 700만 평을 댐건설예정지로 지정·고시하였다.

2. 갈등의 전개과정 및 갈등내용

영월댐 건설의 찬반논쟁은 사업초기의 지역간 갈등이 환경가치 갈등으로 확대된 복합적인 갈등 사례다.

한강 대홍수시 큰 피해를 입은 영월읍은 지역주민 대부분이 영월댐 건설을 요구한 반면, 댐 건설시 수몰지가 많은 영월댐 상류의 정선지역은 수몰민을 중심으로 강력한 댐건설 반대운동을 전개하였다. 하류지역의 홍수피해방지와 용수공급을 위해 상류지역의 희생을 감수하도록 하는 데 대한 상대적 박탈감과 비현실적 보상 등에 따른 이해관계 갈등이 나타나기 시작했다. 이에 정부에서는 1994년 「특별다목적댐법」에 댐관련 지원규정을 신설하여 수몰주민과 댐주변지역에 대한 지원 등을 통해 보상을 현실화해 줌으로써10) 어느 정도 갈등은 해소되었고, 댐건설예정지를 지정·고시할 수 있었다.

그러나 댐 건설예정지 고시 이후 댐건설이 본격적으로 가시화됨에 따라 환경단체는 물수요 예측, 홍수대책, 자연생태계 파괴 등의 문제점을 제기하며 댐건설을 반대하였다.

환경부 등은 환경영향평가 협의과정에서 자연환경보전과 천연기

---

10) 1999.9 「댐건설및주변지역지원등에관한법률」 제정

념물 보호 등을 이유로 재보완, 재조사 등을 요구하였다. 건교부와 수자원공사는 정책토론회, 전문가 토론회, 합동평가단 구성·운영 등을 통해 영월댐건설의 정당화에 노력하였지만, 환경단체의 참여 거부로 의견이 수렴되지 못하고, 영월댐건설 찬반논쟁은 더욱 확대 되었다.

　이에 국무총리실 수질개선기획단 물관리정책민간위원회에서 객 관적인 재조사의 필요성을 건의하였고, 대통령도 이 문제에 대한 객관적인 조사의 필요성을 언급('99.4.29)하게 되었다. 당해 당사자 인 강원도도 총리실 조사결과에 따라 추진여부를 결정하도록 할 계획임을 표명하였다.

[표 2-22] 갈등대응 전개 과정

구 분	주요 조정·대응내용
〈1단계〉 당사자간 절차적 대응	• 건교부 ↔ 환경부, 환경영향평가 보완요청(절차적 대응) • 건교부 ↔ 문화재청, 농림부 관계차처 협의 조건부협의
〈2단계〉 지역주민참여	• 지역주민과의 면담(수몰위, 군의회, 군청) • 건교부, 수공, 3개시군 댐건설관련 관계자회의 구성(보상 등 논의)
〈3단계〉 환경단체, 언론개입·적극적 정당화 대응	• 환경단체, 언론 개입 • 건교부 : 정책토론회 개최 댐건설의 정당화활동 • 수공 : 전문가 토론회(한국정책학회) • 환경부 : 환경영향평가 재보완, 추가재보완 요청, 현지 확인 조사, 문화재관리위원회 등 유관기관과 협의네트워크 구축 활용
〈4단계〉 정부업무조정활동	• 환경단체 조직적 반대운동, 정치권 개입 • 국무총리실 수질개선기획단 조정활동 　(관계부처회의 2회) • 물관리정책조정실무위원회(관계차관회의) • 합동평가단 구성운영(환경부, 강원, 수공) 　환경단체 추천거부
〈5단계〉	• 영월댐 공동조사단 구성(건교부, 환경부, 환경단체)

공식적 제3자 중재	• 국회 환경노동위원회 논의, 현장방문 • 강원도지사 댐건설반대 기자회견 • 대통령 관심, 건교부 국정개혁 보고시 정밀조사지시, 반대의견 표시 • 미국의 HARZA사 정밀조사 • 영월댐 공동조사 활동결과발표(5개분과(물수급, 홍수, 댐안전, 환경, 문화), 10차례 회의)

[표 2-23] 영월댐 건설 찬반 논쟁

구 분	건설교통부(수자원공사)	환경단체
물부족	• 수요관리를 하더라도 장래 물부족은 피할수 없으므로 영월댐 건설은 불가피	• 물부족은 정부의 수요과다 추정이며, 우리나라의 물소비가 외국에 비해 지나치게 많으므로 앞으로는 공급위주의 댐정책보다 수요관리로 물부족을 해결하여야 함
홍수	• 영월, 단양동 남한강변 도시와 서울의 근본적인 차수를 위해서는 영월댐의 홍수조절이 필요 • 소규모 홍수조절댐은 여러 개를 건설해야 하기 때문에 오히려 환경훼손과 비용이 커짐	• 홍수는 게릴라성 집중호우와 도시내 배수시설이 정비되지 못한 것이 주원인으로 이런 수해는 댐으로 막을 수 없음 • 굳이 남한강의 홍수를 막을 목적이라면 소규모 홍수조절댐을 건설하는 것이 타당함
생태 환경	• 동강의 생태환경이 변하지만 다른 다목적댐에서 보듯이 생태환경의 파괴가 아닌 변화임 • 담수심이 최고 100m 미만인데 비해 주변산들의 높이가 500m 이상이므로 다른 댐들의 저수지와 달리 동강의 시행하천 모습은 그대로 보존되고 오히려 새로운 친수공간이 조성됨	• 동강은 생태환경이 원시상태로 잘 보존된 비경이므로 댐건설로 수몰시 희귀동식물의 멸종 등 생태계가 파괴되고 백룡동굴 및 어라연의 수몰로 귀중한 유산이 사라지게 됨 • 특히 석회암지역의 독특한 절벽 계곡이 수몰되어 세계적인 자연비경이 사라지게 됨
댐안전	• 국내외 지질전문가들의 정밀지질조사결과 댐안전에 문제점이 없으며, 석회암지대 댐건설은 외국도 일반적인 사항임	• 동굴이 많은 석회암지역이므로 댐 파괴 등 댐안전이 극히 우려되며, 이태리 바이옹댐 등의 사례가 있음
기타	• 유럽은 용수와 홍수조절 목적이 아닌 발전댐이기 때문에 우리나라 실	• 선진외국에서는 이미 댐건설을 중단하였고, 오히려 철거하고 있는

정과 수평비교 할 수 없으며 기후조건이 비슷한 일본은 우리나라보다 더 많은 다목적댐을 건설중임 • 외국에서 철거되는 댐은 노후화된 발전댐으로 효용가치가 더 이상 없어졌기 때문임	실정임

[그림 2-2] 영월댐의 정책참여구조

3. 갈등의 해결과정

'영월댐 합동평가단' 구성·운영

환경부와 건교부의 지속적인 이견과 유관기관의 부정적 견해의 증가, 환경단체의 조직적 반대, 지역주민의 반대 등으로 논란이 증대되자 국무총리실이 조정활동을 시작하였다.

2차례의 관계부처 회의(1998.7.14, 9.25)를 통해 영월댐 추진체계 구축 및 공동조사단 구성운영(건교부), 표준화된 댐건설절차 규정방안(건교부), 영월댐 홍보방안(건교부), 영월댐 환경영향평가 추진상황 및 평가제도의 개선방안(환경부), 댐지역 수질보전 대책수립(환경부) 등을 내용으로 하는 '영월댐 추진대책'을 마련하였다. 그러나 협의도출에 실패하고 1999년 1월 4일에 물관리정책조정실무위원회 (관계차관회의)를 개최하여 합동평가단을 1월말까지 구성하되 환경부와 강원도에서 적극 협조할 것을 통보하였다.

이에 건교부와 수자원공사는 1999년 1월말에 건교부 주관으로 지금까지 제기된 문제 및 쟁점을 재검토하고 진행중인 추가조사에 대한 공동 검증을 통해 사업추진에 대한 투명성 확보 및 대국민 신뢰도를 높이기 위해 합동평가단을 구성하였다. 그러나 환경운동 연합 등 환경단체들은 합동평가단의 구성의도가 이미 댐건설을 전제로 운영될 것이라는 이유를 들어 평가단 위원 추천을 끝까지 거부한다. 환경부도 정식으로 평가위원을 추천하지 않고, 환경부의 정책자문위원의 명단을 건교부에 알려주어, 결국 합동평가단은 건교부 및 강원도 추천위원, 환경부 정책자문위원으로 구성되었다.

합동평가단은 댐안전성 문제, 수질문제, 생태환경문제 등을 중심으로 전체위원회와 각 분야별 소위원회로 나누어 조사작업활동을 벌였으나, 합동평가단의 평가결과가 나오기 전에 건교부에서는 댐 건설을 강행한다는 입장을 일간지에 발표하면서 환경단체뿐만 아니라 정치권의 반대를 불러일으킨다. 결국 합동평가단은 1999년 7월 해체되었다.

'영월댐건설타당성종합검토를위한공동조사단' 구성

영월댐 공동조사단의 구성은 합동평가단의 해체를 계기로 재조사의 객관성과 신뢰성을 확보하기 위해 '물관리정책민간위원회'가 주체가 되어 이루어졌다. 물관리정책민간위원중 소위원회(위원장 : 지영선 한겨레신문 논설위원 포함 7인)를 구성하여 공동조사단의 구성과 임무 등의 기본방향을 정하고, 구성원칙과 절차 등을 정하였다.

이와 같은 원칙을 통해 한 달간('99.7.19~8.18)의 접수기간동안 총 101명이 추천되었으며 이중 추천기관의 균형을 유지하고 중복 추천자를 우선 지명하는 등의 원칙을 세워 총 33명의 위원을 소위원회의 합의에 의해 선정하였다.

소위원회에서는 환경단체 등 민간단체와 정부기관으로부터 각 분야 전문가를 추천받아 '물관리정책민간위원회' 및 '물관리정책조정위원회' 심의를 거쳐 총 33명(정부측 13인, 환경단체 및 민간위원 19인, 위원장)으로 구성된 '영월댐 건설타당성 종합검토를 위한 공동조사단(조사단장: 박원훈 전 KIST 원장)'을 발족하였다. 이와 함께 공동조사단의 지침도 작성하여 물관리정책민간위원회 및 물관리정책조정위원회를 개최하여 1999년 8월26일 확정하였다.

[표 2-24] 영월댐 합동평가단 및 공동조사단 구성 경위

구 분	주요 추진내용
'99.2~7	영월댐 합동평가단 구성·운영(수공, 건교부) • 정책추진조직(건교부, 수공) → 환경부, 강원도, 환경운동연합 평가단 위원추천의뢰(3차) • 환경운동연합 추천 거부(댐건설을 전제로 운영될 것에 대한 의도 판단) • 결국 환경부, 강원도 추천위원으로만 구성
'99.6	수질개선기획단 물관리정책민간위원회 → 환경운동연합 공동조사단 참여 요청 • 거부-조건제시
'99.7.6	물관리정책민간위원회 개최 • 세부추진계획 논의를 위한 7인 소위원회 구성
'99.7.9	영월댐 합동평가단 해체(수공, 건교부)
'99.7.12~8.18	소위원회에서 공동조사단 구성 및 운영지침 시안 마련 • 조건적 참여(동등한 수준(50% : 50%)의 전문가 추천권한) 합의 • 조사단 구성 : 33인(위원장 1, 물수급 6, 홍수 8, 댐안전 6, 환경 8, 문화 5) 　(환경운동연합 등 민간단체 19, 건교부·환경부 12, 강원도 2) • 추천인원 : 101명(건교부 16, 환경부 4, 강원도 4, 민간단체 87)
'99.8.24	소위원회 시안에 대한 물관리정책민간위원회 심의
'99.8.26	물관리정책조정위원회 심의·의결

공동조사단 중재 및 조치

공동조사단장은 물관리정책위원회 의결에 따라 추천되었으며, 조사단은 물수급, 홍수, 댐안전, 환경, 문화 등 5개 분야로 나누어 구성되었다. 공동조사단 활동은 조사단장의 책임하에 각 분야별로 자율적으로 세부 추진계획을 수립하여 추진되었다.

공동조사단은 총 10차례의 전체회의를 개최하여 평가방법 및 조사방향 등에 대한 의견을 조정하였으며, 분과회의들은 각 분과별 여건에 따라 수시로 개최하였다. 또한 국내외 댐건설사례를 검토하기 위해 미국, 일본, 유럽 등 국외댐과 충주댐 등 현장견학도 실시하였다. 공동조사단은 당초 1999년 9월부터 2000년 2월까지 6개월간 조사를 하기로 하였으나 조사기간의 부족으로 실제로는 약 8개월간의 조사활동과 숙의·논의과정을 통해 공동조사보고서를 작성하였다.[11]

공동조사단은 동강유역은 구석기 유적·백룡동굴 등 소중한 문화유산을 가지고 있을 뿐 아니라 국내 그 어느 지역보다 생물종다양성이 풍부하며 또한 고유하고 독특한 석회암 생태계를 가지고 있어 환경적·문화적 보존가치가 탁월한 지역이므로 물부족과 홍수조절 등 심각한 문제가 상존하고 있음에도 불구하고 영월다목적댐의 건설

---

11) 중점검토내용은 ① 수자원이 과연 어느 정도부족한가, 효과적이고 신뢰할 수 있는 대안은 무엇인가? ② 영월댐은 영월 및 수도권 홍수방지에 어느 정도 기여하는가? ③ 지질학적으로 안전한가? ④영월댐 건설이 환경생태계 및 수질에 미치는 영향은? ⑤ 동강지역은 수자원 확보나 홍수방지라는 중대한 목표를 포기하고서라도 보존해야 할 만큼 문화적으로나 생태적으로 중요한 곳인가? 등이다.

은 중단됨이 바람직하고, 영월댐 중단에 따른 후속조치로서 홍수대책, 물부족대책, 환경보전 대책, 지역주민지원 등 대안 및 보완대책을 정부에 건의하였다.

영월댐 민간공동조사단에게 공동조사 결과보고서를 받은 국무총리실 수질개선기획단은 '물관리정책민간위원회'(2000. 6.2) 및 '물관리정책조정위원회'(2000.6.13, 국무총리, 건교부, 산자부 및 환경부 등 관련부처 장관, 서울시장, 경기, 강원지사 등 16명 참석) 개최를 통해 영월다목적댐 건설계획을 완전 백지화하기로 최종 확정하였다.

정부는 공동조사단이 건의한 각종 대안들에 대하여 관련부처로 하여금 면밀히 검토토록하고, 관련기관들의 검토를 거쳐 제출된 의견들은 '물관리민간정책위원회'(2000.10.23)와 '물관리정책조정 위원회'(2000.10.24)에서 최종적으로 결정하였다.

[표 2-25] 영월댐 건설중단 결정 및 정부조치내용

구 분	정부조치 내용
홍수대책	• 하천개수의 조기완료 및 홍수예경보 시설 보강 • 유수지 설치 의무화 등 도시기본계획 관련 규정 정비와 재해영향평가 제도 확대시행 등 법령 정비 • 공동조사단에서 건의한 홍수조절댐은 환경생태계 및 홍수조절 효과에 대한 실증된 검증이 부족하고 경제성이 낮으며 새로운 댐건설논란 재연 등의 문제가 있어 건설하지 않도록 결정함
물 부족 대책	• 절수기 및 중수도 설치 확대, 노후수도관 교체 등 적극적인 수요관리를 추진(2007년까지 수돗물의 13.5%인 7.9억 톤 절감)하고 민간주도의 물절약 운동추진에 적극 지원 • 수자원장기종합계획을 전반적으로 재수립 • 화천댐 등 기존 수력발전댐을 용수 및 홍수조절기능 위주로 운영하되 관리권 일원화보다는 관련기관의 행정협조로 운영효율화 도모하고 향후 운영에 대한 분석결과 개선점 필요시 재검토함

환경보전
대책
	• 환경훼손을 방지하기 위해 단기대책으로서 동강지역 출입제한을 위한
	  자연휴식지 지정을 추진
	• 중장기 대책으로서 동강종합관리계획을 2001년까지 수립 추진하되 생태
	  보전지구 지정을 장기적으로 검토
	• 각종 개발사업의 계획수립단계에서 환경상의 영향을 고려하도록 사전환
	  경성 검토제도 도입

지역주민 지원	• 농가부채 부담을 완화하기 위해 본 지역주민이 가진 고금리의 상호금융자 금을 저금리 영농자금 등 정책자금으로 대환 • 영농지원 사업 및 지역정주 기반시설 확충 등을 우선 시행 • 영월댐예정지 지정고시 해제,주민재산권에 대한 행위제한 해제

※ 자료 : 국무총리 수질개선기획단, 2000. 물관리백서.

4. 평가 및 시사점

영월댐 공동조사단의 갈등조정사례는 다음 3가지 측면에서 국책
사업에 대한 환경갈등의 제3자 중재의 성공모델을 제공하고 있다.

첫째, 중재에 본격적으로 들어가기에 앞서 소위원회 활동을 통해
공동조사단의 구성과 역할에 대한 공정하고 투명한 합의절차와 원칙
(ground rule)을 마련하여 공동조사단의 합의도출 기반을 마련한
점을 들수 있다. 이는 공동조사단 구성운영전에 이루어진 합동평가
단의 한계와 파행을 통해 얻은 실질적인 경험과 중재자의 객관성과
절차와 운영의 정당성 확보가 중재의 기본요건임을 재확인하는 실질
적인 경험을 제공하였다.

둘째, 공동조사단장의 책임하에 각 분과별로 자율적으로 세부적
인 추진계획을 수립하여 선입견없이 전문적인 조사활동을 벌이고,
합의를 통해 조사활동결과를 제출한 점을 들 수 있다. 사실확인(fact

finding)과 숙의(deliberation)과정이 분과별로 이루어지고, 이는 다시 10차례의 전체회의를 통해 쟁점을 정리하고 환류되는 체계로 운영됨으로써 협의와 합의형성 토대를 마련하였다고 평가할 수 있다.

셋째, '물관리정책조정위원회'를 통해 공동조사단의 결과보고서 내용을 정부가 적극적으로 수렴하고 정책에 반영한 점 등이다. 정부는 공동조사단이 건의한 각종 대안들에 대하여 관련부처로 하여금 면밀히 검토토록하고, 관련기관들의 검토를 거쳐 제출된 의견들은 최종적으로 결정함으로써 합의문에 대한 정부의 조치를 신속하게 이행하는 절차를 마련하였다.

본 사례는 향후 댐사업 추진과 관련한 갈등을 사전에 예방하고 효과적으로 관리하기 위한 다음과 같은 과제와 시사점을 제공하고 있다.

첫째, 갈등의 최고점에서의 사후갈등관리보다는 사전에 예방하고 관리할수 있는 참여형 의사결정방법이 마련되어야 한다. 첨예한 갈등으로 비용과 시간을 낭비하고 사업에 대한 신뢰성을 떨어트린 상태에서 공동조사단을 구성하여 원점에서 재검토하는 시행착오를 반복할 것이 아니라, 사업의 구상과 타당성조사 등 사업초기단계부터 객관적으로 평가하고 합의하는 절차와 수단을 마련할 필요가 있다. 영월댐 공동조사단의 중재경험을 통해 최근에 추진되는 성덕 다목적 댐건설 등에서는 타당성조사 단계에서 '지역협의회'를 구성하여 기본계획 및 환경영향평가 관계기관 협의를 완료하고, 기본계획 고시 및 보상에 착수할 수 있었다.

둘째, 댐사업의 추진에는 기술적인 타당성(기술성, 안전성, 경제성 등)과 더불어 환경성, 사회적인 수용성이 매우 중요하며, 사회적 합의도출이 선행되어야 한다. 기술적인 전문가는 물론 지역주민을 포함한 이해당사자들이 타당성조사단계, 기본계획 및 설계단계, 환경영향평가 단계에서 사업추진과 관련한 공론화 과정을 충분히 하면 할수록 댐건설의 수용성은 제고될 수 있을 것이다.

셋째, 이해관계자가 공정하게 참여하는 정책공동체 형성이 요구된다. 최근 국책사업의 참여구조가 복잡화, 이슈네트워크화하는 특성 등을 고려하여 사업초기단계부터 이해관계가 형성될 수 있는 대표성을 갖는 다양한 주체를 의사결정과정에 참여시켜 정책공동체를 형성하는 방안이 요구된다. 사업추진에 대한 폭넓은 식견과 균형 감각을 지닌 이해관계자의 참여와 협력이 합의형성의 관건이 된다.

넷째, 합의형성과정에서 대통령과 정치권 등의 개입으로 부터의 객관성을 어떻게 확보할 것인가의 과제가 남는다. 또한 사업자측은 '백지화' 결정을 수용하였지만, 만약 '사업추진' 결정이 도출되었다면, 환경단체 등에서 이 결정을 수용하여 정부조치를 취하는데 협조할 수 있었겠는가 하는 점이다. 정당성(legitimacy) 확보와 이탈의 방지(runaway tendency)에 대한 장치 마련의 문제가 남는다.

다섯째, 타당성조사, 환경영향평가의 객관성과 신뢰성을 확보할 수 있는 제도개선이 필요하다. 댐건설 사업과 관련된 환경갈등의 현안사례들은 공히 타당성조사 보고서 및 환경영향평가서 등 주요 조사평가 자료와 결과들에 대한 불신에서 근원한다. 시민단체 및 지역주민들이 요구하는 환경성 및 환경가치 항목과 내용이 기존 타당성조사 및 환경영향평가에서 객관적으로 반영될 수 있도록 하고 대안검토도 환경성을 충분히 고려하여 평가될 수 있어야 한다. 이를 위해 조사내용, 조사비, 조사기간 등이 대폭 개선·증액되고 민관공동조사 등도 활성화할 필요가 있다.

성덕댐 지역협의회 구성운영 사례

1. 성덕댐 건설사업 개요
   - 위   치 : 경북 청송군 안덕면 성재리 일원(낙동강3지류 보현천)
   - 댐 규 모 : 높이 58.5m, 길이 274m
   - 총저수량 : 27.9백만m^3 • 수몰면적 : 1.5km^2

2. 지역협의회 운영방안
   - 운영기간 : 기본계획 수립단계에서부터 건설완료시까지 운영
   - 구성원 : 정부(건교부, 수공), 해당 지자체, 지역주민, 민간전문가
     (NGO 포함) 등
   - 주요역할
   - 주민의견수렴방법 및 절차(설명회, 공청회 등) 제시
   - 댐건설 기본계획 수립 및 건설과 관련한 주요사항 검토
   - 댐주변지역 정비사업에 관한 사항 검토
   - 기타 협의회에서 필요하다고 인정하는 사항 논의 등

3. 지역협의회 구성 및 운영 등 추진경위
   - '01. 12 : 타당성조사 착수
   - '03.6.26 : 지역협의회 구성 및 1차 회의
   - 구성원 : 건교부, 경북도, 청송군, 수공, 청송군의원, 지역주민(수
     몰2, 비수몰 2), 민간전문가 등 총 14명
   - 지역의견수렴절차의 제도화 및 향후 운영방안 설명
   - '03.12.19 : 지역협의회 2차 회의
   - 기본계획 및 환경영향평가 협의전 주민의견 수렴 방법 및 절차
     등 논의
   - '03.12. : 실시설계 완료
   - '04.1.29 : 사업설명회(안덕면, 현서면)
   - '04.3.16~17 : 주민설명회(안덕면, 현서면)

- '04.5.27 : 공청회(청송군)
- '04.7.~ : 기본계획 및 환경영향평가 협의 착수
- '04.10. : 환경영향평가 협의 완료
- '04.12.3 : 주민대표 간담회
- '04.12. : 기본계획 협의 완료(재경부 등 8개 기관)
- '05.1.15 : 총사업비 협의 완료(기획예산처)

3. 울산북구청 음식물
자원화시설 건립사례[12]

1. 사업의 개요

1997년 7월 폐기물관리법 개정에 의해 2005년 1월부터 특별시, 광역시, 시지역는 음식물 쓰레기 직매립 금지될 상황에 처하게 되었다. 1998년 12월 울산시는 이에 대비하고자, 음식물에 대한 분리수거를 시작하였다. 울산 북구의 경우 2001년 2월까지 1만 6천 세대 1일 11톤의 음식물쓰레기를 소사육 농가에 가공처리 없이 사료로 공급하여 처리하였다. 그러나 2001년 2월 광우병 파동으로 정부는 광우병 예방차원에서 음식물쓰레기를 소사료로 사용하는 것을 금지한다.

울산북구는 음식물쓰레기 자원화 사업에 대한 전면적인 재검토가 불가피했다. 별도의 음식물 처리시설을 갖추고 있지 못했던 북구청에서는 발생한 음식물쓰레기를 중구청 처리장에 톤당 38,100원씩 주고 위탁처리할 수밖에 없는 실정이 되었다. 자체 처리 시설이 없으면 앞으로 위탁비용 부담이 계속 늘어나게 되고, 안정적인 처리를 담보하기 어려운 상황이 된 것이다.

---

12) 지속가능발전위 자료집 2005-7, 공공갈등과 참여적 의사결정 포럼

이에 따라 북구청은 환경친화적이고 주민들의 반대가 적을 것으로 예상되는 지렁이사육을 이용한 음식물쓰레기 자원화 사업을 추진하게 된다. 지렁이 사육을 통한 처리는 당시에 개발된 방법 중에서 가장 친환경적인 방법이었다. 처리방법은 수거한 음식물을 투입하여 행금 – 선별 – 파쇄 – 발효 및 효소 첨가하여 지렁이 사료로 제공하는 방식이다. 이것을 별도의 공간에서 사육하는 지렁이에게 음식물쓰레기를 뿌려주면 지렁이가 먹어치우면서 분변토를 배설하게 되고 이는 양질의 퇴비로 사용하는 방법이다.

북구청은 자원화시설 설치를 위해 관내 8곳의 국·공지 중심으로 조사하여 2001년 11월 북구 중산동 지역을 음식물자원화 시설 부지로 결정하고, 국유지 매입에 들어가게 된다. 중산동 지역을 후보지로 결정한 이유는 이 지역이 교통이 편리하고 접근성이 좋고, 방어진 하수종말처리장으로 가능 하수차집관로가 바로 옆의 동천강 둑을 따라 매설되어 있기 때문에 음식물 처리시설에서 나오는 오수를 처리가 용이했기 때문이었다. 이에 따라 북구청은 2001년부터 자체 처리시설 계획을 세워 국비와 시비를 보조 받아 27억 7천만 원(국비 8억3천, 시비 14억 7천, 구비 4억 7천만 원)의 예산으로 중산동 지역 약 960평의 부지에 하루 30톤 처리 규모의 친환경 자원화시설 건립을 추진했다.

2. 갈등의 전개과정 및 갈등 내용

갈등의 표출

2002년 6월 지역에서 노동운동가로 오랫동안 활동해오던 민주노동당 출신 후보가 민선 2기 구청장이 되었다. 같은 해 10월 구비예산이 편성되고, 의회에서는 공유재산 관리계획을 승인함으로서 음식물자원화시설에 필요한 모든 공식적인 절차가 끝났다. 그러나 의회에서 승인을 받은 다음날부터 반대운동이 시작되고, 반대대책위원회가 구성되었다. 반대운동의 동기는 구청이 혐오시설을 설치하면서도 주민설명회나 공청회 등 주민의 의사수렴 한 번도 거치지 않았다는 것이다. 주민들은 이런 일방적인 결정을 받아들일 수 없다고 했다. 구청은 이에 대해 대통령 선거기간이었기 때문에 구청은 어떤 홍보활동이나 토론도 개최할 수 없었다고 해명을 하였지만 주민들의 반대는 잦아들지 않았다.

울산 북구청은 지역주민들에게 지역방송 등 언론매체를 이용한 토론을 주문하였고 지역 방송에서 북구청장, 반대위 공동의장, 환경운동 단체 간부 등이 출연하여 음식물 처리시설의 안전성과 친환경성, 입지적합성 등에 대한 열띤 토론을 벌였다. 이런 토론과 대화를 위한 노력에도 불구하고 반대대책위원회(이후 반대대책위)는 자원화시설 설치반대를 주장하며 연일 주민집회를 개최하였다.

이런 가운데 2003년 8월 시공업체가 최종적으로 선정되고, 12월 공사에 들어갔다. 공사가 시작되자 '반대대책위'는 '비상대책위'로 전환하여 공사현장에서 반대집회를 개최하고, 대규모 집회, 촛불시위, 깃발 달기 등 다양한 방법을 통해 구청을 압박했다. 공사현장에서 시공업체와 충돌이 발생했다. 사태가 심각해지자 구청은 공사를 잠정적으로 중단하고 주민을 설득하기 위해 주민과의 토론에 들어갔다.

지역주민은 음식물 처리시설을 다른 곳으로 옮기라고 주장했다. 북구청은 이런 주민의 의견을 수렴하여 대체 장소를 물색하기 시작했다. 처리시설 이전 가능성을 여러 차원에서 검토하였으나 결과는 불가능이었다.

북구관내에는 자원화시설을 설치할 여유 부지가 거의 없었고, 부지가 있다하여도 이전에 따른 과다한 비용부담, 법적인 문제 등이 걸려있어 현실성이 없었다. 다른 구에 설립하는 문제를 검토하였으나 다른 구의회와 지역주민들의 반대, 막대한 추가부담 등으로 불가능하다는 판단에 이르게 되었다.

결국 구청은 2005년 1월부터 시작되는 음식물 직매립금지에 대응하기 위해서는 착공한 공사를 빨리 마무리 짓는 방법밖에 없다는 결론에 이르게 된다.

갈등의 증폭

구청은 꼭 필요한 시설 건립을 더 이상 미룰 수도 없고, 다른 곳으로 이전도 불가능한 상태에서 공사를 재개할 수밖에 없다고 판단하여 공사재개의 불가피성을 여러 차례 주민설명회를 통해 설명하고 협조를 부탁한 다음, 2004년 9월 13일 6개월 동안 중단되었던 음식물자원화시설 공사를 재개하게 된다.

그러나 시설 건립과 공사 중단을 요구하는 주민 집회와 공사현장 시위가 다시 시작되고, 공사를 강행하려는 시공업체와 물리적인 충돌이 발생하게 된다. 시위과정에서 부상자가 속출하고, 시공업체는 시위에 가담한 주민 대표 등을 공사를 방해했다는 이유로 고소하고 재산상의 가압류로 대응하면서 주민들의 피해가 늘어갔다. 이에 격분한 주민들은 공사를 결사적으로 저지하면서 사태는 악화되고, 급기야 학생들 등교거부사태까지 발생하게 된다.

[표 2-26] 갈등의 주요 쟁점

지역주민의 주장 및 요구	구청의 입장
음식물 처리시설은 혐오시설이다. • 시설이 주택에 너무 가깝다. • 악취와, 파리, 모기 등 해충이 들끓을 것이다. • 수십 대의 쓰레기 차량으로 교통난이 가중될 것이다. • 그 결과 땅값 집값이 하락할 것이다.	음식물 처리시설은 혐오시설이 아니다. • 남해에 비슷한 종류의 처리시설이 있으나 아무런 문제가 없다. • 북구청이 모델로 삼고 있는 경남 남해군의 자원화시설은 중산동에 지을 음식물처리장보다 훨씬 가깝지만 악취나 해충, 교통난, 미관상 문제가 없다. • 남해군 시설보다 주택에 가깝지 않다. • 북구청은 남해군보다 훨씬 향상된 시설을 계획하고 있다. • 환경오염이 없도록 하고 주변환경을 조성하면 지가에 영향을 줄 요인은 없을 것이다.
관내든 관외든 다른 곳으로 옮겨라.	다른 곳으로 옮기는 것은 불가능하다. • 북구관내에는 자원화시설을 지을 여유 부지가 없고, 또 이전을 한다하더라도 과다한 비용부담, 법적인 문제 등이 걸려있다. • 다른 구에 설립하는 문제는 다른 구의회와 지역 주민들의 반대, 막대한 추가부담의 문제가 있다.
부지선정 과정에 민주적 절차를 거치지 않았다. • 시설부지 선정과정에서 공청회나 설명회 등 민주적 절차를 거치지 않았다.	민주적 절차를 거치지 않은 것은 불가피한 일이었다. • 부지 선정은 민선 1기에서 이미 결정된 사항이다. • 구의회 승인 이후 곧바로 대선기간이라 구에서는 어떤 모임도 개최할 수 없었다.
낙후된 지역에 복지시설부터 지어라 • 좋은 시설은 다 다른 지역으로 가고 혐오시설만 우리지역으로 온다. • 우리 지역에는 변변한 복지시설 하나 없다. • 복지시설부터 먼저 지은 후에 처리시설에 대해 논의하자.	중산동의 복지를 위해서 최대한 노력하겠다. • 중산동 주민들의 소외감과 불만을 이해한다. • 환경친화적인 처리시설을 지어 지역복지에 기여 하게 하겠다. • 2004년부터 연차적으로 "특별한 정책적 배려"를 통해 투자와 복지시설을 계속적으로 확충해가겠다. • 그 외에도 도시설, 문화공간, 소규모 공원과 체육 시설, 공공주차장 설치 등을 검토하겠다.

3. 갈등의 해결과정

시민배심제 도입

이런 상황에서 구청과 음식물처리장건립반대비상대책위원회(비대위)가 중심이 되어 지구당 위원장, 수석부위원장, 구청장, 비대위 위원장, 구청직원 1인, 비대위원 등 6인으로 '6인 소위원회'를 구성하고 문제해결을 위해 논의를 시작한다. 논의과정에서 구청과 비대위는 동시에 시민배심제 도입을 제안하게 되고, 구청장과 비대위위원장이 지역방송에 출연하여 배심제를 수용할 것을 약속하게 된다. 이후 6인 소위원회는 배심제 도입에 따른 구성범위(단체, 인원수), 활동기간 등 구체적인 논의에 들어간다. 구청과 비대위는 배심제 시민사회단체와 종교계가 중심이 되는 총 45명의 배심원 구성에 합의하게 된다. 그러나 이런 합의가 진행되는 과정에서도 주민들은 공사 중단을 요구하며 항의집회, 등교거부 운동을 계속하였다.

이에 구청장은 갈등해결을 위해 공사를 시한부로 중단을 전제로 중산동 주민들에게 배심제를 통한 문제해결에 동의해줄 것을 제안했다. 3일간 주어진 공사 중단 기간 동안 소위원회에서 합의한 배심제에 도입에 동의할 것인지에 대해 주민들이 결정해줄 것과 주민을 대표할 대표단을 구성해 달라고 요구한 것이다. 북구청은 이 제안이 문제 해결을 위한 마지막 시도이며, 이 제안이 거부되면 다시 공사를 재개할 수밖에 없다고 말했다.

이런 구청의 요구에 중산동 주민 57%가 참여하여 67% 주민이 배심제 도입과 배심원단이 내린 결과에 승복할 것이라는 내용에 찬성표를 던지고 이어 주민대표를 선발했다.

시민배심제를 통하여 사태를 평화적으로 해결하자는 구청과 비대위의 제안을 중산동 주민이 주민투표로 수용하고 2004년 12월 5일 주민, 행정기관이 공동으로 합의서에 서명했다. 이렇게 해서 2004년 12월 13일 배심원단에 의해 첫 회의가 개최되면서 울산 북구청의 시민배심제는 본격적으로 시작되었다.

합의의 주요 내용

2004년 12월 5일 북구청과 음식물 처리장에 반대하는 주민 대표자 사이에 이루어진 합의서는 서로의 차이를 인정하고 원만한 문제해결을 목적으로 하고 있으며, 음식물 처리장 건립과 관련된 대립을 끝내고 이 문제를 평화적으로 해결하기 위한 방안으로 '배심제'를 도입한다는 내용을 중심으로 하고 있다. 배심원의 구성은 지역을 대표하는 13개 단체 39명과 성직자 6명 등 총 45명으로 구성하고, 배심제에 대한 전반적인 사항은 배심원단 자체의 결정에 따르며 북구청과 주민대표회의는 배심원단의 최종 결정에 절대 승복할 것을 약속하고 있다.

이외에 합의한 주요 사항으로는 특정 정당에 가입한 당원은 배심원에서 제외하고, 배심원 활동이 정상적으로 진행되면 구청은 업체로 하여금 고소 고발을 취하하도록 최선을 다하고 구속자 석방을 위해 모든 노력을 다한다는 내용을 포함하고 있다.

시민배심제 진행절차와 과정

① 운영원칙

배심제의 운영의 주요내용을 살펴보면, 1차 활동기간을 첫 회의일로부터 15일 간으로 한정하고 있다. 그러나 기간 연장이 필요하다면 배심원단 내부의 합의에 의해 기간을 연장할 수 있도록 하였다.

단체별 추천인원이 미달된 경우를 대비하여 배심원단의 최소 운영
인원수는 35명 이상으로 정하였습니다. 또한, 배심원단이 공식 활동
을 하는 동안에는 추진 중인 공사를 중단하고, 주민들 역시 실력행사
를 중단하기로 합의했다.

배심제의 진행절차와 과정은 배심제를 합의한 합의당사자가 아
닌 배심원단이 자율적으로 결정하도록 하였다. 이에 따라 배심원단
에서 배심제의 진행을 위해 자율적으로 결정된 주요 사항을 살펴보
면 다음과 같다. 1) 배심원단 대표와 간사를 선출한다. 2) 배심원단
1차 활동기간인 15일 동안(12월 13부터 28일까지) 최종합의에 도달
하도록 최선을 다하고, 주민, 행정기관 양측의 진술 및 공개토론회를
개최하고, 음식물자원화 시설 현장과 타 시설을 견학한다.
회의 공개여부와 관련하여, 3) 판결과정은 비공개로 하고, 심리과정
은 공개하기로 하였다. 4) 회의의 성립과 의결은 배심원단 과반수
참석과 과반수 의결로 처리키로 하였다.

12월 23일 개최된 배심원단 회의에서는 위의 결정 내용에 몇
가지를 추가하였다. 5) 회의 전체 중 50% 이상 참가한 배심원에
한하여 의결권을 가질 수 있도록 하였으며, 음식물처리장 설치 여부
는 12월 28일 최종회의에서 결정짓기로 하였다. 6) 최종회의에서
진행방식은 양측 대표의 최후 진술을 각각 20분간 청취하고, 쟁점
사항을 정리하여 비공개 토론회를 진행하기로 하였다. 7) 최종회의
표결과 관련하여 1차 투표에서 참석 배심원의 2/3 이상으로 결정하고
2/3에 미달될 때에는 2차 투표를 진행하고, 2차 투표에서는 배심원
과반수 찬성에 의해 의결하기로 결정하였다.

② 참여자 선정

배심원단의 구성은 울산을 대표하는 시민·사회단체 13개 단체의 39명과 천주교, 기독교의 종교계 인사 6명 등 총 45명을 구성하였다. 시민·사회단체의 인원 구성은 단체별 각 3명으로 구성하되, 단체의 독립성과 대표성을 보장하여 단체에서 직접 추천하는 것으로 하였으며, 종교계 인사로는 천주교 부문을 주민 대표들이 3명 전원 추천하고, 기독교 인사로는 중재단, 구청, 비대위에서 각 1명씩 추천하였다.

이러한 단체 구성에 대한 합의는 중재측(6인소위원회에 참석했던 지구당 위원장, 수석부위원장)에서 제시한 총 27개 단체 중에서 주민과 행정기관에서 공통으로 선정한 단체를 우선 포함시켰다. 나머지 단체에 대하여는 주민측에서 천주교 부분 3명을 전원 추천하는 방식을 포함하여 주민과 행정기관이 서로 타협을 통해 결정하였다. 단체 선정에는 음식물자원화시설에 대해 공정하고 객관적인 판단을 할 수 있는 역량, 사회적 신망, 논의를 통해 합의에 이를 가능성 등이 주요하게 고려되었다.

배심원단에서 주재자와 조정자를 두었다. 그들의 구성과 역할을 살펴보면, 우선 주재자는 배심원단 대표(교수)가 맡았으며, 주재자의 주요 역할은 배심원단의 원활한 의사결정 절차 및 회의를 주재하는 역할을 했다. 대표는 배심원 자체회의를 통해 선발하였다. 배심원단은 자체회의를 통해 조정자를 선발하였으며, 조정자는 배심원단 회의 진행을 보조하고 쟁점 사안에 대한 논의를 촉발시키는 역할을 주로 담당하였다. 그 외 실무추진단을 구성(중재단 2인, 주민 및 행정기관 각 1인)하여 회의 진행 준비와 배심원단의 실무를 지원하였다.

배심원단의 요청에 의해 각종 발표회와 토론회에 참석한 주요

인사로는, 행정기관에서는 기관장인 구청장이 직접 참여하였으며, 주민 측에서는 주민 대리인(변호사)이 주로 참석하였다. 패널로는 시공업체 대표, 대학교수 등이 참여하였다. 배심원단의 구성과 배심원이 운영에 관한 사항은 2004년 12월 5일 북구청과 지역 주민 간에 이루어진 합의서의 일부인 부속합의서에 기초한 것이다.

③ 숙의 과정

의사결정을 위한 숙의 과정은 인터넷을 통한 정보 공개와 공유, 현장조사, 공개토론회를 중심으로 구성되었다.

• 인터넷을 통한 정보 공개와 공유 : 인터넷을 통해 주요 쟁점을 설명하고 각종 자료를 제출하였다. 음식물 자원화 시설과 관련된 각종 자료를 배포하고, 배심원단이 요구하는 자료를 메일로 발송하였으며, 특히 음식물 자원화 시설을 상세히 소개하고 그간의 추진경과 등을 홈페이지를 통해서 배심원들이 쉽게 알 수 있도록 하였다.

• 현장 견학 : 배심원이 음식물 자원화시설 현장을 직접 방문하여 견학하고 방문 후에는 공개토론회를 개최하여 견학한 내용을 정리하였다. 견학은 북구청이 자원화 시설의 모델로 삼고 있는 경남 남해군과, 울산 북구 시설부지, 울산 중구 시설 등이었다.

• 공개토론회 : 음식물 처리 시설과 관련된 전문가를 초빙하여 자료와 현장 검증과정에 대한 질의응답, 이의가 있는 부분에 대한 해명, 쟁점 사항에 대한 상호 질의와 응답 등이 포함되었다. 공개토론 과정에서 행정기관은 쟁점 사항들에 대한 해명, 지역발전 계획, 인센티브 계획 등에 대하여 설명하였으며, 주민 측에서는 처리시설 유치를 반대하는 논거를 주로 들었다.

④ 합의형성과정

합의를 위한 토론은 주요 쟁점별로 심층적 질의와 토론, 행정기관의 주민 측의 상호 질의와 응답 등으로 구성되었다. 토론과정에서 구청은 합의에 따른 지역개발사업, 각종 인센티브(안)에 대한 약속과 약속의 성실한 이행을 다짐했다. 의견이 첨예하게 대립했던 지점은 주민들의 공사 방해로 시공업체에서 취한 민·형사상 모든 고소·고발과 구속자 석방에 관한 사항이었다. 주민 측은 배심원단의 최종 결과 발표와 관계없이 모든 민·형사상 고소를 취하하라고 요구했고 구청은 음식물 처리시설에 대한 합의를 전제로 해서만 고소·고발과 구속자 석방을 위해 노력하겠다고 맞섰다.

이런 의견 대립은 12월 28일 최종 결정을 앞두고 구청장이 배심원의 결정이 어떻게 내려지든 주민들에 대한 모든 민·형사상 소를 취하하고, 공사방해와 지연에 따른 손배책임을 주민에게 묻지 않겠다고 약속하고, 이를 합의 각서로 작성하면서 극적으로 해소되었다.

2004년 12월 28일 41명의 배심원이 참석한 가운데 배심원단은 자원화시설을 현부지에 추진 여부를 표결에 부쳐 찬성 31, 반대 9, 기권 1로 현부지에 음식물처리장을 건설한다는 최종적인 결정을 내리게 된다.

합의 이후

배심원단의 최종결정이 이루어진 직후 북구청장은 '주민에게 드리는 사과문'을 발표하면서 음식물 처리장이 완벽한 시설이 되도록 최선을 다할 것과, 주민과 합의한 사항을 충실히 이행할 것을 다짐했다. 이후 북구청은 투쟁과정에서 업체로부터 민형사상 소를 당한 주민의 소를 모두 취하했고, 구속된 사람들은 모두 석방되었다.

지역 주민 역시 주민 대표를 통해서 배심원이 내린 판결에 승복하고, 처리장과 관련된 일체의 반대 행위를 중단했다.

주민들과 약속한 지역개발사업을 차질 없이 수행하고 음식물 처리시설 운영에 대한 주민의 참여를 제도적으로 보장하기 위해서 주민지원조례를 마련하였다. 북구청은 2005년 중산동에 14억 원을 투입하여 도서관을 지었고, 자전거 전용도로, 산책로, 교량 등을 건설하였고, 어린이 공원 건립에 12억 원을 투자하였다. 동천강변에 생태공원을 조성하여 낙후된 지역에 대한 배려를 하겠다는 약속을 지킴으로서 문화복지시설, 주차장, 도로 등 편의시설을 위해 매년 10억 원씩 인센티브를 주겠다는 약속에 대한 신뢰도를 높여가고 있다.

4. 평가 및 시사점

울산북구청 사례는 오랫동안 지속되던 지역갈등을 시민배심제라는 새로운 방식을 통해 해결한 대표적인 사례이다. 이러한 방식의 도입은 정책의 입안과 집행과정에서 지역주민이 배제되었던 지존의 권위주의적 방식과 형식적인 행정절차에 의한 주민의견 수렴 방식이 주민에 의해 수용하기 어려운 상황에서 나온 것이었다.

북구청은 처음에는 음식물처리시설 건립의 불가피성과 타 장소로의 이전이 불가능하다는 것을 이유로 내세워 주민을 논리적으로 설득하려 노력했으나 실패하였다. 주민들은 음식물 처리시설이 혐오시설이라는 이유로 반대에 나서지만, 이런 주장의 이면에는 해당 지역이 구의 각종 개발에서 소외되었다는 소외감과 불만이 기반하고 있었고, 혐오시설 유치에 따른 반대급부를 요구하고 있었다.

북구청에서 이들의 요구를 적극적으로 수용할 의사를 내비치자 평행선을 달리던 대결은 합의를 향하게 된다. 상황이 분명해지자 구청과 비대위는 합의의 필요성에 동의하였으나, 주민들에게 수용성 있는 방안을 마련하는 것이 문제였다. 6인 소위원회는 이 문제를 두 가지 방식으로 해결하고자 했다. 하나는 지역사회에서 신망을 받고 있는 단체로부터 대표를 선출하여 이들로 하여금 처리시설 건립 여부에 대한 결론을 내리게 하자는 것이었다. 시민배심제를 도입하는 방안이다. 둘째는 이런 방법을 주민이 수용할 것인지에 대해 주민 스스로 결정하게 하자는 것이었다. 배심제를 수용할 것인지에 관해 주민투표에 부치자는 것이었다.

따라서 울산북구에서 실시한 시민배심제는 갈등이 심화된 상황에서 이를 해결하고 주민의 수용력을 높이기 위한 방안으로 설계되었다는 점에서 일반적으로 알려진 외국의 시민배심원 제도와는 몇 가지 점에서 큰 차이가 있다.

첫째, 외국의 시민배심원 제도가 사회적 합의에 의한 갈등 예방 차원에서 주로 활용되는 것과는 달리 울산북구에서 실시한 배심제는 갈등해결의 최후 수단으로 활용되었다.

둘째, 외국의 배심제도가 제도적 장치와 법적인 권한이 부여된 상태에서 진행되는 것과는 달리 울산북구의 경우에는 아무런 제도적 장치나 법적인 구속력이 없는 상태에서 진행되었다.

셋째, 외국의 경우 배심원은 무작위로 추출한 일반인으로 구성되는 반면, 울산북구의 경우에는 사회적으로 공정성과 신뢰성이 있는 단체와 종교계 인사들로 구성되었다.

이런 배심원단 구성원리의 차이는 외국의 경우는 배심원단 구성의 목적이 갈등이 예상되는 문제에 대한 일반 시민들의 '합의' 자체에 있는 반면, 우리의 경우 내려진 결론에 대한 사회적인 수용력이 관건인 경우가 많기 때문이다. 결국 수용력을 높이기 위해서는 사회적으로 신망이 높은 집단에 의한 결정이 필요했던 것이다.

넷째, 배심제를 수용할 것인지에 대해 지역 주민의 의사를 묻고 주민들은 이를 주민투표를 통해 결정했다는 점이다. 이는 갈등이 심화되면서 지역 내에서도 주민 간에도 의견이 엇갈리고 이들의 대표체인 비대위가 지역주민으로부터 온전한 대표성을 확보하기 어려운 상황에서 결정에 대한 신뢰와 수용력을 높이기 위한 방안으로 선택된 것이었다.

다섯째, 인터넷이 정보교환과 주민의견 수렴에 중요한 수단으로 활용되었다는 점이다.

이런 여러 가지 특징에도 불구하고, 울산북구의 사례는 일반적으로 알려져 있는 시민배심제가 지닌 사회적 합의 형성에 의한 갈등해결이라는 취지와 시민의 참여, 숙의와 사실관계 조사, 합의에 의한 의사결정이라는 본질적인 요소를 존중하고 이를 실현하고자 노력했다는 측면에서, 한국에서 자생적으로 개발한 대표적인 참여적 의사결정 사례라고 말할 수 있을 것이다.

부록 1.
남은 음식물자원화시설 추진상황

1. 사업개요

   - 위   치 : 북구 중산동 829번지(화훼단지내)

   - 부지 및 건물면적 : 959평, 지상2층(연면적 283평)

   - 시설방식 및 규모 : 퇴비화(지렁이사육), 30톤/일

   - 사 업 비 : 2,770백만 원(국 831, 시 969.5, 구 969.5)

   - 사업기간 : 2003.12.5~2005.6.7(당초 2004.9.3)

2. 그간 추진사항

   【민선1기 추진사항】

   - 1997.7.19 : 2005.1.1부터 음식물쓰레기 직매립 금지에 관한 법령 개정(특별시, 광역시, 시지역 - 폐기물관리법 시행규칙 제6조 제1항 별표4의 5호 라목, 현 동시행규칙 제8조의 내용임)

   - 1998.12~'01.2 : 2005년 이후 음식물쓰레기 직매립 금지에 대비 1998.12.15부터 2,330세대에 대해 분리수거를 시작, 2001.2.5까지 16,687세대 11톤/일 정도 소사육 3농가(경주2, 강동1)에 가공처리 없이 원형상태로 공급하여 사료로 재활용

   - 2001년 당초예산 : 360백만 원(국비108, 시비126, 구비126)

- 2001.2. 6 : 광우병 파동이후 예방차원에서 음식물쓰레기를 소사료로 전면 공급 금지함에 따라 음식물쓰레기 자원화사업 전면 재검토
- 2001.8.30 : 음식물쓰레기 자원화 추진계획 수립(지렁이사육)
- 2001.10.5 : 자원화시설 설치 대상지 조사
- 국·공유지 중심(3,000m^2 이상) → 8개소
- 2001.11.5 : 음식물자원화시설 부지 결정(중산동 829번지)
- 2001.11.30 : 국유지 매입 신청
- 2002.2.28 : 국유지 매각 결정(34,870천원 : 공시지가)
- 2002.4.19 : 국·시비 예산편성(2002년 제1회 추경)
- 1,566.5백만 원(국비723, 시비843.5)

【민선2기 추진사항】
- 2002.8.30 : 의회 운영중 의원 남해 음식물자원화시설 견학
- 2002.10.25 : 구비 예산편성(2002년 제2회 추경)
    - 343.5백만원(구비) · 500백만원(市특별교부금)
- 2002.12.3 : 공유재산 관리계획 승인(의회)
- 2002.12.12 : 주민설명회 및 간담회 시작 (중산현대관리사무소)
- 2002.12.20 : 반대대책위 구성(공동위원장 강혁진, 이종근 등 24명)
- 2003.1.3 : 남해군자원화시설 견학 시작(9회 293명)
- 2003.1.27 : 음식물공공자원화시설에 대한 전자신문 보도
- 2003.2.9 : MBC 울산진단 출연토론
  (구청장, 남해시설대표, 반대위 공동의장, 환경운동연합사무국장 등)
- 2003.2.11 : 남해군 음식물공공자원화시설 견학에 대한 전자신문 보도
- 2003.3.28 : 「ubc시사진단 함께 풀어봅시다.」 방송출연 토론(구청장, 강혁진 비대위의장 등)

- 2003.5.14 : 자원화시설 설치반대 주민집회(구청 야외공연장)

- 2003.7.3 : 지렁이전문가 초청토론회(전문가3, 비대위3, 구청3, 당2)

- 2003.8.11 : 시공업체 최종 확정

- 2003.11.27 : 건축협의 완료

- 2003.11.28 : 자원화시설 공사계약

- 2003.12.5 : 착공계 접수

- 2003.12.20 : 사무실 개설, 파일공사, 휀스 설치 등

- 2004.2.25 : 음식물자원화시설 반대 주민집회(공사현장)

- 2004.3.8 : 공사 잠정중단 발표(구청장 기자회견)

- 2004.3.23 : 주민과의 토론회 개최(북구 중산동 온누리교회)

- 2004.3.29 : 구청장과 비대위와의 대화(구청 소회의실)

- 2004.4.1 : 조승수 국회의원후보자와 주민간담회(이화교회)

- 2004.5.3 : 남은 음식물자원화시설 역외이전 건의(광역시)

     ★ 광역시 기초환경시설 부지내 불가통보(7.22)

- 2004.8.12 : 음식물자원화시설 관련 제1차 당정협의회 개최

     ★ 현부지 공사재개 ↔ 공단내 자연녹지지역 이전 공방

     ★ 당정협의회에서 시장 직접 면담계획

- 2004.8.16 : 음식물자원화시설 이전부지 협의 시장방문(불가)

- 2004.8.19 : 음식물자원화시설 관련 제2차 당정협의회 개최

- 2004.8.21 : 자원화시설 업체 최종선정에 대한 전자신문 보도

- 2004.8.25 : 공사재개에 따른 주민대표 설명회(통장, 자치위원)

- 2004.8.26 : 공사재개에 따른 주민 설명회 (비대위)

- 2004.8.31 : 공사재개 불가피성 주민설명회 시작(비대위 요구)
  (4개 권역으로 나누어 설명회 개최)

- 2004.9.1 : 음식물자원화시설 공사기간 연장 계약(174일 연장)

★ 당초 : 2003.12.5~2004.9.3(연장 2005.2.24)

• 2004.9.13 : 남은 음식물자원화시설 공사재개

• 2004.9.14 : 공사방해금지가처분신청(울산지방법원)

• 2004.9.15 : 공사재개관련 입장 및 구청장 기자회견

• 2004.9.30 : 평화의 달 설정운영 합의(6인 소위원회 구성)

  (10월 한 달 – 구청, 당, 시공업체)

• 2004.10.5 : "음식물자원화시설 왜 필요한가?" 대담방송

• 2004.10.13 : 배심제 제안(6인 소위원회)

  → 구청, 비대위 동시 제안

• 2004.10.20 : ubc 시사진단 "북구 음식물자원화시설 타협점 없는가?"
  출연 → 배심제 수용 원칙적 동의(구청장, 강혁진 비대위원장)

• 2004.10.26 : 배심제 도입에 따른 구성범위(단체, 인원수), 활동기간
  등 구체적인 논의 시작(1~4차)

• 2004.11.2 : 공사방해금지가처분 결정문 고시

  (자원화시설 공사현장)

• 2004.11.4 : 배심제 구성단체 합의

  (13개 단체 39명, 천주교, 기독교 각 3명, 총 45명)

• 2004.11.10 : 구청 방문 항의 집회, 과격 시위자 연행(5명)

• 2004.11.27 : 자원화시설 설치 반대 등교거부 운동 전개(4일간)

• 2004.11.28 : 등교거부 관련 "학부모님들에게 드리는 호소문 배부
  (3,000세대)

• 2004.12.1 : 평화적 사태해결을 위한 구청장 기자회견(배심제 동의여
  부 결정 촉구 및 등교거부 철회 호소, 대표단 구성 협의요구)

• 2004.12.3 : 자원화시설 해결을 위한 주민 대표단 구성(10명)

• 2004.12.5 : 배심제 도입에 따른 전반적인 합의, 합의서 작성(단체,

인원수, 활동기간 등)

- 2004.12.6 : 배심제 도입 합의에 따른 공동 기자회견(대외 공동 발표)
- 2004.12.6 : 공사중지 통보
- 2004.12.13~12.28 : 배심제 도입 및 운영(43명)
- 2004.12.28 : 배심원 운영 결과 발표(자원화시설 현부지 추진)
  ※ 총 41명 참석(찬성31, 반대9, 기권1)
- 2005.1.10 : 음식물자원화시설 공사 재개

부록 2.

합 의 서

울산광역시 북구 중산동 829번지에 북구청에서 건립하고자 하는 '음식물처리장'과 관련하여 '울산광역시 북구청'(이하 북구청)과 '중산동 음식물 처리장에 반대하는 주민대표자는 서로의 입장 차이를 인정하고 원만한 문제 해결을 위해 다음과 같이 합의한다. .

1. 북구청과 주민대표회의는 '음식물 처리장' 건립과 관련한 대립을 끝내고 이 문제를 평화적으로 해결하기 위한 방안으로 '배심원제'를 도입한다.
이를 위해 구청은 본 합의 이후 배심원단 활동기간동안 공사를 중단하며, 주민들은 실력행사를 하지 않는다.

2. 배심원 구성은 별도 합의서(1)에 표기한 13개 단체 39명과 성직자 6명 등 총 45명으로 구성하며, 12월 8일 첫 회의를 소집하여 배심원단 활동 전반에 대한 논의를 통해 활동을 시작한다.

3. 배심원제에 대한 전반적인 사항은 배심원단 자체 결정에 따르며, 북구청과 주민대표회의는 배심원단의 최종 결정에 절대 승복한다.

4. 주민대표회의, 북구청은 배심원단이 요구하는 자료제출, 의견제시, 공청회 또는 토론회 참석, 질서유지 등 요청 사항이 있을시 최대한 협조하고 따르도록 한다.

5. 주민대표회의, 북구청은 배심원단을 통한 문제해결이 성사되도록 지역 주민들에 대한 설득노력에 최선을 다한다.

6. 배심원제 합의에 대한 공식적인 발표는 일정과 장소, 참가자 범위, 발표 형식에 대해 쌍방 협의를 거쳐 공동 발표하도록 한다.

7. 본 합의서를 2부 작성하여 양측 대표자 연명으로 서명 후 교환 보관한다.

2004년 12월 5일

울산광역시 북구청 대표

중산동 주민 대표

기타 확인사항

주민 동의와 관련하여 중산동 주민 57%가 참여하여 참여자 67%의 찬성(동의)로 배심원제 도입 및 결과에 승복할 것을 결정하였는바, 이는 동의자가 전체 주민대비 과반수가 되지 않으므로 이후 논란의 소지를 갖게 되므로 이를 해소하기 위해 주민대표들은 배심원단을 구성하는 기간동안 동의서명을 전체 주민대비 50%가 넘도록 노력한다.

특히, 현대글로리아, 중산현대, 한라동아 아파트 등 3개 아파트 주민들의 동의 비율이 50%를 넘지 않으므로 3개 아파트의 경우는 반드시 주민 동의를 50%이상 받도록 한다.

전체 주민 동의에 대하여 반대투쟁에 적극 참여하지 않았던 아파트 및 자연부락의 경우 주민들이 동의서명에 참여하지 않더라도 주민대표기구(아파트 자치회, 부녀회, 통반장)에서 동의를 표명하면 이를 전체 동의로 간주한다.

이상의 내용을 문서로 작성하여 주민들이 선임한 변호사 입회하에 대표자 연명으로 확인한다.

2004년 12월 5일

주민대표자

서금숙

정대희

주영란

강남회

고학봉

신영조

의원인: 김예순

입회인: 변호사 신민숙

부속합의서 1(배심원단 구성방법)

구청과 주민대표자회의는 배심원단 구성에 대하여 다음과 같이 합의한다.
아래 단체에 각 3명의 배심원 추천을 의뢰한다.

- 민주사회를 위한 변호사회(약칭 민변)
- 울산대학교 민주화교수협의회(약칭 민교협)
- 울산 경실련
- 울산 참여연대
- 울산 환경연합
- 울산 흥사단
- 울산 민주시민회
- 울산 YWCA
- 울산 여성의 전화
- 참교육 학부모회 울산지부
- 전교조 울산지부
- 울산 인권연대
- 민예총 울산지부

이상 13개 단체에서 각 3명씩 39명 추천하고 종교계 인사 6명을 포함하여
총 45명으로 구성한다.

종교계 추천 배심원은 천주교 3명, 기독교 3명씩 추천받는다.
천주교는 신부님(수녀 포함) 3명으로 하되 주민대표자회의에서 추천한다.
기독교는 목사님으로 하되 종재측, 구청, 비대위 각 1명씩 추천한다.

2004년 12월   일

울산광역시 북구청 대표   중산동 주민대표

환경미화 과장 김
음식물쓰레기만

6. 참여적 의사결정 사례   393

부속 합의서 2(세부 합의사항)

1. 특정 정당에 가입한 당원은 배심원에서 제외한다.

2. 배심원 구성일정은 12. 6일(월)부터 추천단체에 요청하고, 12월 13일(월) 첫 회의를 소집하며, 회의성립은 배심원단 과반수이상이 참석해야 한다.
단, 배심원단을 보내지 않은 단체가 있을 경우 그 인원 수는 전체 배심원 총원에서 제외한다.
12월 15일까지 배심원단 회의가 열리지 않을 경우 배심원제를 통한 문제해결은 불가능한 것으로 본다.

3. 기간 내에 배심원 추천이 완료되지 않더라도 과반수이상 추천이 이뤄지면 회의를 진행하며, 미 추천된 배심원은 배심원단 활동을 진행하면서 추가하도록 한다.

4. 각 단체에 배심원 추천을 의뢰하면서 결원이 발생할 것에 대비하여 후보위원 1명씩을 준비하도록 요청한다.

5. 배심원 구성이 완료되어 배심원단 활동이 정상적으로 진행되면 구청은 업체로 하여금 고소 고발을 취하 하도록 최선을 다한다.
구청과 주민들은 구속자 석방을 위해 탄원서 진정서 제출 등 모든 노력에 최선을 다한다.

6. 배심원단의 1차 활동기간은 첫 회의로부터 15일간으로 정하고, 활동기간 연장여부에 대하여는 배심원단 의견을 존중하여 결정한다.

7. 배심원단 추천이 미달될 경우 성직자, 법조인, 교수 중에서 쌍방이 동 수로 추천한다.(배심원단 최소 운영 수는 35명 이상이 되도록 한다)

8. 중재팀은 배심원단의 원활한 업무추진을 위하여 구청과 주민대표 양측의 1인씩의 간사를 포함한 실무지원팀을 구성하여 운영한다.

2004년 12월 5일

울산광역시 북구청 대표   중산동 주민대표

북구 음식물자원화시설 배심원단 결정문

○ 북구 음식물 자원화 시설과 관련하여 주민과 북구청측의 합의로 설치되어 운영된 배심원단은 2004년 12월 28일(화) 배심원단 자체회의를 통해 2/3이상(총 43인의 배심원중 41명 투표참여)의 배심원단 찬성으로 음식물자원화시설의 설립을 결정하였다.

○ 그동안 배심원단은 12월 13일(월) 설명회를 시작으로, 12월 16일(목) 주민과 구청측의 1차 진술 청취, 12월 21일(화) 남해, 중산동 건립예정지, 중구 음식물처리장 방문, 12월 23일(목) 공청회 및 자체회의, 12월 28일(화) 결정을 위한 자체회의 등을 진행하였다.

○ 배심원단은 상식적 시민의 판단근거와 배심원 각자의 양심적 판단이라는 기준아래 년말이라는 시간적인 제약속에서도 16일, 23일, 28일 회의에 40명 이상의 배심원단이 참여한 가운데 배심원단에게 부여된 역할을 성실히 수행하려 노력하였다.

○ 배심원단은 시설물 설립 결정과 함께 이해당사자들에게 아래와 같은 권고내용을 전달하기로 결정하였다.

1. 2004년 12월 28일(화) 합의각서의 서명당사자들은 합의내용을 성실히 이행해야 한다.

1. 북구청은 인센티브와 관련한 약속을 성실히 이행해야 한다.

1. 북구청은 자원화시설의 운영과 관련하여 약속한 주민참여 및 의견 수렴장치를 제도화해야 한다.

2004년 12월 29일

북구 음식물자원화시설 배심원단 일동

부록 4.

합 의 각서(案)

　북구 음식물 자원화시설과 관련하여 북구청과 주민대표들은 배심원단의
원만한 진행과 합의 도출을 위해 민 형사상 문제에 대해 다음과 같이 각서
로 합의합니다.

1. 시공업체(브이 앤 이) 대표는 배심원단의 최종 결정이 내려지면 3일 이내
로 주민들에 대한 민 형사상의 소를 취하한다.

2. 배심원단의 어떤 결정에도 그로 인한 손배책임은 주민들에게 묻지 않는다.
2. 주민대표들은 시공업체에 대한 공사저지와 회사의 대외 신뢰도에 영향을
미칠 수 있는 선전물에 대하여 유감을 표시하고 명예회복에 협력한다.

3. 시공업체 대표는 배심원제 도입 이전에 발생한 모든 민형사상의 소를 제
기하지 않을 것을 약속한다.
단, 아래 5항의 약속이 지켜지지 않으면 이 조항은 무효로 한다.

4. 북구청장은 시공업체가 손배 소송 취하 약속을 지키지 않을 경우 주민에
게 돌아갈 손배 금액을 대신 책임진다.

5. 주민대표들과 민형사 소 제기 후에 취하된 당사자들은 배심원단의 결정에
의해 공사가 재개될 경우 공사를 방해하지 않을 것을 약속한다.

6. 본 합의 각서를 4부 작성하여 당사자 자필 서명 후 주민대표, 시공업체,
북구청, 배심원단(간사단체)이 각 1부씩 보관한다.
단, 배심원단은 배심원 대표 및 간사가 입회인으로 서명한다.

2004. 12. 28
울산광역시 북구청장　이상범　　중산동 주민대표(연명)
시공회사 대표　서동식

입회인 배심원단 대표　김승석
배심원단 간사　강태은

396　2장 공공갈등과 참여적 의사결정

7. 사례연습

▶ 본 사례연습문제는 국내에서 발생하였던 갈등사례를 모델로
하여 가공으로 설정된 갈등사안을 전제로 순수 교육목적으로
제작한 것이다. 본 사례문제에서 나오는 이해관계인 등의 주장이
나 각종 통계수치는 의도적으로 모델이 되었던 갈등사안에서의
주장이나 통계수치와 다르게 조정하거나 단순화 되었으므로
이 사례문제의 해결방식과 모델이 된 사례의 해결방식은 반드시
일치할 수 없다는 점을 분명히 밝히고자 한다.

1. 낙수강댐 건설사업

1. 일반정보

　정부는 수차에 걸친 대홍수를 계기로 국무회의를 통해 '수해방지종합대책'을 확정하고 낙수강댐 건설을 추진하도록 결정하였다. 이에 건설교통부는 홍수피해 방지를 위한 낙수강댐 건설기본계획을 수립하고 홍수조절용댐 건설을 추진하게 되었다.

　낙수강댐의 규모는 높이 80m, 길이 700m 정도며 총사업비는 9,000여 억원에 달한다. 총 저수용량은 300백만 톤 이상으로 댐 건설로 인한 수몰면적은 20km²이며 3개 군에 걸쳐 있다. 구체적으로는 A군 60%, B군 36%, C군 4% 등이다. 또한 수몰세대는 300여 세대로서 A군 200여 세대 B군 90여 세대이고, C군은 수몰세대는 없다. 낙수강댐의 홍수조절과 경감효과는 홍수 시 하천수위를 1~3m 저하시켜 제방의 월류를 방지함에 있다.

　낙수강댐 환경영향평가(초안)공람 및 주민의견 수렴과정에서 댐 건설에 대해 찬·반여론이 갈라지면서 정부간, 정부–지방간, 지역주민간 갈등과 대립이 확산되어 기본계획 고시를 앞두고 사업추진이 일시 중단되었다.

건설교통부와 한국수자원공사는 낙수강댐 건설과 관련한 이해당사자들의 각기 다른 이해관계를 인지하고 있고, 여러 차례의 재평가 및 조정경험을 통해 참여적 의사결정의 중요성을 인식하고 있다. 그러나 여전히 댐건설에 대한 사회적 합의 도출이 어렵고, 낙수강댐 건설계획이 부정확한 사실판단에 근거해서 이루어진 것이라고 하는 비판에 직면해 있다.

낙수강댐 갈등은 이전 정부의 일방적인 의사결정과 행정 집행에 반발하는 가치관의 충돌에서 심화된 측면이 크다. 따라서 현 정부는 이번만은 실제 이해당사자들이 모두 참여하여 소수의견이라도 무시하지 않고, 존중하고 고려하는 참여적 의사결정방식을 통해 합의를 도출하고 싶어 한다. 정부에서도 당사자들의 참여에 의한 사회적 합의를 도출할 경우에만 사업을 최종안으로 수용하여 추진하기로 결정했다.

2. 갈등에 관한 정보

이해당사자들

낙수강댐 이해당사자는 아래와 같이 복잡·다양하고, 정부간, 정부-지역간, 주민간 갈등이 다양하게 표출되었다.

- 관련당사자 : 수몰민, 댐건설반대 대책위, 정부, 환경단체
- 정부내 이해당사자 : 건교부, 환경부, 국방부, 해당지자체

낙수강댐 갈등원인과 이해당사자별 입장

낙수강댐 갈등원인은 이해관계자별로 상이한 담론과 성향을 형성하며 복잡하게 나타나고 있다. 아래는 각 이해당사자들의 입장과 주장이다.

- 발주처(사업자) : 낙수강댐은 홍수조절용으로서 추진절차상 문제가 없으며 홍수피해 방지를 위한 가장 효과적인 대안이다
- 환경영향평가 협의기관(환경부) : 낙수강댐 건설이 주변지역의 수질오염 및 자연생태계에 미치는 영향을 명확히 규명하고, 자연생태계에 대한 영향을 최소화하여야 한다.
- 수몰민 : 낙수강댐 건설계획으로 인하여 사실상의 수몰예정지역으로 규제되어 재산권행사, 실생활의 고통 등의 피해로부터 하루속히 벗어나고 싶다. 이를 위해서는 낙수강댐 건설여부가 빠른 시일 내 결정되어야 하고, 지역경제 활성화를 위한 대책이 필요하다.
- 낙수강댐 건설 반대대책협의회 : 투명성과 공정성이 결여된 정부자료를 신뢰할 수 없으며 낙수강댐 건설계획의 기술적 확인의 절차문제가 우선 해결되어야 한다. 낙수강댐 건설로 C군지역 등에 낙수강 상류지역의 침수피해, 안전성, 환경성, 문화재 피해, 경제적 손실, 댐상류지역 규제 등이 우려된다. 홍수조절용 댐이라지만 낙수강댐 건설이후 용수공급을 포함한 다목적 댐으로의 전환할 우려가 있다. 상·하류 지역주민 모두에게 도움이 될 수 있는 방법을 찾아야 한다.
- 환경단체 : 정부의 낙수강댐 건설의 기술적 검토(예: 홍수량 산정, 홍수조절효과, 환경성, 경제성, 안전성 등의 검토 및 대안 비교를 위한 공정하고 정당한 절차)에 문제점이 있기 때문에

낙수강댐 건설이 타당성과 정당성을 갖기 위하여 기술적 검토와 관련된 절차문제의 해결이 우선되어야 한다. 객관적 자료검증이 이루어지면 댐건설도 수용할 수 있다. 낙수강댐은 이 유역 홍수조절을 위한 근본대책이 되지 못하므로 이주 등 다른 대안이 필요하다.

- A군, B군, 등 댐하류지역 : 재산가치의 상승, 기업의 이전에 따른 취업기회의 증가, 인구의 증가 및 인구구조의 변화(청·장년층 인구의 증가) 등 지역개발과 경제의 활성화 가능성이 증대될 것으로 기대하고 있다. 해당지자체 및 지역주민들은 댐건설에 대해 긍정적이다.
- C군 등 댐상류지역 : 하류지역에 비해 상대적으로 혜택이 적으며, 기상 변화 등으로 농작물 및 환경피해 증가가 예상된다. 댐건설로 인한 이동거리의 증가 및 상수원보호구역의 지정 등 각종 규제로 지역개발에 장애요인으로 작용할 것이다.

3. 주요 쟁점사항

과학적 근거에 대한 이견
홍수의 원인이 무엇인가에 대한 다음 사항에 대한 이견을 의미한다.

① 향후 100년 빈도의 강우량
② 설계 홍수량과 기여 홍수량의 차이와 낙수강의 비홍수량 산정 방법

③ 낙수강댐의 홍수조절효과

④ 댐 이외의 대안 검토 시 제방거리의 산정

⑤ 분수로 설치구간의 길이

⑥ 낙수강댐 건설 예정지역의 보호하여야 할 천연기념물 존재
여부

⑦ 인근 군사시설로 인한 수질오염 문제와 군사훈련 사고시의
댐 안정성 문제

⑧ 지질상의 안정성 여부

⑨ 다양한 홍수방지 대책이 생태계 등 환경과 역사적인 유적에
미치는 영향

⑩ 수해의 원인 및 결과

⑪ 흔적수위의 타당성

⑫ 경제성의 평가

낙수강 댐 건설과 관련된 기초 데이터에 대한 이해당사자간의
이견은 근본적으로, 측정자료의 부족과, 측정자료 확보가 극히 곤란
하며 장기간이 소요된다는 점에서 기인한다.

이해관계의 상충

낙수강댐을 건설함으로서 발생하는 비용과 편익이 이해당사자간
에 어떻게 분배되는가의 문제이다. 댐의 건설로 인하여 혜택을 받는
주민과 피해를 받는 주민간의 문제이며, 경우에 따라서는 이익을
받는 주민 간 또는 비용을 지불하는 집단간의 차이에서도 갈등이
발생한다.

초기에는 낙수강댐의 건설을 통한 수해방지 혜택은 대부분 하류

지역에 귀착된다. 댐의 건설로 수해가 방지될 경우 A, B군 등 하류지역은 재산가치의 상승, 기업의 이전에 따른 취업기회의 증가, 인구의 증가 및 인구구조의 변화(청·장년층 인구의 증가) 등 지역개발과 경제의 활성화 가능성이 증대하므로 주민의 대부분은 낙수강댐 건설에 대하여 긍정적으로 판단할 수 있다. 그리고 댐 건설로 인한 하류지역의 경제활성화는 장기적으로 상류지역의 지역경제발전에도 긍정적인 영향을 미칠 가능성이 높다. 그러나 단기적으로 댐건설로 발생되는 비용은 비록 적은 규모이지만 대부분 C군을 중심으로 상류지역에서 발생된다. 따라서 상대적으로 혜택이 적으며 비용의 지출 가능성이 많은 상류지역은 댐 건설에 부정적이다.

가치관과 신념의 차이로 인한 갈등의 발생

미래의 물 관리, 또는 홍수관리가 어떠한 방향을 지향해야 하는가에 대하여 여러 가지 견해가 있으며, 이러한 신념의 차이가 갈등을 유발하였다. 홍수의 방지를 위한 수해대책은 댐 건설이 가장 효과적이라는 견해와 전통적인 제방에 의한 방법, 분수로에 의한 방법, 천변저류지에 의한 방법, 그리고 이러한 방법의 조합이 가장 효과적이라는 다양한 견해가 존재할 수 있다. 낙수강의 경우에도 전문가들 사이에서 지형적인 특성과 기존의 수문관련 데이터에 대한 해석의 차이에서 수해방지 방법에 대한 이견으로 갈등이 발생하였다.

동시에 도덕적인 측면에서 자연생태계에 대한 존중의 차이에서도 갈등이 발생한다. 가능하면 자연생태계에 대한 영향을 최소화해야 한다는 주장이 있을 수 있으며 반면, 인간의 생명과 재산의 보호, 지역발전을 위하여 최소한의 자연생태계(의) 훼손이 불가피하다는 주장이 있을 수 있다. 만약 낙수강댐의 건설이 자연생태계에 미치는 영향이 명확하게 규명될 경우 갈등의 발생은 비교적 적으나, 자연생태계에 미치는 영향이 불확실하거나 장기적인 판단이 어려운 경우 갈등이 발생한다. 낙수강댐 건설이 주변지역의 자연생태계에 미치는 영향에 대한 조사 결과가 이해당사자 사이에서 합의가 이루어지지 않을 경우 갈등의 발생은 당연하다.

구조적인 문제에 기인한 갈등의 발생

건설교통부와 수자원공사는 조직의 업무에 충실하기 위하여 낙수강댐의 건설을 추진하는 반면, 환경단체 등은 성격상 홍수방지를 위한 댐의 건설을 마지막 방법으로 인정하고 있다. 즉, 근본적으로 조직의 기본 지향성의 차이에서 갈등이 발생하고 있다.

또한 낙수강댐의 건설과 관련된 절차상의 문제로 갈등이 유발되었다. 정부는 전문가를 선발하여 댐 건설의 필요성을 검토, 확정하고 이에 대한 환경영향평가를 작성하는 과정에서도 정부가 선정한 전문가들 중심으로 작성하고 평가도 정부가 지정한 기관에서 수행하였다. 이러한 과정은 모두 합법적인 절차임에는 틀림없다. 반면, 지역주민과 시민단체들은 정부에 의하여 선정된 전문가들의 중립성에 대하여 이의를 제기하고 있으며, 따라서 결과에 대하여도 비판적인 견해를 가짐으로 모든 협의 과정에서 갈등이 발생하게 되었다.

시간적인 제약의 문제

댐의 건설은 수해를 방지하기 위함이다. 정부는 수해로 인한 피해를 최소화하기 위하여 댐 건설 기간을 단축하려 노력하는 반면, 일부의 이해당사자들은 정치적 상황변화를 기대하며 시간을 지연하려는 노력이 있을 수 있다. 또한 정부를 제외한 이해당사자들은 댐 건설의 홍수조절효과, 경제성, 환경성, 문화재에 미치는 영향 등을 조사하기 위한 자원 및 전문가의 부족으로 검토 및 조사에 상당기간이 소요될 수 있다. 즉 댐 건설 추진의 일정에 대한 이견이 갈등을 유발하였다.

정치적 이유로 인한 갈등의 발생

우리나라의 경우 과거 대형 국책사업의 결정과정에서 정치권의 영향을 받는 경우가 있었다. 낙수강댐 건설 여부가 특정 정치인의 선거에 영향을 미친다고 판단할 경우 선출직 후보자들은 당선을 위하여 댐 건설을 결정하는 과정에서 갈등을 유발시킬 가능성이 있는 행위에 참여할 가능성이 높다. 낙수강댐이 선거에 어떠한 영향을 미치는지는 확실하지 않으나, 지난 2년 이내 치루어진 국회의원 선거와 지방자치단체장 선거에서 대부분 입후보자들은 댐 건설에 반대를 주장함으로 갈등을 촉진시켰다.

정부의 신뢰성

과거 정부의 정책 중 지역주민의 삶과 관련된 정책을 추진하는 과정에서 신뢰를 상실한 경우가 빈번한 경우 갈등이 유발될 가능성은 매우 높다. 즉 낙수강의 경우 댐이 1년에 345일은 하천과 같이 강물이 소통되어 안개 등의 문제가 발생하지 않는다는 주장, C군의 침수구역이 극히 일부분에 한정된다는 조사결과, 댐 상류지역에 대한 지원 등 정부의 정책에 대한 지역주민들의 신뢰성 부족이 갈등 발생의 원인이 되었다.

참고자료

[표 2-27] 관련당사자별이견정리

쟁점		관련당사자의 입장		
분야	세부내용	정 부	찬성측 (수몰민)	반대측 (대책위)
주요 이슈	15일간 물을 가둬두기 위한 홍수조절 목적댐으로서 기능과 가치	하류지역의 홍수조절을 위한 투자가치가 충분	-	수조원의 예산낭비에 불과
	하류지역의 홍수조절을 위한 최적대안	댐이 효율적이며, 낙수강댐이 최적지		낙수강댐은 상류에 있고 용량이 작아 최적대안이 아님
	천혜의 용암지대와 계곡 등 생태계보전	연간 10여 일만 잠겨 크게 문제가 안 됨	보전가치 회의적	댐은 흉물이 되며, 원래대로 비경을 보전하여야 함
추진 절차	추진절차상의 논란	적법하게 진행	-	주민 의견수렴이 제대로 안됨 (절차상 요식행위)
	용수공급용으로 댐 용도변경의 우려(상수원보호구역지정 우려)	변경 없음	-	매우 우려
	댐건설계획이 수해의 원인과 대책수립보다 앞섬	예전부터 있었던 것임	-	댐건설을 위한 짜맞추기
홍수 조절 대안	대안검토의 적절성 및 추가검토의 필요성	이미 검토됨	-	검토부실, 정밀한 추가검토필요
	제방증축대안효과 제방길이 수정(636km →553km)	효과 낮음, 정밀검토결과 줄어듦		효과 있음, 당초 제방의 비용을 의도적으로 과장시킴
	분수로 건설	40km로 고비용, 환경파괴적	-	과장됨, 5km~20km로도 가능
홍수 측면	홍수량산정의 효과성	최대 13.5%로 효과 있음		최대 7%로 효과 미약
	낙수강본류인 대수강 댐건설이 근본적 문제	동의하나 현실적으로 불가	현실적으로 불가	적극추진

	각종 수문자료의 수정	검토시 수치선택의 문제		댐건설을 위한 의도
	강우량 4601→530→560mm로 증가	여러 관측소를 활용 정확도 높임		댐건설을 위한 의도
	유역이 큰 낙수강의 비홍수량이 오히려 인근 소하천보다 큼	개념의 오해		댐건설을 위한 의도
	홍수조절효과를 2500/ 초→2900/초로 증가	재검토결과 수정		댐건설을 위한 의도
	배수불량으로 인한 C군 지역의 홍수피해 가중	없음(수면과 43m 차이)		경험적으로 홍수피해 있음
경제측면	경제성(B/C)	1.15→1.14 경제성 있음		0.70로 경제성 없음
	경제성있는 대안의 유무	최적대안임		2안 등 검토하면 더 있음
환경측면	상수원보호구역의 지정에 따른 지역발전 저해	지정사유 없음		매우 우려
	안개발생일수 증가	해당 없음		(최근 언급 없음)
	인근군사시설로 인한 수질오염	제거기능		우려
안전측면	현무암지질로 인한 연약지반	강도가 강함		붕괴가능성 우려
	동굴로 인한 누수 가능성	없음		가능성 있음
	군사훈련시 오발사고 가능성	거의 없음	경험적으로 거의 없음	가능성 있음
사회측면	보상지연으로 인한 수몰주민들의 생활고	지정고시후 보상	생존권 호소 시급한 결정요구	정부의 책임이 큼
	보상을 둘러싼 지역 공동체파괴	언급 없음	매우 심각	매우 심각

4. 참여적 의사결정 방법을 이용한 갈등해소 방안 설계

이해당사자의 입장은 정해져 있다(참고자료 참고). 따라서 논의과정에서 자신이 속한 집단의 관점과 이해가 최대한 반영될 수 있도록 노력해야 하지만, 갈등을 해소하라는 압력도 만만치 않기 때문에 합의안을 만들어내야 한다. 만약 합의안을 이끌어 내지 못할 경우, 정부에서는 낙수강댐 건설계획을 원안대로 추진(혹은 백지화) 할 계획이다.

사전검토
① 위의 준비자료를 숙독하고 각 팀별로 자신의 입장을 정리한다.
② 자료를 바탕으로 갈등요인을 파악하고 정리한다.
③ 참여적 의사결정 방법 채택의 타당성을 검토한다.

준비모임 : 1시간
① 참여적 의사결정방법을 채택하는 것이 타당성이 있다고 판단되면 참여적 의사결정방법의 채택과 그 결과의 집행을 위한 근거를 마련한다.
② 협의체 등 합의를 위한 논의기구의 구성과 스케줄, 의사결정방법이나 진행방법 등 사전약속(ground rule)을 작성한다.

참여적 의사결정의 설계 : 1시간 30분
① 사전약속(ground rule)에 반드시 포함되어야 할 것은 무엇인가?

② 어떠한 참여적 의사결정방법이 활용되어야 할 것인가? 모델이 될만한 참여적 의사결정방법이 있으면 제시해 보고, 그 모델이 되는 방법이 이 사안에서 가질 수 있는 한계점은 무엇인지 제시해 보라 그리고 그 한계점을 극복하기 위한 방안은 무엇인가?

③ 제3자가 운영자(주재자, 촉진자 등)가 되어야 한다면, 그 운영팀의 구성은 어떻게 하여야 하는가?

④ 참여 그룹은 어떻게 분류하여 구성하는 것이 적절한가? 참여자의 수는 어느 정도로 하여야 할 것인가? 대표자 선발과 협의체 구성은 어떻게 할 것인가?

⑤ 사실관계의 확인(fact finding)과 숙의(deliberation) 과정이 이해관계인들에게 충분히 납득되고 받아들여지게 하기 위해서는 어떻게 하여야 할 것인가?

⑥ 이 사안에서 합의 도출의 여건을 조성하기 위하여 고려되어야 할 점에 대해 제시하고 구체적인 방법을 검토하라.

　예 예컨대 이 사안이 정치적 쟁점의 대상이 되어 있고 이 사안의 처리방안이 개별 정치인들의 입지와 밀접한 관련이 있다는 점이 합의도출에 미칠 부정적 영향을 어떻게 해소할 수 있을 것인가 등

⑦ 참여자들이 끝까지 참여적 의사결정과정에 성실히 참여할 수 있도록 하기 위해 어떤 방안이 모색되어야 할 것인가?

⑧ 참여 당사자들의 이해관계는 어떠한 성격의 것인지 분석하여 보라

⑨ 숙의과정의 홍보를 위한 방안에 대해 검토하라.

⑩ 합의방식은 어떠해야 하는가를 검토하라 또한 합의를 위해

인센티브(incentive)를 제공한다면 어떠한 것이 타당할지 검토하여 보라

⑪ 참여적 의사결정에 참여하는 사람들은 사람들과의 대화에 익숙하지 못하여 다툼을 일으키기도 하고 또는 자신의 소견을 절대 변화시키려고 하지 않는 성향을 가지고 있다. 이들이 효과적으로 숙의 및 합의과정에 임할 수 있도록 사전에 준비시킬 방안에 대해 검토하여 보라.

⑫ 대표자들에 의해 합의가 이루어져도 각 이해관계집단이 그 합의안에 대해 승인하지 않으면 갈등이 해결되지 못한다. 승인이 원만하게 이루어지도록 하기 위한 사전조치들을 검토하여 보라.

⑬ 합의의 이행을 확보하기 위한 방안을 구상하여 보라.

서장. 참고문헌

강영진, 2000, ≪갈등분쟁 해결 매뉴얼≫. 성공회대 시민사회복지대학원 NGO
　　학과·성공회대 아시아NGO정보센터.
공석기, 2003, "한국 환경운동의 초국적 동원과정의 동학: 리우에서 요하네스버그
　　까지", 「ECO」. 4: 8-45.
지속가능발전위원회, 2003, ≪갈등관리시스템 구축방안 연구보고서≫.
지속가능발전위원회, 2004, ≪갈등관리지원센터 설립 방안(시안)≫.
서문기 등, 2001, ≪한국사회 갈등구조에 대한 이해≫. 삼성경제연구소.
신창현, 2005, ≪갈등영향분석 이렇게 한다≫. 서울: 예지.
조명래, 2003, "국책사업을 둘러싼 환경갈등의 원인과 구조", 「ECO」. 5: 110~146.
Coser, Lewis A., 1956, *The Functions of Social Conflict*. London: Free Press of Glencoe.
Dahrendorf, Ralf, 1958, "Toward a Theory of Social Conflict", *Journal of Peace and Conflict
　　Resolution*. XI: 170~183.
Turner, J. H., ≪사회학이론의 구조≫, (김진균 역, 한길사), 1982.

1장. 참고문헌

Assefa, Hizkias., 평화와 화해의 새로운 패러다임, 이재영 역, Korea Anabaptist Press,
　　2005.
Fuertes, Al 외., 2003, 정신적 외상치유, 한국아나뱁티스트센터.
갈등해결 전문가 훈련 프로그램 참가자, 2001, 갈등해결배우기: 이론, 방법, 적용.
　　AFSC/평화를 만드는 여성회.
강영진, 갈등분쟁 해결 매뉴얼, 성공회대학교, 2000.
엔싸이버(Encyber) 백과사전, 두산출판사, 2001.

Blechman, Frank, Jarle Crocker, Jayne Docherty, and Steve Garon. 2000. "Finding Meaning
　　in a Complex Environment Policy Dialogue: Research into Worldviews in the Northern
　　Forest Lands Council Dialogue, 1990-94." *Working Paper No. 14*. The Institute for
　　Conflict Analysis and Resolution. George Mason University.
Branson, Mark Lau. 2004. *Memories, Hopes, and Conversations: Appreciative Inquiry and*

congregational Change. Alban Institute.

Burton, John, 1996. *Conflict Resolution: Its Language and Processes*. Scarecrow Press.

Docherty, Jayne Seminare. 2001. *Learning from Lessons from Waco: When the Parties Bring Their God to the Negotiation Table*. Syracuse University Press.

Dugan, Maire A. "A Nested Theory of Conflict." *Women in Leadership 1, no. 1 (Summer 1996)*.

Fisher, Roger and William Ury, 1991. *Getting To Yes: Negotiating Agreement Without Giving In*, Penguin Books.

Jeong, Howon, 2000. *Peace and Conflict Studies*. Ashgate.

Kaner, Sam, Lenny Lind, Catherine Toldi, Sarah Fisk, and Duane Berger. 1996. *Facilitator's Guide to Participatory Decision-Making*. New Society Publishers.

Kraybill, Ron, Alice Frazer Evans, and Robert A. Evans. 2001. *Peace Skills: Leaders' Guide*. Jossey-Bass.

Lakoff, George. 1996. *Moral Politics: What Conservatives Know That Liberals Don't*. The University of Chicago Press.

Lederach, John Paul. 1997. *Building Peace: Sustainable Reconciliation in Divided Societies*. United States Institute of Peace Press.

Lederach, John Paul. 2003. *The Little Book of Conflict Transformation*. Good Books.

Spadley, James P. 1979. *The Ethnographic Interview*. Holt, Rinehart, and Winston.

Tannen, Deborah. 1986. *That's Not What I Meant: How Conversational Style Makes or Breaks Relationships*. Ballantine Books.

The American Heritage Dictionary of the English Language, 4th Edition. 2000. Houghton Mifflin Company

Tudwell, Alan C. 1999. *Conflict Resolved?: A Critical Assessment of Conflict Resolution*, Pinter.

Van Tongeren, Paul, Malin Brenk, Marte Hellema, and Juliette Verhoeven, ed. 2005. "Managing Conflict at School: Ohio Commission on Dispute Resolution and Conflict Management in the United States." *People Building Peace II: Successful Stories of Civil Society*. Lynne Rienner Publishers.

Weiss, Robert S. 1994. *Learning from Strangers: The Art and Method of Qualitative Interview Studies*. The Free Press.

Winslade, John and Gerald Monk. 2001. *Narrative Mediation: A New Approach to Conflict Resolution*. Jossey-Bass.

2장. 참고문헌

강상규, 2005a. Reflexive Idea, Argumentative Struggle, and Institutional Change. Ph.D Dissertation, University of Colorado, USA.

강상규 2005b. 정책갈등, 공공숙의, 그리고 제도변화 : 조직화와 제도화 과정으로서 정책결정과정에 대한 이해. 정책학회 하계학술대회.

권영인, SOC사업 추진상의 사회적 갈등 해소방안, 교통개발연구원

김선희, 2005.5, 국책사업 갈등관리 사례분석, 국토연구원, 국토 282호

김유환, 2004.11, 공공갈등관리를 위한 제도정비방향, 공법연구(한국공법학회). 제 33집 제1호

노선재검토위원회, 2003.8, 서울외곽순환고속도로 노선재검토위원회 검토보고서

지속가능발전위, 2005.5 공공갈등과 참여적 의사결정 포럼

Beck, U. 1992. Risk Society. London: Sage.

Beierle, T. and J. Cayford. 2002. Democracy in Practice: Public Participation in Environmental Decisions. Washington DC: Resources for the Future.

Berry, J., K. Portney, and K. Thompson. 1993. The Rebirth of Urban Democracy. Washington, DC: Brookings Institution.

Danziger, M. 1995. "Policy Analysis Postmodernized." Policy Studies Journal. Vol. 23: 435~450.

deLeon, P. 1997. Democracy and the Policy Sciences. Albany: SUNY Press.

------ 1994. "Reinventing the Policy Sciences: Three Steps Back to the Future." Policy Sciences. Vol. 27: 77~95.

------ 1990. "Participatory Policy Analysis: Prescriptions and Precautions." Asian Journal of Public Administration. p.p:29~53.

Dryzek, J. 1990. Discursive Democracy. NY: Cambridge University Press.

Fiorino, D. J. 1990. "Citizen Participation and Environmental Risk: A Survey of Institutional Mechanism." Sciences, Technology, and Human Values. Vol. 15: 226~243.

Fischer, F. 2003. Reframing Public Policy: Discursive Politics and Deliberative Politics. Oxford: Oxford University Press.

------ 1993. "Citizen Participation and democratization of Policy Expertise." Policy Sciences. Vol. 26: 165~188.

Foucault, M. 1972. The Archaeology of Knowledge. NY: Pantheon Books.

Giddens, A. 1991. Modernity and Self-Identity. Stanford: Stanford University Press.

Healey, P., C. Magalhaes, A. Madanipour, and J. Pendlebury. 2003. "Place, Identity, and Local Politics: analysing Institutives in Deliberative Governance." In M. Hajer and H. Wagenaar (Eds.). Deliberative Policy Analysis: understanding Governance in the Network Society. Cambridge: Cambridge University Press.

Kathlene, L and J. Martin. 1991. "Enhancing Citizen Participation: Panel Designs, Perspectives, and Policy Formulation." Journal of Policy analysis and Management. Vol. 10: 46~63.

Renn, O., T. Webbler, H. Rakel, P. Dienel, and B. Johnson. 1993. "Public Participation in Decision-Making: A Three Step Procedure." Policy Sciences. Vol. 26: 189~214.

Sabatier, P. and A. Brasher. 1993. "from Vague Consensus to Clearly Differentiated coalitions: Environmental Policy at Lake Tahoe." In P. Sabatier and H. C. Jenkins-Smith (Eds.). Policy Changes and Learning: An Advocacy Coalition Framework. Boulder, CO: Westview Press.

Torgerson, D. 1986. "Between Knowledge and Politics: Three Faces of Policy Analysis." Policy Sciences. Vol. 19: 33~60.

▮ 찾아보기

▌ 저자소개

■ **강상규**(skang5243@naver.com)

1965년에 출생하여, 콜로라도주립대에서 정책학박사학위를 취득하였다. 현재 콜로라도주립대학교 정책연구원 상임연구원으로 재직 중이다.

주요 논문으로 〈Reflexive Idea, Argumentative struggle, and institutional Change〉, 〈 한국사회의 환경갈등에 대한 새로운 이해; 정책갈등, 공공숙의, 그리고 제도변화〉 등이 있다.

■ **구도완**(kudowan@korea.com)

1962년에 출생하여 서울대학교 사회학과에서 환경사회학으로 박사학위를 취득하였다. 현재 가톨릭대 사회과학연구소 연구교수로 활동하고 있다.

주요 저서 및 논문으로는 《한국 환경운동의 사회학》, 《아시아 태평양지역의 환경문제, 환경운동 및 환경정책》(공저)이 있고, 〈녹색국가의 전망〉, 〈1980년대 이후 한국인의 환경의식〉 등이 있다.

■ **권영인**(ykwon@koti.re.kr)

1961년에 출생하여 동경공업대학 토목공학과에서 교통계획을 전공하였다. 현재 한국교통연구원 도로교통연구실 연구위원으로 재직 중이다.

주요 저서 및 논문으로 〈도로사업에 대한 국민참여제도(PI)의 추진동향과 과제〉(2005), 〈미국의 PI 제도 및 국내도입방안〉(2005)과 《SOC 사업의 사회적 갈등해소방안》(2004), 《교통의 역사》(2004) 등이 있다.

■ **김선희**(shkim@krihs.re.kr)

1959년에 출생하여 서울대 환경대학원 석사와 서울시립대학교에서 박사학위를 취득하였다. 현재 국토연구원 연구위원, 대통령자문정책기획위원회 위원, 새만금환경대책 실무위원회 위원, 건교부 중앙건설기술심의위원, 중앙하천관리위원으로 활동하고 있다.

주요 논문 및 저서로는 〈국책사업 갈등관리와 합의형성방안〉(2005), 〈국토개발사업의 환경가치 평가기준설정과 적용에 관한 연구〉(2004), 〈자원절약적 국토발전방안 연구〉(2003), 《한국의 환경비전 2050》(공저, 2002) 등이 있다.

■ **김유환**(yobel@ewha.ac.kr)

1959년에 출생하여 서울대학교 법과대학 법학과 및 동 대학원을 졸업하였다. 현재 이화여자대학교 법과대학 법학과 교수로 재직하며, 이화여자대학교 기획부처장, 대통령 소속 규제개혁위원회 위원, 대법원 법원행정처 정보공개심의회 위원, 국가청렴위원회 행정심판위원, 지속가능발전위원회 갈등관리정책 전문위원, 국회 입법지원위원, 한국소방안전협회 경영협의위원, 경제정의실천시민연합 중앙위원, 시민입법위원, 한국교육법학회 연구이사

한국지방자치법학회 연구이사, 사단법인 한국공법학회 상임이사, 사단법인 Advocates Korea 이사로 활동하고 있다.

■ **김은주**(abejk@hanmail.net)
1967년에 출생하여 이화여자 대학교 법학과 박사과정 수료하였다.
현재 김 & 장 법률사무소 연구원으로 재직 중이다.

■ **박재묵**(jmpark@cnu.ac.kr)
1950년에 출생하여 서울대학교에서 사회학박사를 취득하였다.
현재 충남대학교 사회학과 교수로 재직하고 있다.
주요 논문 및 저서로 〈새만금간척사업과 지역사회 변동〉(ECO, 제2집)과 〈동강유역 자연휴식지 및 생태계보전지역 지정을 둘러싼 이해관계의 대립과 사회영향평가〉(ECO, 제3집) 과 《우리 눈으로 보는 환경사회학》(공저), 《제3세계 사회발전론》(1995)이 있다.

■ **박태순**(parkts@president.go.kr)
1963년에 출생하여 서울대학교에서 동물생태학으로 박사학위를 취득하고, 케임브리지 대학 생태학과 연구원을 역임하였다. 현재 대통령 자문 지속가능발전위원회 갈등관리정책 전문연구원으로 재직하고 있다.
저서로는 《둥지 밖으로 나온 동물건축가》(2003)가 있다.

■ **신창현**(green@bunjaeng.com)
1953년 출생하여 고려대학교 행정학과를 졸업하였다.
현재 환경분쟁연구소 소장, 지속가능위원회 갈등관리정책전문위원회 위원, 국무조정실 갈등영향분석 전문가로 활동하고 있다.
주요 저서 및 논문으로는 《갈등영향분석 이렇게 한다》(2005), 〈국립서울병원 재건축에 따른 갈등영향분석 및 갈등해소방안 연구〉(2005), 〈육상폐기물 해양배출제도 개선을 위한 갈등영향분석 및 갈등해소방안연구〉(2005) 등이 있다.

■ **이재영**(kojay99@hotmail.com)
1972년에 출생하였다. 현재 한국 아나뱁티스트센터의 평화부 담당 간사와 커넥서스 어학원 원장으로 재직하고 있다.

■ **정남순**(jns@kfem.or.kr)
1970년에 출생하여 부산대학교 행정학과를 졸업하였다. 현재 환경법률센터 변호사로 활동하고 있다.

■ **정익철**(ucfaicj@ucl.ac.uk)
1973년에 출생하였다. 영국 런던대학 환경정책 석사 수료 후 동대학 환경정책 박사과정

중이다. 현재 지속가능전략연구소 소장으로 재직하고 있다.

주요 논문 및 저서로는 〈Grassroots Group in Cyberspace: Virtual Community〉(2002), 〈The New Form of Environmental Grassroots Group in Cyberspace: Virtual Community〉(UCL, London), 〈Comparative Study on the Environmental Impact Assessment between the Republic of Korea and China〉(공편, 2003)와 《환경이 아프면 몸도 아프다》(시민환경연구소, 2004) 등이 있다.

■ **정원철**(tribune70@naver.com)

1970년에 출생하였다. 한국외국어대학교 정치외교학과를 졸업하고, 경희대 NGO대학원 정책관리학과를 수료하였다.

주요 논문 및 저서로는 〈갈등해결배우기〉(2000), 〈갈등해결전문가양성교육 참가자 일동〉, 〈공공분쟁해결〉, 〈조정과 중재〉 등이 있다.

■ **정주진**(jujinchung2004@yahoo.co.kr)

1965년에 출생하여 전북대학교 사학과를 졸업하였다. 캐나다 워털루대학 콘라드 그레벨 칼리지 평화갈등연구학 디플로마, 미국 이스턴 메너타이드 대학 갈등전환프로그램으로 석사학위를 취득하였다. 현재 영국 브래드포드 대학 평화학 박사과정에 있으면서 최근 경력으로 월드비전 아태지역본부 북한사업부 사무처장과 갈등해결과 평화교육 전문가로 있다.

■ **조승헌**(kudowan@korea.com)

1963년에 출생하여 미국 조지아대학교에서 환경경제학 박사학위를 취득하였다. 현재 생명과 평화를 위한 환경연구소 소장으로 활동하고 있다.

주요 논문 및 저서로는 Joh. et al., "Empirical Study on environmental ancillary benefits due to greenhouse gas mitigation in Korea" (International Journal of Sustainable Development. 2003), 〈새만금간척사업의 경제적 접근: 농지조성을 중심으로〉(토지공법연구 제19집, 2003)와 《에코이코노미》(레스터브라운 지음, 2003) 등이 있다.